SUCCESSFUL SCENARIO
FOR
BUSINESS SUCCESSION

事業承継
成功のシナリオ

平成30年度税制改正後の
納税猶予制度の
「入口」と「出口」

総合経営グループ
税理士法人総合経営　平安監査法人
公認会計士・税理士

長谷川 佐喜男 [監修]
西川 吉典 ——— [著]
長谷川 真也

中央経済社

はじめに

「今後10年間で中小零細企業の自社株の相続・贈与について，納税負担をゼロに！」という驚きのニュースが入ってきました。

10年前，経営承継円滑化法が議論された時に，納税免除か納税猶予かが議論され，財務省の思惑通り，納税猶予に落ち着いたことが思い起こされます。30年以上事業承継問題に取り組んできていた私にとっても，青天の霹靂のような知らせでした。

平成30年度税制改正で自社株納税猶予の10年間の特例措置が創設されて内容が大幅に変更されました。具体的には，猶予対象となる株式の3分の2について，評価減80％という制度を廃止し，全株式について100％の割合で納税猶予されることになりました。また雇用の側面でも従前は，生前贈与後雇用の平均80％を維持できない場合には納税猶予が打ち切りになっていたものが，維持できない場合でも，納税猶予が打ち切りにならないなど，後継者にとっては，大変使い勝手のよい制度となりました。これは，万が一，経営の悪化によって会社を解散，譲渡した場合でもその時点の株価に対応する税額と当初の猶予額との差額が免除されるという画期的な制度であり，今後多くの経営者がこの制度を活用することによって，スムーズな事業承継を実行することが可能となるでしょう。

ここで，今回の税制改正がいかに効果的で魅力的であるかを知っていただくために，現在に至るまでの時代的変遷とバックグラウンドについて，少し振り返ってみたいと思います。

中小企業経営者（想定する会社は，営業利益を常に上げ，経営が順調であることを前提とします）が事業承継で一番困る問題は，自社株対策をど

のようにするかという点です。

　高度成長の波に乗って，土地・株式が高騰し，株価が上昇し続けた昭和の時代は，節税を目的として，株式を分散する時代でした。オーナー経営者の時価総額は上昇し続け，将来の相続税を考えると，想像するのも恐ろしいほどの金額になっていました。こうしたインフレ経済のときに，オーナーの支配権を維持しつつ，株式評価を引き下げ，株式を上手に分散する方法が考えられました。分社化，持株会社の組成，取引会社への株式発行，親族への株式分散などの対策です。

　平成の時代となり，バブルが崩壊した1991年頃になると，地価と物価が安定的に推移するようになり，今度は，分散した株式の集約がテーマとなってきました。デフレ経済は会社規模を縮小させ，保有資産に含み損を生じさせることになります。

　バブル期に分社化した関連会社を適格合併で取り込み，含み損を実現しつつ経営者が不要な会社や資産を集約する流れが生じてきました。経営戦略も拡大から縮小へ，分散から集約への流れとなり，いったん，親族に分散した株式の集約や従業員等の少数株主からの株の買取りの問題も生じました。

　中小企業の後継者問題についても株の買取り問題は大きく関わってきます。優良中小企業で後継者がいない場合，M&Aで会社売却を考える経営者も少なくありませんが，M&Aを実践するには，自己資本比率を高めるために，少数株主等から株式を買い取り，株主を整理することが不可欠だからです。

　近年になると，自社株対策を使いやすいものにすべく，自己株式取得の解禁，種類株の多様化，組織再編税制や自社株納税猶予の創設などが行われました。どの制度も株式の集約，同族経営の維持や強化に活用できる制度ですが，将来的な展望を踏まえて利用する必要があります。

はじめに

　最近，「2025年問題」という言葉を耳にします。団塊の世代の後期高齢化，人口減少，少子高齢化等，いろいろな要因が重なって，日本に大廃業時代が訪れるかもしれないわけですが，これは単なる警鐘ではありません。中小企業庁から衝撃的な発表がありました。2025年までに70歳を超える中小零細企業経営者245万社のうち127万社が後継者不在の状態で，廃業を余儀なくされ，約650万人の雇用と約22兆円の国内総生産（GDP）が失われるそうです。休廃業・解散企業の2分の1以上が黒字ということですから，日本経済にとっては，大きな損失といえます。

　今回の平成30年度税制改正は，従来の事業承継の考え方や税制面での優遇措置をより効果的にし，中小企業経営者に金銭的な負担をかけずに，企業経営に専念できるような環境づくりをサポートしています。中小企業経営者の株式承継に伴う相続税・贈与税を100%（現在は80%）猶予するもので，700億円規模の減税となります。本書の第1章，第2章では使い勝手の良くなった納税猶予制度について詳しく述べます。身近な問題としてご活用いただきたいと思います。

　第3章では，社会貢献と事業承継のための公益法人設立について触れています。一時期，富裕層の相続税逃れのために一般社団法人を設立するというスキームがはやりました。一般社団法人は，議決権を持つ社員に「持ち分」がないために不動産などの相続税がかからない仕組みです。資産を持つ親が一般社団法人を設立して，資産を移転させ，子供や親族に代表を継がせれば，相続税は0円で，資産を引き継ぐことができ，相続税の節税の面では，魅力的な法人であると一部ではいわれていました。ところが，今回の見直しで，役員の過半数を同族で占める一般社団法人では，同族の役員が死亡したときに一般社団法人の財産に対して相続税を課税するようになりました。国税当局は「相続税の節税以外に目的がない一般社団法人」

3

に対して厳しい見解を示したことになります。

　当グループは，公益法人制度改革が始まったときから，200件以上の公益法人移行コンサルティングをしています。設立・運営のノウハウを基礎に節税目的からではなく，企業や個人が目指す社会貢献に見合った公益財団法人の活用を提案いたします。

　第4章では，持株会の活用，メリット・デメリットについて説明しています。上場企業の9割が持株会を導入していますが，今後は中小企業にも，社員の福利厚生面と経営者の事業承継対策の観点から導入されるケースが増えると思います。会社と社員どちらにとってもリスクが全くないとはいい切れませんが，社員に経営参画意識が高まることは間違いないと思います。長期的な観点に立って，持株会の活用をご検討いただければと思います。

　第5章では，当グループの東海事務所の所長をしている，私の後継者となる息子が事業承継を受ける側の後継者目線で書かせていただきました。一子相伝ではありませんが，経営理念や技術をいかに引き継いでいくかという，永遠のテーマを実体験から書いております。

　第6章は，成長戦略を考える上でのM&A戦略について取り上げます。
　オーナー経営者が一番悩むのは，事業の将来性が見込めるのに，後継者がはっきり決まっておらず，10年後の出口戦略が定まっていない場合です。
　親族内承継や社内役員・従業員承継を決めていない場合に，経営戦略としてM&A戦略がいかに有効かを説明いたします。
　なお，第三者への売却（M&A）を検討する場合でも，他人任せにばかりするわけではありません。自社のブランド力，伝承技術，事業内容の精査等，自社の分析と経営者像を明確にする必要があります。

はじめに

　後継者不在の経営者は，金融機関には本音を言いづらいといいます。高齢になって後継者がいない場合に，融資の継続が見込めないのではないかという不安があるので，銀行には相談しにくいようです。不安を抱えたままで，時間ばかりが経つのが一番危険です。M&A戦略は中小企業の廃業を救う救世主です。

　今後の政府の方針としては，平成30年度税制改正と合わせて，産業競争力強化法の改正案に一連のルール変更を盛り込む予定となっています。例えば，自社株を使ったM&Aのルールを見直し，中小企業・ベンチャー企業による再編を後押しするなど，今回の規制緩和をきっかけにM&Aの裾野が広がることが期待されますので，経営戦略の1つとして参考にしていただきたいと思います。

　「大廃業時代」を招くかもしれない，事業承継問題に大きく関心を寄せてきた私としては，今回の税制改正は驚き以外の何ものでもありませんでした。ただし，税制改正によって，すべての経営者が納税猶予制度を利用できるわけではありませんので，これを機会に事業承継対策を多くの方が考えるきっかけになれば会計人として嬉しいことです。そんななかにおいて本書は，多くの方の実践の手引きになると信じています。事業承継をお考えの企業経営者，後継者，ご相談を受ける側の金融機関・税理士・公認会計士・弁護士等の皆様の参考になれば幸甚です。

　平成30年5月吉日

総合経営グループ　代表

長谷川佐喜男

目　次

はじめに　1

第1章　事業承継の全体像を考える

1　事業承継税制の平成30年度税制改正のインパクト…14

雇用維持要件を満たせない場合はどうするのか？　16

ベンチャー的事業承継とデジタル・ディスラプション（デジタル化による破壊的変革）時代の雇用維持要件を考える　18

非上場株式の納税猶予制度の主な要件　22

雇用維持ができなかったこと以外の主な取消し事由について　26

分散株式の集約にも納税猶予制度が威力を発揮する　28

2　全体を俯瞰して解決策を考える …………………………29

平成30年度税制改正で規制される一般社団・財団法人スキームとは？　39

持株会社スキームはなくなるのか？　43

大日本除虫菊（キンチョー）の事例から　46

「4.99と0.49を足すと，5.48になるな」の意味　48

少数株主による譲渡承認請求，売主追加請求権とは？　48

少数株主からの買取価格はどうやって決まるのか？　50

相続人から会社が一方的に分散株式を集約する方法　51

相続発生まで，株式移転を待つことのメリット・デメリットは？　51

平成30年度税制改正後も毎年110万円以内での贈与を続けてよいのですか？　53

除外合意について　54

目　次

納税猶予制度は相続対策の一部です　55

ビジネスモデルを把握し，承継可能か否かを検討する　58

第2章　使いやすくなった納税猶予制度

1　法改正の変遷 ……………………………………………62

相続時精算課税制度との併用の効果　65

納税猶予を受けるための手続き　67

平成30年度税制改正の特例は承継計画が前提　70

特例承継計画はスケジューリングが重要　74

特例承継計画の変更はできるのか？　78

相続時精算課税制度との併用における適用範囲の拡大　80

2　納税猶予の入口を考える ………………………………81

納税猶予制度をフル活用する
～資産管理会社は納税猶予できない　81

納税猶予制度をフル活用する
～持株会社は納税猶予できる　84

納税猶予を受けられる者が複数になる効果は？　86

納税猶予の対象者の拡充の全体像　87

3　事業承継計画と経営計画について …………………89

中長期経営計画の作成　90

中堅・中小企業のガバナンス　91

CFO・コドラが不足している　93

4　納税猶予の出口を考える ………………………………96

合併・株式交換等の組織再編や増資を引き受けた場合に納税猶
予は取消しになるのか？　102

7

納税猶予制度の利用をお勧めしない場合　104

第3章　社会貢献と事業承継のための公益法人
～社会貢献を自らデザインする～

1　公益法人のつくり方 …………………………………109
公益目的事業の定義「不特定多数」とは　111

公益法人に会社が乗っ取られる？　113

平成30年度税制改正で規制される一般社団法人等と公益法人の違い　114

過去の活動実績がなくても，公益認定を受けることはできる？　115

特定地域に限定された事業は公益目的事業ですか？　115

2　オーナー系公益法人の事例 ……………………116
①　奨学金・教育系　117

特定の学校の在学生への奨学金は公益目的事業ですか？　121

公益法人に必要な事業規模は？（その1）　121

公益財団法人公益法人協会の税制改正への提言　122

②　文化・芸術系　123

平成30年度税制改正で美術品に係る相続税の納税猶予制度がつくられました　124

③　本業に関連する公益事業を実施している事例　125

④　京都企業の事例　130

3　税務面からの検討 ……………………………………134
①　みなし譲渡所得税を非課税にする　134

博物館登録の要件　141

公益法人に必要な事業規模は？（その2）　142

目　次

公益法人に譲渡所得税非課税で移転できる上限は？　143

平成30年度税制改正で株式の承認期間が短縮されました　143

② 相続時に移転して，相続財産から除外する　146

安全装置としての公益法人　148

4　立入検査対策 ………………………………………………149

5　立入検査等による勧告・公益認定取消し事例 ……151

6　立入検査対策チェックリスト …………………………155

第4章　持株会を利用する

1　メリット・デメリットを考える ………………………173

情報開示は持株比率何％から？　174

2　設立手順について ………………………………………175

上場における，安定株主としての公益法人と持株会　176

第5章　後継者目線の事業承継

1　経営理念，創業の想いを伝承する気持ち …………178

2　後継者として戦略を考える上で必要な外部環境分析
………………………………………………………………183

① 少子高齢化によるニーズの変化　185

② 労働生産人口の減少　187

③ 技術革新（AI，IoT，ブロックチェーン，仮想通貨）　188

④ シェアリングエコノミー，こと消費　192

3　強い組織をつくる ………………………………………193

9

① 後継者自身が志を高く持ち，研鑽をする　193

② 社員の物心両面の幸せを追求するという想いを持つ　194

③ 先代経営者，従業員とのコミュニケーションをしっかりと持つ　196

④ 自分のブレーンとなるべき仲間をつくる　198

⑤ 業務効率化，IT化を図る　199

⑥ 強い組織をつくるための経営計画を策定する　200

4　事業の発展 ……………………………………………200

5　後継者教育 ……………………………………………202

6　親族内承継チェックリスト ……………………………212

第6章　近年増加している M&A の活用法

1　M&A の種類 …………………………………………223

① 合　併　223

② 分　割　224

③ 株式交換　225

④ 株式移転　225

⑤ 事業譲渡　227

⑥ 株式譲渡　227

⑦ 新株発行　228

2　事業承継として活用する M&A ………………………230

3　M&A の進め方 ………………………………………235

① M&A のプロセス　236

② 準備プロセス　237

③ 実行プロセス 240

④ 実行後のプロセス 241

4 M&A チェックリスト ……………………………245
5 成長戦略のための M&A 戦略 …………………252
6 業界再編型の M&A ………………………………255

巻末資料 259

おわりに 291

参考文献 294

第1章

事業承継の全体像を考える

Contents

1 事業承継税制の平成30年度税制改正の
  インパクト
2 全体を俯瞰して解決策を考える

Summary

- 納税猶予制度が使いやすくなり，一般社団・財団法人および持
  株会社スキームは追徴課税リスクが大きい。納税猶予制度が今
  後の主役になる。
- 分散株式の集約にも納税猶予が利用できるが，対価を支払えず，
  先代経営者からの贈与日以降5年内に限定されるので，会社等
  が買い取る，公益法人・持株会等の安定株主を利用する等の解
  決策を検討する必要がある。
- 納税猶予制度はあくまで相続対策の一部である。ビジネスモデ
  ルも含めた全体を俯瞰した解決策を考える必要がある。

1 事業承継税制の平成30年度税制改正の インパクト

　非上場株式の納税猶予制度とは，先代経営者が後継者に生前に自社株式を贈与した際に生ずる贈与税をとりあえず納税しなくてもよいとする制度です。そして，先代経営者の死去に際し上記の贈与税の納税猶予を相続税の納税猶予に切り替えれば，猶予されていた後継者の贈与税が免除されます。平成30年度税制改正前の制度では，後継者に課税される相続税は，発行済議決権株式数の3分の2を上限に，自社株式について課される相続税相当額の20％相当額だけを納税すれば，残りの80％については納税猶予される仕組みでした（猶予対象は約53％（≒100×2/3×80％））。そしてその猶予された相続税も，相続により取得した株式をさらに次の後継者に一括贈与したときに免除され，以後は同じことが繰り返される制度でした。

　平成30年度税制改正では，株式数の上限と，相続時の20％納税がなくなり，100％納税なしで猶予が継続する制度に変わりました。

　この改正だけでも十分に大きなインパクトなのですが，さらに大きな改正がありました。猶予を継続するための要件のうち，もっともハードルが高いといわれていた，「生前贈与後5年間の従業員の平均雇用者数が贈与時の8割を下回ると，納税猶予取消しとなる」が，事実上撤廃されました（理由を記載した書類の提出等が必要となります）。すなわち，5年間の従業員の平均雇用者数を8割維持すれば相続の都度の20％納税により猶予が継続されていた制度が，雇用者数にかかわらず100％猶予が継続される制度に変わりました。

　これまで，持株会社スキームや一般社団・財団法人スキームなど，複雑なスキームを駆使し，税務調査による追徴課税リスクを意識しながら事業承継していたオーナーは多く存在しましたが，この改正で，追徴課税リス

クを気にせずに安心して事業に集中できる環境が整ったといえるのではないでしょうか？

　事業や雇用を通じて社会貢献をしてきたオーナーやオーナー企業が，その社会貢献を継続するために，税務調査の結果，追徴課税を受け，新聞等で実名報道されるというのは，どう考えても不条理な環境でした。これからは，使い勝手がよくなった事業承継税制を中心に，納税猶予制度を使わない少数株主の株式をどのように扱うかにスキームの力点が変わってくると思われます。

　また，平成30年度税制改正後は，事業承継に関する税負担を気にせずに，少子高齢化によるニーズの変化，労働生産人口の減少，技術革新（AI，IoT，ブロックチェーン）等の大きな経営環境の変化への対応に専念することができるようになると思われます。

【平成30年度税制改正前】
　先代経営者から１人の後継者への非上場株式の移転にあたり，発行済み議決権株式数の３分の２を上限に，株式贈与後５年間平均で雇用者を８割維持すれば，相続時に20％納税で納税猶予継続（贈与税は100％納税猶予）

【平成30年度税制改正後】
　先代経営者と少数株主（先代経営者以外の株主）から複数後継者への非上場株式の移転にあたり，上限なく，雇用を維持できなくても理由を記載した書類を提出すれば，贈与税・相続税100％納税猶予継続

平成30年度税制改正によって
- 納税猶予制度が圧倒的に使いやすくなった
　　→入口の拡大
　　　上限なく100％猶予
　　　５年間限定で分散株式も対象
　　→雇用維持要件の事実上の撤廃
　　→出口での経営悪化等による猶予取消しによる負担縮小

- 行き過ぎた一般社団・財団法人スキームに規制が入る

持株会社スキームには追徴課税リスクが潜在する

社会に認められ，追徴課税リスクが小さい納税猶予制度が主役になる

雇用維持要件を満たせない場合はどうするのか？

　平成30年度税制改正により，雇用維持要件を満たせない場合でも，その満たせない理由を記載した書類を提出し，認定経営革新等支援機関の意見を添付すれば，納税猶予は取り消されません。以下の場合には要件を満たせなくても納税猶予は継続されることになります。

①理由が経営状況の悪化である場合
②理由が正当なものと認められる場合（従業員の定年退職等）
③理由が正当なものでなくても，認定経営革新等支援機関から指導・助
　言を受けてその内容を記載した場合

　よほどのことがない限り，雇用維持要件による納税猶予は心配する必要がない，事実上の撤廃だと思われます。
　なお，その提出期限は所管の中小企業庁担当者のインタビューによると，「提出期限は5年目の報告基準日（贈与は3月15日）から5か月以内を検討しており，提出しないと原則として納税猶予が打ち切られてしまいます。」とコメントしています（平成30年1月29日税務通信より）。

　図表1－1は，納税猶予制度を中心に，本書で紹介するスキームの検討にいたるまでのフロー図です。全体像の把握と本書のガイドとして利用してください。

第1章◆事業承継の全体像を考える

【図表1－1】 スキーム検討フロー

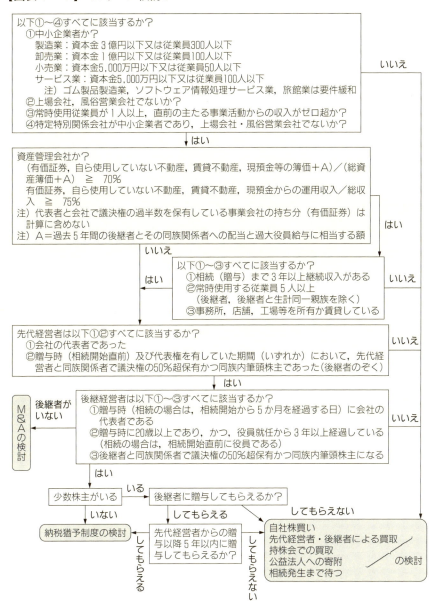

> ベンチャー的事業承継とデジタル・ディスラプション
> （デジタル化による破壊的変革）時代の雇用維持要件を
> 考える

　大前研一氏が著書『デジタル・ディスラプション（デジタル化による破壊的変革）時代の生き残り方』（プレジデント社）の中で,「現在, 日本国内の車保有台数は, 約710万台。それが今後ライドシェアに加えてカーシェアも普及してくると, 将来, 保有台数が約340万台と, 現在の半分以下になると試算されている」「台数減だけが問題ではない」「現在走っているガソリン車やディーゼル車の部品台数が約3万点なのに対し, これから中心となる電気自動車の場合は, 約3,000点でできてしまうのである。つまり, 部品をつくっている下請会社が10分の1になるのだ」と述べています（**図表1－2**）。

【図表1－2】　自動車産業の将来

- 自動運転, 電気自動車が普及
- 自動車を保有・運転しなくなる
- 系列を中心とした産業構造が変わる

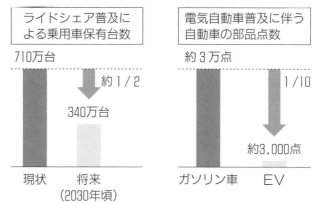

自動車産業の裾野にいる中小企業にとって，このような外部環境が自社の将来に与えるインパクトはさまざまですが，売上が最大1/2×1/10＝1/20になる，という試算があってもおかしくはありません。

　このような時代の中で，雇用維持要件の確保を目指すのは大変リスクが大きく，雇用維持要件の事実上の撤廃の効果は大きいと思われます。

　図表1－3はデロイト トーマツコンサルティング著『モビリティー革命2030〜自動車産業の破壊と創造』（日経BP社）で紹介されていたものです。この図のティア2以下の多くは，納税猶予制度が対象としている中小企業であると思われます。

【図表1－3】　これまでの「ケイレツ」が崩壊

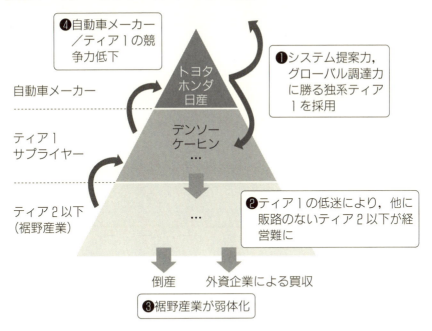

　同書の中で「最悪のシナリオとなるのは「ケイレツの完全崩壊」であろう」「ケイレツの完全崩壊による日本自動車産業の弱体化を回避するため

に，各サプライヤーが取り組むべきことは何だろうか。その１つが，独自
の戦略に基づいた積極的な拡販である。系列依存型のサプライヤーの多く
は，中長期的戦略がない，もしくは，あったとしてもお題目になっており
実質的に機能していない」「系列依存型サプライヤーの多くは，自動車メー
カーの開発・生産計画の情報収集に終始し，他自動車メーカーやエンドユー
ザーの動向を調査・分析する機能が不十分である。」と紹介されています。
自動車メーカーに依存しない独自の情報収集・分析能力の強化や，中長期
経営計画と結びついた明確な差別化戦略，特定顧客に依存しないビジネス
モデルの構築が望まれます。

　ここまで，特に自動車産業に属する中小企業の外部環境を中心に紹介し
てきましたが，「デジタル・ディスラプション（デジタル化による破壊的変
革）時代」の怖さは，想像もしなかったライバルが，一気にその産業や既
存企業のビジネスモデルを破壊していくことです。われわれ，公認会計士・
税理士の多くが属する会計事務所業界も「顧客は減り続け，単価も下がり，
最終的には業務自体がなくなる可能性がある」という声が聞こえるほどで，
他人事ではありません。

　ところで，「ベンチャー型事業承継」という言葉をご存じでしょうか？
ベンチャー型事業承継とは「家族経営の中小企業などが世代交代を機に新
しい事業や事業転換に挑戦する取組み」や「親の商売を強みにして，地続
きながらちょっと離れた新しい事業で勝負をかけること」等と定義されま
す。納税猶予制度は「ベンチャー型事業承継」を前に進めるエンジンにな
りうると思います。

　図表１－４は，2018年２月21日の日本経済新聞に紹介されていた，関西
企業のベンチャー型事業承継の事例です。

第1章◆事業承継の全体像を考える

【図表1−4】 関西企業のベンチャー型事業承継の事例

ミツフジ （京都府精華町）	西陣織の町工場が前身。機能性繊維の技術を生かしシャツ型ウエアラブル端末を開発
中川政七商店 （奈良市）	伝統工芸品メーカーから，製造小売り（SPA）や経営コンサルティングに多角化
オプティマス （大阪市）	家業の塗料メーカーの技術を生かし，光触媒技術を生かした機能性内装材を販売
ギャラリーレア （大阪市）	個人経営の古物商から，中古ブランド品のネット通販へ転換。海外展開も行う
ナンガ （滋賀県米原市）	布団の縫製加工から，保湿性の高いダウンジャケットの製造販売などアパレル事業へ

　トヨタも，もともとは自動織機を手がけていましたが，自動車産業に進出してグローバル企業になりました。変化しながら「ちょっと離れた新しい事業で勝負」していくDNAは多くの日本企業にあると思います。

　世界的にはITを中心に環境変化が激しいですが，日本はさらに人口減少と少子高齢化がネガティブな要素として取り上げられています。しかし，自動化・省人化が進みやすい，日本での人口減少・少子高齢化に対するソリューションが中国を中心に輸出できる，人口が減少するので教育投資を進めやすい，といった理由から「人口減少と少子高齢化はこれからの日本にとって大チャンス」（落合陽一著『日本再興戦略』（幻冬舎））といった意見もあります。

　ピンチでもチャンスでもある外部環境の変化にチャレンジするために，納税猶予制度を利用して株式を保有した後継者が中長期的な視野をもって，イニシアチブをとって果断な経営判断をすることが望まれます。そのためにも，納税猶予の出口を意識した上での制度利用が望まれます。また，形式的な事業承継計画にとどまらず，チャレンジする願望シナリオから，ネガティブな最悪シナリオまで想定した中長期経営計画（90ページ「中長期経営計画の作成」をご参照下さい）と事業承継計画の策定が望まれます。

21

非上場株式の納税猶予制度の主な要件

ここで，非上場株式の納税猶予制度を使うための要件を整理すると**図表1－5**のとおりとなります。

【図表1－5】 納税猶予制度の主な要件

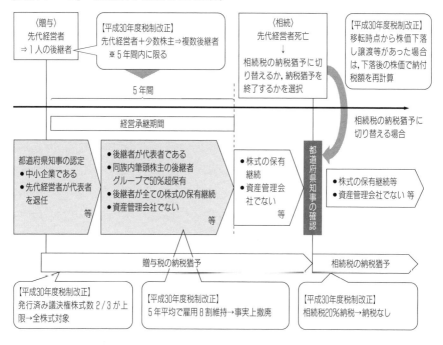

【会社の要件】

- 中小企業者である[注1]
- 上場会社，風俗営業会社でない
- 資産管理会社でない
- 常時使用する従業員（社会保険被保険者＋75歳以上で社会保険の加入対象外である者のうち2月を超える雇用契約を結んでいる者－使用人兼務

第1章◆事業承継の全体像を考える

役員以外の役員）が1人以上

- 総収入が0を超えている
- 直前事業年度の主たる事業活動からの収入が0を超える
- 特定特別子会社（会社と代表者と特別の関係がある者^{注2）}で議決権の過半数を保有する会社）が中小企業者であり，上場会社・風俗営業会社でない
- 後継者以外が黄金株（拒否権付株式）を保有していない（無議決権株式，譲渡制限株式については規制はない）
- 後継者およびその特別の関係がある者から贈与・相続の前3年以内に取得した現物出資等資産が総資産の70%未満である

【先代経営者の要件】

- 会社の代表者であった（役員として残り，報酬を受け取ることは可能）
- 贈与時（相続の場合は，相続開始直前）および代表権を有していた期間（いずれか）において，先代経営者と同族関係者^{注3）}で議決権50%超を保有かつ，同族内で筆頭株主であった（後継者は除く）
- 後継者の保有株式数が3分の2に達するまで一括贈与した（贈与の場合）

【後継者の要件】

- 贈与時（相続の場合は，相続開始から5か月を経過する日）に会社の代表者である
- 贈与時に20歳以上であり，かつ，役員就任から3年以上継続して経過している（相続の場合は，相続開始直前に役員である）
- 贈与時（相続の場合は，相続時）に，後継者と同族関係者で議決権50%超を保有し，同族内で筆頭株主

【5年間の要件】

- 後継者が会社の代表者である
- 常時使用する従業員の8割以上を5年平均で維持（平成30年税制改正で事実上撤廃）
- 後継者が全株式の継続保有（5年間経過後は一部の譲渡が可能）

23

注1）中小企業者の要件

業種		資本金		従業員
製造業 その他の業種	下記以外	3億円以下	又は	300人以下
	ゴム製品製造 （自動車用タイヤ製造等を除く）			900人以下
卸売業		1億円以下		100人以下
小売業		5,000万円以下		50人以下
サービス業	ソフトウェア・ 情報処理サービス	3億円以下		300人以下
	旅館業	5,000万円以下		200人以下
	上記以外			100人以下

　資本金要件と従業員要件は「又は」です。例えば，製造業で300人以下，小売業で50人以下，卸売業・サービス業で100人以下であれば，思っているよりも多くの会社が対象になるのではないでしょうか？

注2）特別の関係がある者とは
△ 代表者と生計を一にする親族（6親等内の血族，配偶者，3親等内の姻族）

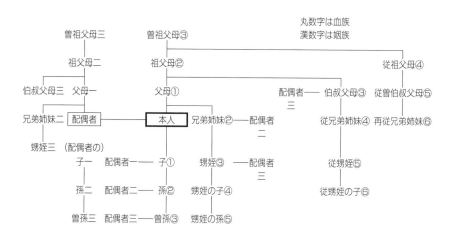

△ 代表者と事実上婚姻関係と同様の事情にある者

③ 代表者の使用人
④ 代表者からの金銭等で生計を維持している者
⑤ ①～④ と生計を一にする，①～④ の親族
⑥ ①～⑤ が議決権の過半数を保有する会社
⑦ ①～⑥ が議決権の過半数を保有する会社
⑧ ①～⑦ が議決権の過半数を保有する会社

なお，特定特別子会社の要件をイメージ化すると以下のとおりです。

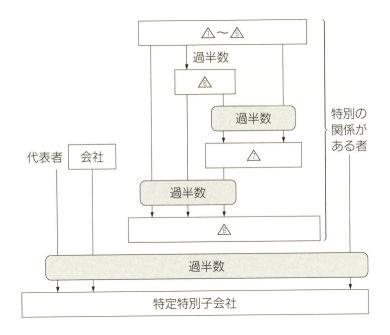

注3）同族関係者とは
① 本人の親族（6親等内の血族，配偶者，3親等内の姻族）
　※「特別の関係がある者」と異なり，「生計を一にする」に限定されません。
② 本人と事実上婚姻関係と同様の事情にある者
③ 本人の使用人

④本人からの金銭等で生計を維持している者
⑤②～④と生計を一にする，②～④の親族
⑥①～⑤が議決権の過半数を保有する会社
⑦①～⑥が議決権の過半数を保有する会社
⑧①～⑦が議決権の過半数を保有する会社

雇用維持ができなかったこと以外の主な取消し事由について

【図表1－6】　雇用維持要件以外の主な取消し事由

	5年以内 （経営承継期間）	5年後
上場会社，風俗営業会社になった場合	取消し	
特定特別子会社が風俗営業会社になった場合	取消し	
後継者が代表者でなくなった場合	取消し	
先代経営者が代表者に返り咲いた場合	取消し	
後継者と同族関係者の議決権割合が50%以下になった場合	取消し	
後継者が同族関係者内で，筆頭株主でなくなった場合	取消し	
黄金株を後継者以外が保有した場合	取消し	
後継者の代表権・議決権を制限した場合	取消し	
後継者が株式の一部を譲渡した場合	取消し	一部取消し
総収入が0になった場合	取消し	取消し
資産管理会社になった場合	取消し	取消し
減資，資本準備金の減少の場合（欠損填補目的等を除く）	取消し	取消し
組織変更で株式以外の財産が交付された場合	取消し	取消し
年次報告書や継続届出書を未提出または虚偽の報告をしていた場合	取消し	取消し

第1章◆事業承継の全体像を考える

　後継者への移転後5年間の経営承継期間（原則として贈与税・相続税の申告期限から5年間，「円滑化法認定の有効期間」ともいいます）は，当初のオーナー経営を維持していれば，納税猶予が継続します。移転から5年を経過すれば，資産管理会社になる等の事由に該当しなければ，後継者が代表者でなくなったり筆頭株主でなくなっても，納税猶予が継続されます。

　雇用維持要件はオーナーの意思だけではコントロールできませんでしたが，左の表の事由は，基本的にはコントロール可能と思われます。ただし，同族関係者の議決権の変動は把握する必要があります。突然に，取消事由に該当する可能性は否定できません。

【図表1－7】　納税猶予制度のイメージ図

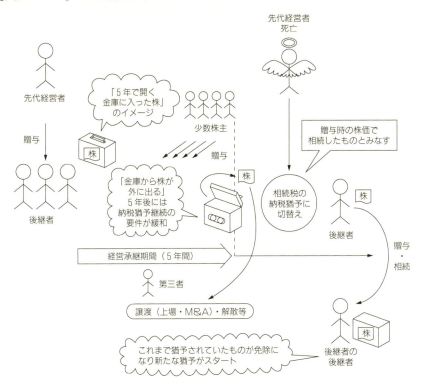

図表1－7は，平成30年度税制改正後の納税猶予制度のイメージ図です。簡略化しておりますので，22ページ「非上場株式の納税猶予制度の主な要件」と26ページ「雇用維持ができなかったこと以外の主な取消し事由について」を参照しながら，ご確認ください。

　なお，贈与後に先代経営者に相続が発生し，相続税の納税猶予に切り替えた場合は，後継者は贈与時の株価によって相続したものとみなされます。もし，贈与後株価上昇局面であれば，値上がり分の節税効果があります。

分散株式の集約にも納税猶予制度が威力を発揮する

　5年の経営承継期間内に限り，先代経営者以外の株主（以下「少数株主」といいます。）に分散していた株式も，納税猶予の対象になります。

　リーマンショックで株価が下がったときに，一族内で自社株式を分散したことが仇になっている会社や，複数の子どもに平等に株式を贈与してしまっている会社，父が保有する株式は移転したが，母が保有する株式が残っ

【図表1－8】　分散株式も納税猶予の対象になる

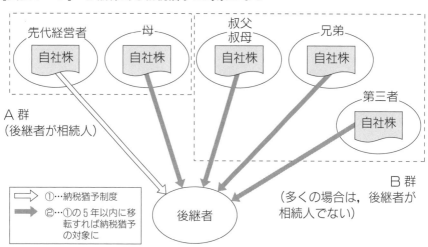

第1章◆事業承継の全体像を考える

てしまっている会社なども多いのではないでしょうか？

　先代経営者からの贈与以降5年限定とはいえ，事実上税負担なしに，少数株主から後継者に自社株式を集約できるようになったことは，事業承継対策として大きなインパクトだと思います（**図表1－8**）。少数株主からの贈与・相続に関する納税猶予の申請は，第二種特例認定申請書を使います（259ページ巻末資料もご参照ください）。

　なお，少数株主からの贈与を，先代経営者からの贈与と同じ年に行う場合には，都道府県に対し別途認定申請は不要ですが，違う年に行う場合には，別途申請が必要になります。

2　全体を俯瞰して解決策を考える

　平成30年度税制改正前は，納税猶予制度の主目的は先代経営者からの株式移転でした。平成30年度税制改正後は，先代経営者からの贈与以降5年内限定ではあるものの，分散株式の集約にも納税猶予制度が利用できます。一方，分散株式の集約に納税猶予制度を利用できない場合には，公益法人・持株会スキーム，先代経営者・後継者・会社での買取り等の検討が必要になります。

　また，納税猶予制度の特徴は，後継者が株式を取得することであり，将来的な，上場やM&Aによるキャピタルゲインや配当の可能性を残すことになります。他方，公益法人・持株会による取得は，後継者が株式を所有しないので（安定株主が株式を取得する），将来的な，上場やM&Aによるキャピタルゲインや配当の可能性がなくなります。

　それから，元の株式所有者が対価を必要とする場合には，会社が自己株式として取得する方法および先代経営者・後継者が取得する方法，持株会スキームが中心となり，元の株式所有者が対価を必要としない場合は，納

29

税猶予制度や公益法人スキームが中心となります。そして必要とする対価の金額によっては，会社・先代経営者・後継者が取得する方法と納税猶予制度，公益法人・持株会スキームの組み合わせも考えられます。

これらの目的や特徴を考慮して，どのスキームを使うのか，もしくは組み合わせるのかを検討する必要があります。

なお，分散株式の集約に納税猶予制度が利用できないケースとして以下のようなことが考えられます。

①少数株主へ対価を支払う必要がある
②先代経営者からの贈与以降5年間で集約できない
③先代経営者からの贈与よりも先に分散株式を集約させる必要がある
④すでに後継者への株式移転が済んでしまっている
⑤後継者に少数株主の相続財産の合計額や明細等が知られることに抵抗感がある（57ページ参照）　　等

同族の少数株主と円滑に話し合いができるのは，先代経営者であると思われますので，スケジューリングの上，計画的な制度のフル活用が望まれます。

少数株主へ対価を支払う必要がある場合には，先代経営者・後継者が直接に買い取る，あるいは会社が自己株式として取得することを検討する必要がありますが，その少数株主が後継者の兄弟等，相続人であれば，納税猶予制度を使って，**図表1-9**のような方法で後継者以外の納得感を得た上で分散株式の集約をスムーズに進めることができる可能性があります。

また，少数株主への対価の支払いが，会社や先代経営者・後継者が適正な価格で買い取ると高額になる場合に，配当還元方式で持株会が取得する

30

【図表1-9】 後継者以外の相続人の納得感を得るために

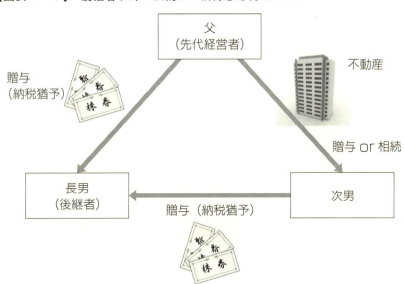

方法，納税猶予制度，公益法人スキームを組み合わせることで，資金負担を抑える方法が考えられます（**図表1-10**）。

【図表1-10】 組み合わせで対価をコントロール

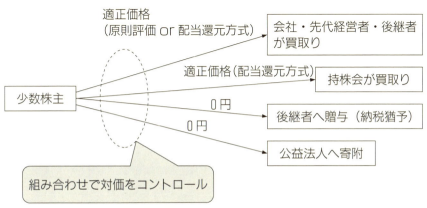

対価の支払いが必要な少数株主からの分散株式の集約ルートは**図表1－11**が考えられます。後継者に買取り資金がない場合，先代経営者が買い取ることで先代経営者の要件を満たす場合(23ページ)，後継者に少数株主の相続財産の合計額や明細等が知られることに抵抗感がある場合(57ページ)には，先代経営者を経由したルートが有力な方法になります。

【図表1－11】　対価の支払いが必要な少数株主からの分散株式の集約ルート

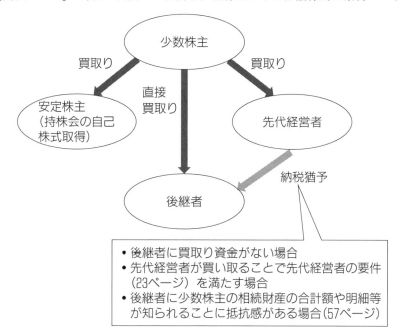

　事業承継の目的の1つは，先代経営者と不安定な少数株主から，後継者と安定株主へと株主構成を変更することです。また，その過程で，オーナー家に起こりうる相続対策が必要です。相続対策として，納税資金対策，争族対策，節税対策を漏らさず行いながら，場合によっては，経営権をコントロールしながら後継者と安定株主へ株式を移転する必要があります。納税猶予制度の利用は，あくまで，相続対策の一部にすぎません。

第1章◆事業承継の全体像を考える

【図表1−12】 株主構成の変更と事業承継スキーム

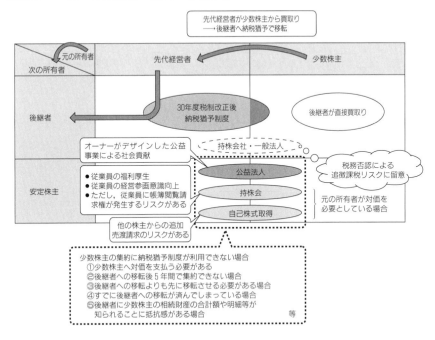

※自社は議決権を持たないので，安定株主とはいいませんが，比較の便宜上，本書では安定株主に含めます。

【図表1−13】 株主構成の変更

　事業承継スキームの過程で，株主構成に変更がある場合は，後継者を中心としたオーナー家で経営権をコントロール，すなわち一定の議決権比率

33

をキープする必要があります。理想は後継者のみで議決権比率100％の確保ですが，難しければ3分の2以上の確保，それも難しければ2分の1超の確保を目指します。さらに，後継者だけでその確保が難しければ，安定株主も含めて，一定の議決権比率の確保を目指します。**図表1－14**は，会社法における，議決権比率と主な株主総会決議の種類です。安定株主が所有する株式を無議決権株式にすれば，より安定的に経営権をコントロールできます。

【図表1－14】 議決権比率と主な株主総会決議の種類

3分の2以上の議決権を確保	・株主総会での特別決議の可決が可能 ・議決権制限株式の買取決定，または指定買取人の指定 ・株主との合意による自己株式の取得 ・定款の変更，事業の譲渡等，解散 ・組織変更，合併，会社分割，株式交換および株式移転
2分の1超の議決権を確保	・株主総会での普通決議の可決が可能 ・取締役，監査役等の選任 ・取締役，監査役等の報酬額決定 ・金銭による剰余金の配当決定 ・計算書類等の承認
3分の1以上の議決権を確保	・株主総会での特別決議の可決を阻止

　ところで，**図表1－15**のように，オーナー家の持株比率が下がると，相続税対策は進みますが，オーナー家の経営権のコントロールが難しくなります。オーナー家の持株比率と相続税対策のしやすさには，トレードオフの関係があるのです。

　このトレードオフの関係を緩和するのが安定株主の存在です。

【図表1－15】 オーナー家の持株比率が下がると……

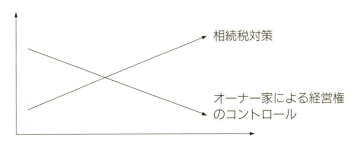

　36ページの**図表1－16**は,『会社四季報　未上場会社版2018年上期』(東洋経済新報社）に掲載されている企業のうち，公益法人が株主である会社を中心に，筆者が任意で抽出した，安定株主（公益法人・持株会）の活用状況です。公益法人・持株会は安定株主として，おおむね50％以内の持株比率に抑えられており，オーナー家による議決権コントロールの必要性がわかります。また，特別決議をコントロールするために，安定株主であっても3分の1未満に持株比率を抑えている法人が多数派であることもわかります。

　一方，相続税対策の観点からみると，安定株主がオーナー家の方針に同意することを前提とすれば，以下のようなことがいえます。

　図表1－16において，オーナー家＋安定株主の持株比率が3分の2以上であり，かつ，安定株主の持株比率が3分の1以上の会社を網掛けにして

【図表1－16】 安定株主の活用例

会社名称	売上(百万円)/従業員数(人)/持株比率	オーナー関連株主/持株比率(注)	安定株主 公益法人名/持株比率	安定株主 公益事業費用(千円)/事業概要	安定株主 持株会名/持株比率	安定株主 その他安定株主/持株比率	安定株主(公益法人+持株会)の持株比率	オーナー関連株主+安定株主の持株比率
竹中工務店	955,492 7,307	TAKプロパティ, アサヒプロパティズ 63.80%	(公財) 竹中育英会 4.20%	343,800 学資金、学生寮、研究助成金	自社持株会 10.34%		14.54%	78.34%
ミツトヨ	70,547 2,661	(宗) 恵光寺、沼田恵光 16.90%	(公財) 仏教伝道協会 14%	406,465 仏教精神と仏教文化の振興	自社持株会 17.30%		31.30%	48.20%
月島食品工業	34,618 516		(公財) 橘谷奨学会 記載無し	18,994 インドネシア国籍留学生への奨学援助	自社従業員持株会 記載無し			
白鶴酒造	34,808 417		(公財) 白鶴美術館 20.80%	26,923 美術館の運営	自社従業員持株会 17.50%		38.30%	38.30%
内山工業	48,400 959	東洋コルク 34.50%	(公財) 岡山工学振興会 15.60%	21,841 理工学研究助成・研究者養成援助	自社社員持株会 14.10%		29.70%	64.20%
オーディオテクニカ	32,089 570	松下和雄 27.20%	(公財) オーディオテクニカ奨学会 18.30%	11,058 奨学金	自社従業員持株会 4.40%		22.70%	49.90%
東京遮器	68,821 866		(公財) 高村育英会 20.00%	36,000 奨学金	自社従業員持株会 8.90%		28.90%	28.90%
医学書院	11,475 218	金原優、金原俊 20.70%	(公財) 金原一郎記念医学医療振興財団 10.00%	75,939 医学医療への研究助成	自社役員持株会 17.10% / 自社幹部社員持株会 8.00%		35.10%	55.80%
新日本法規出版	12,370 764	河合商事 11.50%			自社社員持株会 20.30%	(一財) 新日本法規財団 20.10%	40.40%	51.90%
田中藍	31,239 134	田中一族 77.00%	(公財) 藍教育振興会 6.60%	6,547 奨学金、グローバル人材育成助成金	自社従業員持株会 1.00%		7.60%	84.60%
サイサン	56,163 1,259	サイサンガステクノ 34.40%	(公財) サイサン環境保全基金 19.60%	24,913 環境保全・保護に対する助成	自社役員持株会 25.00%		44.60%	79.00%
山陰酸素工業	16,478 297	並河勉 13.50%	(公財) 可部屋集成館 6.50%	4,727 古文書・民俗資料等を公開	自社従業員持株会 12.30%		18.80%	32.30%
ウメトク	75,260 491	福嶋 43.0%	(公財) 福嶋育英会 11.0%	12,742 奨学金	自社従業員持株会 19.0%		30.0%	73.00%
佐藤製薬	38,459 792	佐藤誠一 16.2%	(公財) 一般用医薬品セルフメディケーション振興財団 22.0% / (公財) 佐藤奨学会 15.7%	28,496 一般用医薬品の研究、助成 / 16,734 奨学金	佐藤製薬共栄会 18.0%		55.7%	71.90%

第1章◆事業承継の全体像を考える

会社名称	売上(百万円)／従業員数(人)持株比率	オーナー関連株主／持株比率(注)	安定株主					オーナー関連株主＋安定株主の持株比率
			公益法人名／持株比率	公益事業費用(千円)／事業概要	持株会名／持株比率	その他安定株主／持株比率	安定株主(公益法人＋持株会)の持株比率	
昭和丸筒	11,540 76	佐藤功 16.0%	(公財)昭和教育振興財団 17.0%	9,551 奨学金、研究資金を給付	秀和会 35.0%		52.0%	68.00%
朝日新聞社	262,393 3,948	村山美知子, 上野聖二 22.0%	(公財)香雪美術館 10.0%	205,004 美術館の運営	自社従業員持株会 24.0%	テレビ朝日ホールディングス 11.8%	45.8%	67.80%
信濃毎日新聞	19,510 464	小坂壮太郎 5.9%	(公財)信毎文化事業財団 6.3%	22,531 文化活動に対する支援・助成、顕彰、講演会・スポーツ大会	自社社員持株会/自社役員持株会 8.3%/8.1%		22.7%	28.60%
森村商事	87,353 266	森村俊介, 森村裕介 18.6%	(公財)森村豊明会 12.3%	66,717 研究・団体への助成	社員持株会 12.4%		24.7%	43.30%
西京銀行	28,255 776		(公財)西京教育文化振興財団 1.3%	8,287 教育、スポーツ、芸術文化、地域社会の振興	行員持株会 3.1%		4.4%	4.40%
野村殖産	2,993 53		(公財)野村文華財団 15.0%	59,066 美術工芸品等を博物館法に基づき保存・調査研究	自社従業員持株会 7.3%	野村得庵文化振興会 9.8%	32.1%	32.10%
四季	20,100 229				自社従業員持株会 12.2%	(一財)舞台芸術センター 13.9%	26.1%	26.10%
カシワバラ・コーポレーション	42,530 804	サンオーク, 柏原伸二 22.8%	(公財)岩国美術館 37.1%	16,488 美術館の運営			37.1%	59.90%
神戸屋	57,971 1,349	桜井興業 26.1%				(一財)桐山奨学会 8.5%	0.0%	26.10%
鍋屋バイテック	8,218 261	岡本友二郎, NBKトレーディング 77.2%	(公財)岐阜現代美術財団 20.0%	29,338 絵画等美術品の収集・保存・展示、調査・研究			20.0%	97.20%
東神電気	7,295 119	寺岡興産, 寺岡龍彦, 寺岡龍郎 32.5%	(公財)東神育英育英会 5.7%				5.7%	38.20%
太陽工業	36,388 527	太陽興産, TSP太陽 60.4%	(公財)能村膜構造技術振興財団 7.2%	24,707 膜構造科学技術の研究、学会、助成、人材の育成			7.2%	67.60%
越後交通	7,808 556	浦浜開発, 田中直紀, 田中眞紀子 31.10%	(公財)田中角栄記念会 18.1%	14,940 美術館の運営			18.1%	49.20%
両備システムズ	12,054 721	両備ホールディングス 52.8%	(公財)両備文化振興財団 10.1%	42,733 竹久夢二・及范曽の作品の公開、研究、生家の公開			10.1%	62.90%
南国殖産	162,678 924	上野泰子, 上野壮一郎 13.9%	(公財)上野カネ奨学会 5.1%	10,737 奨学金		長崎自動車, 鹿児島トヨペット 11.7%	16.8%	30.70%
フタムラ化学	67,453 1,239	太閤ホールディング 51.1%	(公財)日本学協会 9.9%	日本学の研究、講演会、講習会、図書の刊行		(学)東京理科大学 10.0%	19.9%	71.00%

| 会社名称 | 売上(百万円)/従業員数(人)持株比率 | オーナー関連株主/持株比率(注) | 安定株主 | | | | | オーナー関連株主+安定株主の持株比率 |
			公益法人名/持株比率	公益事業費用(千円)/事業概要	持株会名/持株比率	その他安定株主/持株比率	安定株主(公益法人+持株会)の持株比率	
三喜商事	8,752 265		(公財)堀田育英財団 13.4%	12,842 奨学金			13.4%	13.40%
コモディイイダ	94,011 3,880	飯田信允, 松澤志一 10.9%	(公財)飯田育英財団 4.4%	5,364 奨学金及び生活指導			4.4%	15.30%
アークライト	4,612 82	福本皇祐 46.7%				吉澤淳郎 5.4%	5.4%	52.10%
立花証券	7,233 432	立花商事, 石井登 52.9%	(公財)石井記念証券振興財団 11.7%				11.7%	64.60%
GM INVESTMENTS	3,282 56					(一財)守谷育英会 47.5%	47.5%	47.50%
関東興業	3,746 17		(公財)大島育英会 4.4%	20,893 奨学金		ナカノフドー建設 6.0%	10.4%	10.40%
KSJ	9,373 89	創徳コンサルタント, 京葉鈴木ホールディング, 鈴木孝行 74.0%	(公財)京葉鈴木記念財団 15.4%	17,336 助成, スポーツ施設貸与			15.4%	89.40%
大電	18,414 414	吉田暁生 10.1%	(公財)吉田学術教育振興会 10.1%	43,466 奨学金, 図書, 教材の寄贈, 研究奨励金			10.1%	20.20%
大分放送	4,995 149		(一財)大分放送文化振興財団 9.4%	大分県の文化, 地球環境の保全への助成, 啓発, 出版			9.4%	9.40%
テレビ岩手	4,436 88		(公財)日本テレビ小鳩文化事業団 18.6%	107,281 目と耳の不自由な方々への支援			18.6%	18.60%
新潟テレビ21	5,638 100		(公財)田中角栄記念館 5.0%	14,940 美術館の運営			5.0%	5.00%
宮城テレビ放送	9,334 126	カメイ, 亀井文行 30.5%	(公財)日本テレビ小鳩文化事業団 18.6%	107,281 目と耳の不自由な方々への支援			18.6%	49.10%
ダイドー	75,543 637		(公財)山田貞夫音楽財団	28,099 クラシック音楽家への支援				
光が丘興産	46,916 87	前田建設工業, 前田道路 29.5%	(公財)前田記念工学振興財団 9.1%	35,153 工学(土木・建築系分野)に関する学術研究助成, 顕彰			9.1%	38.60%
福岡トヨタ自動車	62,430 902	SEEDホールディングス, 金子宜嗣 29.3%	(公財)金子財団 8.2%	15,362 教育助成, 講演会		トヨタレンタリース福岡, トヨタカローラ福岡等 36.6%	44.8%	74.10%
レクスト	18,534 377	牧野秀紀 40.4%				(一財)東海冠婚葬祭産業振興センター等 23.7%	23.7%	64.10%

注) オーナー関連株主は, 非上場会社四季報と法人名やHP等を参考に, 筆者の推測を含めた記載であることをご了承ください。

おります。持株比率だけでは読み取れないことが多くあるものの，経営権のコントロールと相続税対策の双方の目的を，公益法人・持株会を活用しながら達成している可能性があります。

世界最大の自動車部品メーカーである独ボッシュは非上場で，公益財団法人のロバート・ボッシュ財団がボッシュ株の92％を保有しています。ただし，この株式には議決権はなくボッシュの役員や役員OBが加わる合資会社が1％の持株比率ながら93％の議決権を持っています（公益法人が保有する株式の議決権については113ページ「公益法人に会社が乗っ取られる？」もご参照ください）。

安定株主づくりや安定株主との対話による経営権のコントロールは，中長期的・安定的な経営をする上で重要です。これも，企業に求められるガバナンス（企業を舵取りする仕組み）の1つです。

平成30年度税制改正で規制される一般社団・財団法人スキームとは？

【図表1-17】 一般的な一般社団・財団法人スキーム

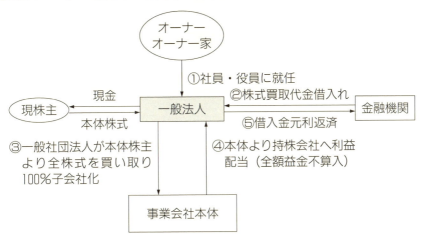

図表 1 －17は一般的な一般社団・財団法人を使ったスキームです。一般社団・財団法人には企業の株式に当たる「持分」という概念がないため，一般社団・財団法人を設立し，個人資産を移した上で子に代表権を継がせれば，相続税を回避できます。しかしこれには，租税回避行為であるという批判が従前から出ており，課税庁による否認リスクが高いスキームであると言われていました。筆者の予想どおりでしたが，平成30年度税制改正で以下にように規制されました。

【贈与・遺贈】

贈与税等の負担が不当に減少する結果とならないものとされる現行の要件（役員等に占める親族等の割合が３分の１以下である旨の定款の定めがあること等）のうちいずれかを満たさない場合に贈与税等が課税されることとし，規定が明確になりました。

【相続】

一般社団法人等の理事が死亡した場合には，一般社団法人等の純資産額をその死亡の時における同族理事（被相続人が役員になっている会社の従業員等を含む。）＋１名の数で除して計算した金額に相当する金額を当該被相続人から遺贈により取得したものとみなして，一般社団法人に相続税が課税されます。

上記規制の対象になる一般社団法人等を特定一般社団法人といい，次に掲げる要件のいずれかを満たす一般社団法人等が該当します。

①相続開始の直前における同族役員数の総役員数に占める割合が２分の１を超えていること

②相続開始前５年以内において，同族役員数の総役員数に占める割合が２分の１を超える期間の合計が３年以上であること

第1章◆事業承継の全体像を考える

【図表1−18】 一般社団法人等に相続税が課税される
【改正前】

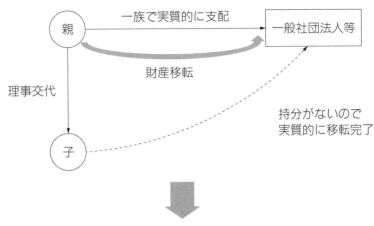

【改正後】

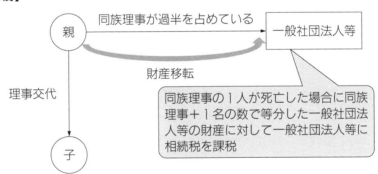

今回の一般社団法人等に関する規制は，平成30年4月1日より後に設立された一般社団法人等の相続について適用されます。さらに，それ以前に設立された一般社団法人等についても，平成33年4月1日より後の相続については適用されます。相続が発生する時期は予測もコントロールも不可能なので，すでに一般社団法人等を設立し，実行している一般社団・財団法人スキームについては，スキームの再設計が必要です。具体的には，同族理事数を2分の1以内にすることが対策の1つです。また，子だけを役

41

員にして，高齢の親を役員にしないことも対策の1つです（ただし，理事でなくなった日から5年を経過していない者の死亡を含むので，留意が必要です）。それから，普通法人型の一般社団法人等であった場合には，非営利型一般社団法人等へ移行することも対策の1つです。

しかし，国税庁の評価通達に従っているにもかかわらず，「租税回避行為」として追徴課税が行われる持株会社スキームが増えている事情を考慮すると（詳細は43ページ「**持株会社スキームはなくなるのか？**」をご参照ください），これらの対策をすることだけでは，税務上は不安定なスキームであることは否定できません。もし，一定の社会貢献ニーズがあるのであれば，公益認定申請を行い，一般社団法人等から公益法人へ変更することも，検討してはいかがでしょうか？

【図表1-19】 公益法人へ変更

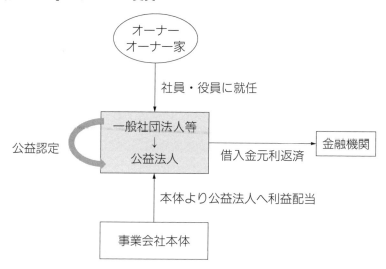

この場合に，公益法人の事業規模を検討する必要がありますが，みなし譲渡所得税を非課税にするための，措置法40条を利用する必要がないのであれば，「社会的規模として認識される程度の規模」まで事業規模を大きく

第1章◆事業承継の全体像を考える

する必要はないと思われます。121ページ「公益法人に必要な事業規模は？
（その１）」，142ページ「公益法人に必要な事業規模は？（その２）」もご参
照ください。

持株会社スキームはなくなるのか？

　以下は平成28年８月の産経新聞の記事「自社株の相続めぐり銀行が中小
企業経営者へ提案の節税策，国税がNO！追徴課税などを受け国提訴が相
次ぐ……」からの抜粋です。

　自社株の相続対策に悩む中小企業の経営者が，取引銀行から提案された別会社
へ株を売却するなどの「節税策」を実行したところ，税務署に認められずに課税
され，国を相手取った訴訟に発展するケースが増えている。国税当局が租税回避
行為とみなして厳格に臨んでいるためだ。専門家は，こうした国の判断を認める
判例が出てくれば，節税策を提案する銀行や税理士の責任も問われると指摘する。
＜年商数十億円のA社を経営するBさんは，同社の全株式を所有している。社長
職は来年度にも息子に譲ることを決めている。だが，業績は堅調で自社株の評価
額が高く，自分の死後に株を相続する息子の相続税負担が心配だ＞

　「団塊の世代」が70歳代に入ったここ数年，こうした株式継承の悩みを抱える中
小企業（非上場）経営者が増えている。このため，取引銀行などが会社に「節税
策」を提案するケースが多い。

　提案されるのは，Bさんが持ち株会社(P社)を設立したり，既存の別会社を持
ち株会社にしたりして，自身が持つ自社株（A社株）をP社へ移すというもの。
そうすることで，P社株の評価額（株価）だけを下げておけば，A社株とP社株
を相続する場合よりも相続税が節税されるという理屈だ。

　具体的には，P社は取引銀行から借り入れをし，BさんからA社株を買い取
る。国税庁通達はP社とA社を親子関係にしたり，P社の借金が増えたりすれば
株式評価額は下がると規定しているため，通達を形式適用した場合のP社の株価
は，A社株買い取り前よりも大幅に下がる。

43

持ち株会社を利用した相続税「節税」スキーム

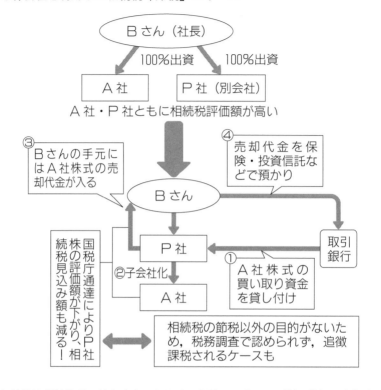

　A社株は相続財産ではなくなったため，息子はBさんの死後，株価が大きく下がったP社株式だけを相続財産として相続税の申告を行うことになる。

　ところが税務訴訟を多く手がける都内の弁護士によると，こうして下落させた株価を国税当局が認めず更正処分（追徴課税）を行うケースが昨年ごろから徐々に増えているという。東京国税不服審判所に審査請求したものの認められず，課税取り消しを求めて国を提訴する事例も出始め，今後の司法の判断が注目される。同弁護士は「富裕層への課税強化の流れから，調査の現場が積極的に執行する方向にかじを切った印象だ」と指摘する。

　国税庁通達どおりとはいえ，このような株の評価減は相続税を減らす以外に目的がない。このため，「これらのケースでは国税当局が租税回避行為と認定した可能性がある」（資産課税に詳しい税理士）という。

(『銀行提案の節税，国税NO』2016年8月29日付産経新聞より一部抜粋・無断転載・複写不可)

　この記事内容および，平成30年度税制改正で一般社団・財団法人スキームに規制が入ったことを鑑みると，今後の持株会社スキームはより税務調査による否認リスクを意識せざるを得ません。一方，納税猶予の使い勝手が良くなったことから，事業承継スキームの主役はより税務的にも安全で安定的な方法の納税猶予制度へシフトしていくのではないでしょうか？

　なお，租税回避とは，法の抜け穴を探して，税負担を免れることであり，「法律の選択可能性を利用し，経済的には合理的理由がないのに，通常用いられない法形式を選択することによって，意図した経済目的を実現しながら，税負担を免れる」こととされています。

【図表1－20】　一般的な持株会社スキーム

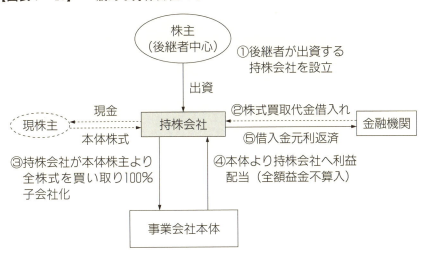

　図表1－20は一般的な持株会社スキームですが，「経済的合理性がある」「通常用いられる法形式」にできるか？　それらを満たしたストーリー，そ

のストーリーの証拠としての文書（議事録等）の保管が重要になると思われます。

　ストーリーの例として，「複数の事業会社のシナジー効果，コスト削減効果を出すために，持株会社を設立する」「複数の事業会社で複数のブランド戦略（例えば，ハイエンドからの参入）」「事業ごとの異なる賃金体系」が考えられます。具体的には，

節税目的　＜　事業目的

が成り立っていることを，客観的に説明できるような実態と，その準備が必要でしょう。

大日本除虫菊（キンチョー）の事例から

　牛島信氏の小説『少数株主』（幻冬舎）の主人公たちの会話の中で紹介されている，大日本除虫菊（キンチョー）の裁判事例は，書籍中の主人公たちの言葉を借りると以下のとおりです。

　「465万と思った株が実は1億6,000万て世界だ。34倍ということだ。いや，なんともあわれな話だよ。もちろん同族会社だ。思いもかけない額の相続税を税務署から請求された男は，敢然と裁判で争った」

　「この気の毒な男は最高裁まで争ったんだが，負けた」

　「大日本除虫菊って会社の株をほんの少し相続したばっかりに，1億もの税金をとられてしまったという，嘘のような本当の話だ」

　「えっ，大日本除虫菊って，あの蚊取り線香の金鳥か」

　「9,300株に対して年に46万5,000円ぽっきりの配当だったからな。465万の価値の株だと思ってた」

　「おばあさんが死んで」「男がそいつの一部を相続した」「全体の0.49％だ」「この男の不幸はもともと4.99％の大日本除虫菊の株を持っていた」「4.99と0.49を足

46

第1章◆事業承継の全体像を考える

> すと，5.48になるな」

　平成11年の話ですが，もし当時に平成30年度税制改正後の納税猶予制度
があれば，どうなっていたでしょうか（ホームページをみると，資本金4
億4,000万円で，従業員484人なので，本来は同制度を利用できません，こ
の会社が中小企業だったという仮定で話を進めさせていただきます）？

　先代経営者だけでなく少数株主まで，制度の対象が広がったので，後継
者への納税猶予制度を利用し，先代経営者からの贈与以降5年以内であれ
ば，納税猶予制度が利用できます。なお，特例承継計画を提出せずに先代
経営者に相続が発生しても，一定の手続きで，少数株主からの集約は可能
です（75ページを参照）。

　それから，オーナー家で設立した公益法人があればどうだったでしょう
か？　公益法人に寄附した財産を相続財産から除外する租税特別措置法
（以下「措置法」といいます。）70条と公益法人に寄附したときに発生する
みなし譲渡所得税を非課税にする措置法40条を利用して，公益法人に寄附
をすることで，相続税もみなし譲渡所得税も非課税にできた可能性があり
ます。例えば，「殺虫剤・防虫剤等を中心とした科学分野の技術と教育への
助成」をする公益法人でもいいかもしれません。

　一方，会社や先代経営者・後継者に買取資金があれば，買取りも選択肢
となります。株価が高額になるのであれば，一部の株式は買取り，一部の
株式は納税猶予制度や公益法人への寄附といった組み合わせによる資金負
担のコントロールが考えられます。

　オーナー家としては，相続が発生すると株価が高額になることを事前に
シミュレーションし，「5.48」になる前に低い価格で会社等が買い取れば，
不要な税負担を避けられるかもしれません。

　「気の毒な男」の方にとって，贈与や寄附が本意でなく，買取価格に納得
がいかない場合には，大日本除虫菊に譲渡承認請求を経て，会社が指定す

47

る買取人への株式売却にチャレンジすることになります。

「4.99と0.49を足すと，5.48になるな」の意味

46ページの「大日本除虫菊（キンチョー）の事例から」に，「4.99と0.49を足すと，5.48になるな」という会話があります。これの意味するところは何でしょうか？

これは，税務上の評価における，通常は株価が高くなる原則的評価と，配当還元方式といって安くなる特例的評価の分岐点を示しています。事業承継対策や相続税対策として，配当還元方式での移転を目指します。以下の場合（①かつ②）には，同族であっても，議決権を通じた自社への影響力が小さいので配当還元方式が使用できます（同族株主がいる会社で自分自身が同族株主であることを前提とします）。①②に該当するかを把握した上で対策が望まれます。

①中心的同族株主（本人，配偶者，直系血族，兄弟姉妹，1親等姻族で25％以上保有する株主）が自分以外に存在し，自分は中心的同族株主ではない

②自分の議決権割合が5％未満で，役員でない

注）同族株主とは本人および本人の同族関係者で30％以上の議決権を保有している株主

少数株主による譲渡承認請求，売主追加請求権とは？

少数株主による譲渡承認請求は，簡略化すると**図表1－21**のような流れになります。このようなことが起きないように，経営者と少数株主の対話が望まれます。

48

【図表1－21】 少数株主による譲渡承認請求の流れ

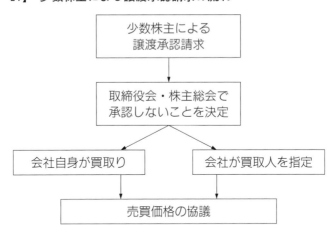

　なお，会社に財源（分配可能利益）がない場合には，会社が買取人を指定する必要があり（指定買取人），指定買取人を用意できない場合には，譲渡を承認せざるを得なくなります。

　また，少数株主による売主追加請求権とは，会社が自己株式を取得する場合に，売主となる株主以外の株主が，自己の株式を買い取ってもらうように請求する権利です。この権利を会社法は認めています。これは，すべての株主に投下資本回収の機会を平等に与えるためです。

　もし，売主追加請求しそうな株主が存在するなら，自己株式の取得には慎重な判断が必要です（相続人から自己株式を取得する場合は，原則として相続人以外の株主からの売主追加請求権は認められません）。なお，定款記載で，売主追加請求権を排除することが可能ですが，あらたに排除する規定を設ける場合には，全株主の同意が必要です。

　このようなことが起きないようにするために，経営者と少数株主との対話，できるだけの事前の分散株式の集約が望まれます。

少数株主からの買取価格はどうやって決まるのか？

少数株主から株式を買い取る場合の価格は，当事者間の協議で決まります。もしまとまらなければ，双方から裁判所へ売買価格の決定を申し立てることができ，この場合には裁判所の定めた価格が売買価格になります。したがって，裁判所に申し立てするかしないかは別にして，当事者間の協議においても過去の裁判所の判例や，それを参考にした公認会計士等の株価鑑定に影響を受けることになります。

過去の判例によると，経営に影響力を持たない少数株主にとっての株価の評価方法は配当還元方式が中心になりますが，買主である会社・経営者にとっての株式の価値も考慮すべきである等の理由から，収益還元法（DCF法），純資産法等との折衷方式が多く用いられています。

なお，当事者間の協議で決着がついた場合，売主が従業員や取引先等の第三者でなく，親族等の場合は，税務上の株価に留意する必要があります。

個人の少数株主から，先代経営者や後継者といった個人が買い取る場合で，買取価格が相続税法上の原則評価に対して著しく低い価額のときには，相続税法上の原則評価との差額に対して，みなし贈与課税が発生する可能性があります（差額は非課税枠110万円以下にすることが望まれます）。

個人の少数株主から，会社が自己株式として買い取り，売主にとっての時価が，税務上の原則的評価となる場合には，所得税法上の評価（所得税法基本通達59-6）が適正な時価となり，時価の2分の1未満の譲渡の場合には，時価からみなし配当を控除した価額との差額に対してみなし譲渡所得税課税が売主に発生します（時価の2分の1以上でも，租税回避行為として否認される可能性が残ります）。また，売却価格によってはみなし配当課税が発生します（52ページ注）。買主である会社にとっては，単なる資本取引なので受贈益課税は発生しないと考えられますが，株式を低額で譲渡した者から既存株主へ経済的利益が移転したものとして贈与税（これを一

般的に「はねかえり贈与」といいます）が発生する可能性があることは，注意しなければなりません。なお，売主にとっての時価が，税務上の特例的評価となる場合は（48ページ「「4.99と0.49を足すと，5.48になるな」の意味」もご参照ください），原則的評価額を時価とするみなし譲渡所得税は課税されないと考えられます。

　法人である少数株主から，先代経営者や後継者といった個人が買い取る場合で，低額譲渡のときには，時価との差額に対して売主の法人に寄附金課税，買主の個人に一時所得が発生します。

相続人から会社が一方的に分散株式を集約する方法

　オーナーや会社にとって好ましくない相続人に対して，会社が一方的に売渡請求をし，自社株式の分散を防ぐことができるのでしょうか。

　定款に定めることで，相続発生によって自社株を取得した相続人に対して会社へその株式を売り渡すように請求できます（株主総会の特別決議が必要）。相続人は，これを拒否することができません。

　しかしこのような手段をとると，多くの場合は買取価格で争いが生じ，最悪の場合は裁判沙汰になってしまいます（50ページ「少数株主からの買取価格はどうやって決まるのか？」もご参照ください）。できる限りの，経営者と少数株主との対話，生前の分散株式の集約が望まれます。

相続発生まで，株式移転を待つことのメリット・デメリットは？

　まず，メリットから把握したいと思います。
- 相続税申告期限後3年以内であれば相続で取得した株式を譲渡する際に取得費加算できる（相続人のメリット）[注1]

- 相続税申告期限後3年以内であればみなし配当課税が生じない（会社買取の場合のメリット）注2）
- 少数株主から会社が取得する場合に，他の少数株主の追加買取請求権が発生しない（会社買取の場合のメリット）
- 少数株主から会社が取得する場合に，好ましくない相続人に対して，会社が一方的に売渡請求できる（会社買取の場合のメリット）

一方のデメリットは，以下が考えられます。

- 株価上昇局面の場合は，株価上昇により贈与税・相続税，買取資金の負担が重くなる
- 他の相続人との争族の可能性

　上記を考慮すると，株価下落局面で相続税負担が軽く，相続人が後継者のみ（もしくは争族の可能性が低い）の場合は，先代経営者および少数株主の相続発生まで株式移転を待つ選択肢がありうると思われます。ただこれは，税金面に重きを置いた選択であり，経営面では，株式を保有することでイニシアチブを取った後継者の果断な意思決定がプラスになる可能性があるので，税金面にとらわれない判断が望まれます。また，相続発生前の少数株主であればスムーズにできた買取交渉が，少数株主の相続人との交渉になると難しくなる可能性があります。

　なお，他の少数株主の追加買取請求権については，48ページ「少数株主による譲渡承認請求，売主追加請求権とは？」をご参照ください。

注1）取得費加算とは，相続開始のあった日の翌日から相続税の申告期限の翌日以後3年を経過する日までに譲渡した場合は，譲渡所得の計算上，取得費に，相続税額（実際に納めた相続税額のうち，譲渡した株式に対応する額）を加算することができることです。

注2）みなし配当課税とは，実際に配当を受け取っていなくても，売却代金

第1章◆事業承継の全体像を考える

のうち資本金等相当額を超える部分に対して，売主に配当所得として総合課税による課税（所得税等＋住民税で最高税率55％）されることです。売主の所得によっては，譲渡所得の分離課税の税率（所得税等＋住民税で20.315％）よりも重い負担になります。

平成30年度税制改正後も毎年110万円以内での贈与を続けてよいのですか？

これまで，毎年110万円の贈与税非課税枠の範囲内での暦年贈与で自社株を移転している会社が多くあったと思います。平成30年度税制改正後の暦年贈与はどのようにするのがよいのでしょうか？　選択肢としては以下が考えられます。

①名義株式の場合は，先代経営者の影響力があるうちに整理する（原始定款，法人税申告書別表2，譲渡承認議事録，過去の配当金の支払有無等で，真実の株主を把握し，真実の株主だけに配当支払実績を作っていく，真実でない株主からの念書等を入手する，合併等で整理する）
②納税猶予制度を使って早期に後継者に集約する
③少数株主が対価を必要としているのであれば，会社，先代経営者，後継者，持株会等が買い取る
④従来どおりに，毎年110万円以内での贈与で後継者へ移転する

まずは，納税猶予制度を利用できるか否かを検討する必要があります。検討せずに，毎年110万円の贈与税非課税枠の範囲内での移転を継続しているうちに，納税猶予制度が利用できなくなる可能性があるからです。

一方，毎年110万円の暦年贈与で移転が済む場合には，税金面では納税猶予制度を利用する必要はありません。

53

そして，税金面からだけでなく，後継者が株式を保有し，イニシアチブを取りやすくして，環境変化に対応していくタイミングを逃さないように，スケジューリングする必要があります。

これからは，従来のスキームにとらわれず，使い勝手がよくなった納税猶予制度を中心に，最適な事業承継スキームとスケジュールを最短で検討することが望まれます。

除外合意について

遺留分とは，一定の法定相続人に認められる，最低限の遺産の取り分であり，法定相続分の2分の1と定められています。これは，後継者以外の相続人も，一定の遺産を相続できることを期待しているであろうから，その心情に配慮して民法上定められた権利であり，遺言でも奪うことができない権利です。具体的には，配偶者と子2人の相続の場合は，子それぞれに，遺産の8分の1の遺留分があります。

被相続人から生前に贈与を受けた財産は，その遺留分の計算上，相続時の時価で相続財産に加算することが原則です。一方，被相続人から生前に贈与を受けた自社株式について，遺留分の計算に含めない旨を推定相続人全員の合意により書面化し，手続きを行うことで，遺留分の計算に含めないことができます。これを「除外合意」といいます（なお，遺留分の計算から除外しないことにしても，贈与時の価額に固定することを「固定合意」といいます）。

納税猶予制度を使って，後継者に株式を移転できても，相続が発生したときに，後継者以外の相続人が遺留分として，その株式の相続時時価の法定相続分の2分の1の遺産の取り分を主張し，事業承継の障害となる可能性があります。その可能性を排除するために，除外合意の検討が望まれます。その手続きは**図表1−22**のとおりです。以下は，贈与後に発生する手

54

続きであり，かつ，後継者が贈与で初めて過半数を有する必要があります。

【図表1－22】 除外合意の手続

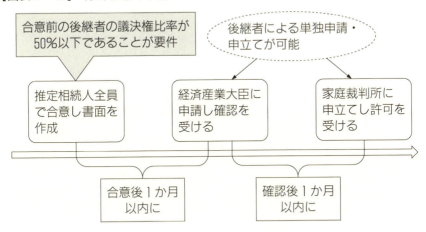

除外合意以外の方法として，家庭裁判所の審判手続きで許可を得た「遺留分放棄」がありますが，家庭裁判所の審判に左右されない，より簡便的で，事業承継のために法令上認められた手続きが，この除外合意といえるでしょう。

納税猶予制度は相続対策の一部です

納税猶予制度は節税対策としてインパクトが大きい解決策の1つですが，あくまで相続対策の一部にすぎません。

相続対策は，納税資金対策，財産分割対策（争族対策），節税対策を漏らさず行う必要があります（**図表1－23**）。

【図表1−23】 相続対策の全体像

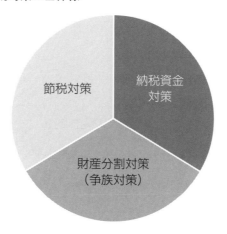

図表1−24は,一般的な目的別の対策です。オーナー家ごとに個別の事情にマッチした対策が必要です。

【図表1−24】 目的別の代表的な相続対策

代表的な相続対策	財産分割対策 (争族対策)	納税資金対策	節税対策
非上場株式の贈与税・相続税の納税猶予制度			◎
非上場株式の株価対策			○
除外合意・固定合意	○		
遺言書の作成	○		
生命保険の活用	△	○	△
養子縁組			○
不動産の有効活用		△	○
生前贈与	○	○	○

◎は大きな効果あり
○は効果あり
△は一部効果あり

第1章◆事業承継の全体像を考える

　30ページ記載の少数株主の納得感を得るために他の財産を贈与または相続させることや，少数株主に対価を支払うために，自社株買いや持株会，公益法人等の他のスキームと組み合わせることも，争族対策の1つです。

　また，オーナーの個人資産を法人に移した場合の相続税・譲渡所得税の比較，現物出資の時期の検討，後継者に相続財産が集中する場合の争続対策等が必要になるケースが多いと思われます。

　その他にも，相続対策としては以下に留意する必要があります。

- 後継者以外の相続人がいる場合には，納税猶予制度を利用する場合でも株価引下げ対策を行うことが望まれる。相続財産全体×相続割合で各相続人の相続税が決まるが，納税猶予されるのは後継者だけなので，他の相続人の納税負担が大きくなる可能性がある。親族外後継者に納税猶予制度を利用して贈与・遺贈した場合に，自社株を相続しない親族の納税負担が大きくなる可能性がある。

- 雇用維持要件の事実上撤廃により，猶予取消しリスクが小さくなり，猶予税額が100%になったために，株価引下げ対策の重要性は相対的に低下しているが，10年間時限立法がなくなったあとの課税関係が不明なので，株価引下げ対策はもれなく実施することが望まれる。

- 親族外後継者に納税猶予制度を利用して贈与・遺贈した場合に，先代経営者の相続税の申告を行う際，その親族外後継者に相続財産の合計額や明細等が知られることになる（先代経営者から贈与を受けた自己株式について，親族外後継者が遺贈を受けたことになる）。

- 少数株主（28ページの**図表1－8**のB群で問題になります）が保有する分散株式の集約に納税猶予制度を利用した場合に，少数株主の相続税の申告を行う際，後継者に少数株主の相続財産の合計額や明細等が知られることになる（少数株主から贈与を受けた自己株式について，後継者が遺贈を受けたことになる）。

- 納税猶予制度をフル活用し，相続財産を減らす方法として，デットエ

57

クイティスワップ（債務の資本化），増資，現物出資等による，個人財
産の株式化が考えられるが，過度の実行は，後継者へ財産が集中し，
納税資金が減少するため争族対策や納税資金対策と逆行する可能性が
ある。また，贈与・相続前3年以内の現物出資には規制があるので留
意が必要。

　前述の除外合意も，相続財産全体と遺留分を把握しなければ，その必要
性を検討することはできません。納税猶予制度だけに目を奪われず，相続
対策の全体を俯瞰して解決策を考える必要があります。

ビジネスモデルを把握し，承継可能か否かを検討する

　納税猶予制度は節税対策としてインパクトが大きい解決策の1つですが，
あくまで相続対策の一部にすぎません。
　外部環境の変化が激しいため，承継する事業のビジネスモデルがすでに
陳腐化している可能性があります（183ページ「後継者として戦略を考える
上で必要な外部環境分析」もご参照ください）。
　承継する事業のビジネスモデルを把握し，承継可能か否かを検討し，そ
れでも承継するのであれば，後継者が中心となってビジネスモデル・ガバ
ナンスの再構築が必要となる場合があります。20ページで紹介したベン
チャー型事業承継もその1つです。
　大塚家具騒動も，本質は，外部環境が変わる中でのビジネスモデルの承
継可能性の問題だと思います。先代経営者が成功したビジネスモデルが，
外部環境の変化や新興勢力の脅威にさらされることや，後継者が自己変革
に苦しむことは多くあります。これを「成功体験の復讐」といいます。
　これらに対応・対抗するために，別会社・別部門といった「出島」をつ
くり，従来と全く違う商品・価格戦略を打ち出すことも1つの方法となり

【図表1-25】 事業承継の方法を決定するためのフローチャート

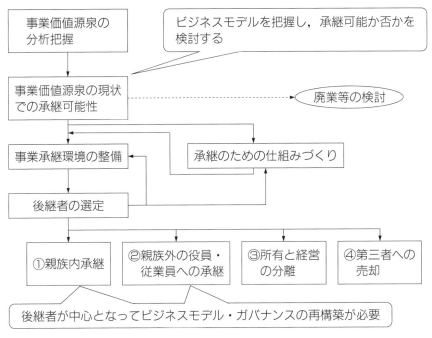

(出所) 事業承継支援マニュアル（日本公認会計士協会）をもとに加筆

ます。人事制度や意思決定プロセスも本体とは別物の組織にします。本体ができるのは、資金的支援ぐらいになったとしても、これまでの社内慣行や戦略を引きずっているよりも、外部環境の変化や新興勢力の脅威に早く対応・対抗できる可能性があります。

「出島」を利用して、ドイツ企業でありながら、シリコンバレーのカルチャーを取り込み、事業変革を実現したのがSAPです。SAPはERPと呼ばれる企業向けソフトウェアのビジネスを続けてきましたが、新規事業が育たず、停滞した時期がありました。そこで、ドイツから離れたシリコンバレーに新規事業の「出島」をつくり、イノベーションの方法論の1つである「デザイン思考（ユーザーを観察し、ユーザーと一緒にニーズを

深堀りし，課題を発見し，複数のプロトタイプをつくりながら，価値や解決策を生み出す方法）」を使い，ＥＲＰ以外の新規事業の売上比率が60％を超えることに成功しました。伝統的な企業が事業を変革するには，イノベーションを生み出すための仕掛け，システムが必要ではないでしょうか？この仕掛け，システムを構築する主役は後継者であると思います。

　現状のビジネスモデル・ガバナンスを把握した上で，経営計画・事業承継計画を策定するために，監査法人等へ事業・財務デューデリジェンスを依頼し，客観的な意見を聞くことも有用です。

　相続対策だけに目を奪われず，全体を俯瞰して解決策を考える必要があります。

第2章

使いやすくなった納税猶予制度

Contents

1 法改正の変遷
2 納税猶予の入口を考える
3 事業承継計画と経営計画について
4 納税猶予の出口を考える

Summary

- 納税猶予制度をフル活用するには，特例承継計画の提出とスケジューリングが必要。
- 納税猶予制度利用の入口では，制度を利用できない資産管理会社とその例外を理解する必要がある。
- 納税猶予制度利用の出口では，株価上昇を固定できる効果と，株価下落分の猶予税額を減免できる効果，および納税猶予を継続できる組織再編を理解した積極的な事業承継が望まれる。

1　法改正の変遷

平成20年5月9日に「中小企業における経営の承継の円滑化に関する法律」（以下「円滑化法」といいます。）が成立し，平成21年度税制改正により，非上場株式等に係る相続税・贈与税の納税猶予制度が創設され，相続税に関しては，円滑化法の施行日（平成20年10月1日）以後の相続等についてさかのぼって適用されました。以下は，主な法改正の内容です。

①　平成25年度税制改正

• 親族内承継要件の廃止

後継者の要件のうち，先代経営者の親族であることとする要件が撤廃されました。

• 役員退任要件の緩和

先代経営者が，贈与時において役員でないこととする要件について，贈与時においてその会社の代表権を有していないことに改められました。

• 代表者の役員要件の緩和

先代経営者が，会社から給与の支給等を受けた場合であっても，贈与税の納税猶予の取消事由に該当しないこととされました。

• 雇用維持要件の緩和

雇用維持要件について，贈与または相続開始後5年間における常時使用従業員数の平均が，相続開始時又は贈与時における常時使用従業員数の80％を下回ることとなった場合には納税猶予の取消し事由に該当することとされ，要件が緩和されることとされました。なお，改正前は各年における常時使用従業員数が要件でした。

• 民事再生計画の認可決定等があった場合の特例の創設

民事再生計画の認可決定等があった場合には，その時点における株式等

の価額に基づき納税猶予税額を再計算し，その再計算後の納税猶予税額について，納税猶予を継続する特例が創設されました。

• 事業継続期間経過後の利子税の特例

　贈与または相続開始後5年間の経過後に納税猶予税額の全部又は一部を納付する場合については，この期間中の利子税を免除することとされました。

• 事前確認制度の廃止

　経済産業大臣による事前確認制度を廃止することとされました。

• 資産管理会社の要件の見直し

　常時使用従業員数が5人以上であることとする要件は，後継者と生計を一にする親族以外の従業員数で判定することとされました。

　商品の販売・貸付け等を行っていることとする要件について，後継者の同族関係者等に対する貸付けを除外することとされました。

②　平成29年度税制改正

• 雇用維持要件の計算方法の見直し

　相続開始時又は贈与時の常時使用従業員に100分の80を乗じて計算した数に1人未満の端数があるときは，切り捨てる（改正前は切上げ）こととし，相続開始時または贈与時の常時使用従業員が1人の場合には，1人となります。

• 相続時精算課税制度との併用

　相続時精算課税制度に係る贈与が，贈与税の納税猶予制度の適用対象に加えられました。

• 贈与者が死亡した場合の相続税の納税猶予制度の要件緩和

　贈与者が死亡した場合の相続税の納税猶予制度における会社の要件について，会社が中小企業者および非上場会社であることとする要件が撤廃されました。すなわち，贈与後に後継者の頑張りにより順調に成長を続けた

結果，中小企業者ではなくなったり，さらに上場会社になったりしても，贈与者に相続が発生した場合において，贈与税の納税猶予から相続税の納税猶予に切り替えることができるようになりました。

• 手続き窓口が地方経済産業局から都道府県担当課へ変更

　手続き窓口が地方経済産業局を通じた経済産業大臣から都道府県担当課を通じた都道府県知事へ変更されました。

③　平成30年度税制改正

　10年間の特例措置として，要件の緩和が行われます。具体的には，特例承継計画を作成して贈与・相続による事業承継を行う場合には，次のi～viができることとなりました。

i　猶予対象の株式の制限（発行済議決権株式総数の3分の2）を撤廃し，納税猶予割合を80％から100％に引き上げることにより，贈与・相続時の納税負担が生じない制度とする。

ii　雇用維持要件を満たさない場合であっても，その満たせない理由を記載した書類（認定経営革新等支援機関の意見が記載されているものに限る。）を都道府県に提出すれば，納税猶予が取消しにならない。なお，その理由が，経営状況の悪化である場合または正当なものと認められない場合には，その内容を記載しなければならない。

iii　従来，適用対象となったのは1名の後継者のみであったが，それ以外にも，後継者以外の議決権上位2名または3名の後継者に対する贈与・相続に対象を拡大する。ただし，総議決権数の10％以上を有する者に限る。

iv　経営環境の変化に対応した場合[注1]の減免制度を創設して将来の税負担に対する不安に対応する等の特例措置を講ずる。具体的には，譲渡もしくは合併の対価の額（当該譲渡または合併の時の相続税評価額の50％に相当する額を下限とする。）または解散時の相続税評価額と5年間に後

継者およびその同族関者に対して支払われた配当および過大役員給与等に相当する額との合計額を納付すればよく，差額を免除する。

　譲渡または合併後2年を経過する日において，譲渡後の事業が継続しており，かつ，これらの会社においての譲渡または合併時の従業員の半数以上の者が雇用されているときには，譲渡または合併の対価の額をもとに再々計算した贈与税額等と直前配当等の額との合計額を納付すればよく，差額を免除する。

ⅴ　先代経営者以外の株主（少数株主）からの贈与等も対象になる注2）

ⅵ　推定相続人以外の後継者に相続時精算課税の併用が可能注3）

注1）「経営環境の変化に対応した場合」とは以下のいずれかに該当する場合
- 直前事業年度の以前3年間のうち2年以上，赤字である場合
- 直前事業年度の以前3年間のうち2年以上，売上高が，前年比減少している場合
- 直前事業年度末日における有利子負債が，売上高の6月分に相当する額以上である場合
- 事業が属する業種に係る上場会社の株価（年間の平均）が，前年1年平均より下落している場合
- 後継者が経営を継続しない特段の理由があるとき

注2）後継者が先代経営者以外の者から贈与等により取得する株式についても，特例承継期間（仮称）（5年）内に当該贈与等に係る申告書の提出期限が到来するものに限り対象となりました。

注3）事業承継税制の適用をうける場合は，60歳以上の贈与者から20歳以上の後継者への贈与が対象となり，後継者が贈与者の子や孫ではない場合も適用可能となりました。

相続時精算課税制度との併用の効果

平成29年度税制改正で，贈与税の納税猶予と相続時精算課税制度が併用

できることになり，その結果，納税猶予取消時には相続時精算課税制度にて算出された贈与税額を納付することとされました。さらに，平成30年度税制改正でその対象が拡大されました（20歳以上の子または孫への贈与のみから，20歳以上の後継者への贈与が対象となり，後継者が贈与者の子や孫ではない場合も適用可能になりました）。

　相続時精算課税制度との併用の効果を把握するために以下の設例をご覧ください。

　【設例】　先代経営者から後継者に贈与した自社株3億円について贈与税の納税猶予を適用した（法定相続人3人）

　【併用しない】　猶予取消時に暦年課税　　　　　1.57億円

　【併用する】　　猶予取消時に相続時精算課税　0.55億円

　　　　　　　　　相続税申告時に相続税　　　　△0.004億円（還付）

　猶予取消時の納税負担が大幅に減額（△1.02億円＝0.55億円−1.57億円）されます。

　全体としての納税負担が減額された原因は，贈与税と相続税の税率の差です。納税猶予制度を利用して，仮に猶予取消しになったとしても，何もしないで相続を迎えた場合の相続税と同じ負担になります。むしろ，株価が上昇しているのであれば，相続時精算課税制度を利用することで，移転時の株価で固定されるので，その増加分が節税になります。また，早く経営権を後継者に渡せることもメリットです。

　図表2−1は，相続時精算課税を併用した場合の負担とメリットを表したものです。雇用維持要件が事実上撤廃され，仮に猶予取消しになっても，何もしなかった場合の相続税負担で済みますし，他に有効な対策がないのであれば，納税猶予制度にチャレンジしない理由がありません。

第2章◆使いやすくなった納税猶予制度

【図表2-1】 相続時精算課税制度との併用の効果

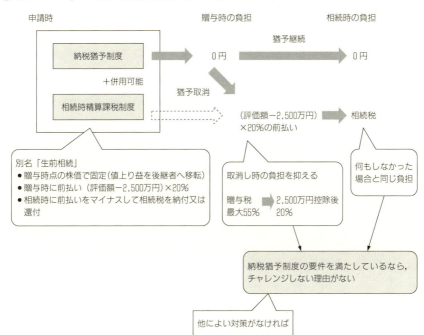

納税猶予を受けるための手続き

納税猶予を受けるためには,「都道府県知事の認定」「税務署への申告」の手続きが必要になります。以下の**図表2-2**はその流れです(中小企業庁のHPに加筆)。

【図表 2 － 2 】 贈与税の納税猶予についての手続き

| 提出先 | ・提出先は「主たる事務所の所在地を管轄する都道府県庁」です。
・平成30年1月1日以降の贈与について適用することができます。 |

都道府県庁

承継計画の策定
- 会社が作成し，認定支援機関が所見を記載。
- ※「承継計画」は，当該会社の後継者や承継時までの経営見通し等が記載されたものをいいます。
- 平成35年3月31日まで提出可能。
- ※平成35年3月31日までに相続・贈与を行う場合，相続・贈与後に承継計画を提出することも可能。

贈与の実行

認定申請
- 贈与の翌年1月15日までに申請。
- 承継計画を添付。
- 審査後，認定書が交付される。

> 申請から認定書交付まで2か月前後要するので留意する

税務署

税務署へ申告
- 認定書の写しとともに，贈与税の申告書等を提出。
- 相続時精算課税制度の適用を受ける場合には，その旨を明記。
- 贈与の翌年3月15日までに申告。
- 納税猶予税額および利子税の額に見合う担保を提供。

税務署／都道府県庁

申告期限後5年間
- 都道府県庁へ「年次報告書」を提出（年1回）。
- 税務署へ「継続届出書」を提出（年1回）。

5年経過後 実績報告
- 雇用が5年平均8割を下回った場合には，満たせなかった理由を記載し，認定支援機関が確認。その理由が，経営状況の悪化である場合等には認定支援機関から指導・助言を受ける。

6年目以降
- 税務署へ「継続届出書」を提出（3年に1回）。

第 2 章◆使いやすくなった納税猶予制度

【図表 2 － 3 】 相続税の納税猶予についての手続き

提出先
- 提出先は「主たる事務所の所在地を管轄する都道府県庁」です。
- 平成30年 1 月 1 日以降の相続について適用することができます。

都道府県庁

承継計画の策定
- 会社が作成し，認定支援機関が所見を記載。
- ※「承継計画」は，当該会社の後継者や承継時までの経営見通し等が記載されたものをいいます。
- 平成35年 3 月31日まで提出可能。
- ※平成35年 3 月31日までに相続・贈与を行う場合，相続・贈与後に承継計画を提出することも可能。

相続の開始

認定申請
- 相続の開始後 8 か月以内に申請。
- 承継計画を添付。
- 審査後，認定書が交付される。

> 申請から認定書交付まで 2 か月前後要するので留意する

税務署

税務署へ申告
- 認定書の写しとともに，相続税の申告書等を提出。
- 相続の開始後10か月以内に申告。
- 納税猶予税額および利子税の額に見合う担保を提供。

税務署／都道府県庁

申告期限後 5 年間
- 都道府県庁へ「年次報告書」を提出（年 1 回）。
- 税務署へ「継続届出書」を提出（年 1 回）。

5 年経過後 実績報告
- 雇用が 5 年平均 8 割を下回った場合には，満たせなかった理由を記載し，認定支援機関が確認。その理由が，経営状況の悪化である場合等には認定支援機関から指導・助言を受ける。

6 年目以降
- 税務署へ「継続届出書」を提出（ 3 年に 1 回）。

69

平成30年度税制改正の特例は承継計画が前提

　10年間の特例措置として100％猶予，雇用維持要件の事実上撤廃等の特例を受けるには，平成30年４月１日から平成35年３月31日までの間（５年以内）に都道府県に対し，承継計画（以下「特例承継計画」といいます。）を提出することが前提になっています。

　この特例承継計画は，認定経営革新等支援機関の指導および助言を受け

【図表２－４】　一般的な事業承継計画のサンプル

		現在	1年目	2年目	3年目	4年目	5年目	6年目	7年目	8年目	9年目	10年目
経営見通し	売上高	8億円	→				9億円	→				10億円
	経常利益	3,000万円	→				3,500万円	→				4,000万円
	特別損益						退職金支払					
	当期利益	1,800万円					△1,000万円	2,100万円				2,400万円
	簿価純資産	1億円	1.18億円	1.36億円	1.54億円	1.72億円	1.62億円	1.83億円	2.04億円	2.25億円	2.46億円	2.67億円
	時価純資産	2億円	2.18億円	2.36億円	2.54億円	2.72億円	2.62億円	2.83億円	2.04億円	3.25億円	3.46億円	3.67億円
	一株当たり配当	500円	500円	500円	500円	500円	500円	500円	500円	500円	500円	500円
	従業員数	50人	50人	50人	50人	50人	60人	60人	60人	60人	60人	70人
会社	株価	10,000円	10,100円	10,150円	10,300円	10,400円	6,000円	10,800円	10,900円	11,000円	11,200円	11,300円
	定款・株式・その他		相続人に対する売渡請求の導入		A・Cからの自己株式取得	役員の刷新（注1）	経済産業大臣の認定承継計画の提出					
現経営者（X）	年齢	60歳	61歳	62歳	63歳	64歳	65歳	66歳	67歳	68歳	69歳	70歳
	役職	代表取締役社長				会長	→		相談役			引退
	関係者の理解	家族会議		社内へ計画発表	取引先・金融機関に紹介							
	株式・財産の分配		公正証書遺言（注2）			株式一括贈与						
	持株（％）	60％	→			0％						
後継者（Y）	年齢	30歳	31歳	32歳	33歳	34歳	35歳	36歳	37歳	38歳	39歳	40歳
	役職	従業員	取締役	常務取締役	専務取締役	代表取締役社長	→					
	後継者教育　社内	工場		本社営業	本社管理	総括責任						
	後継者教育　社外			経済同友会								
	持株（％）	0％				60％						
							贈与税の納税猶予適用	事業承継用件（株式継続保有・雇用維持・代表権保持　など）				
							民法特例に係る除外合意・経済産業省大臣確認・家庭裁判所認可					
少数株主（C）	持株（％）	5％				0％						
							贈与税の納税猶予適用	事業承継用件（株式継続保有・雇用維持・代表権保持　など）				
補足	（注1）　A・Cが退任し、Bが取締役に就任。 （注2）　自宅不動産（7,000万円）を長女に、預貯金（3,000万円）を次女に相続させる旨を記載。											

第2章◆使いやすくなった納税猶予制度

て作成する必要があり，後継者および承継時までの経営見通し等が記載されたものをいいます。ここでいう認定経営革新等支援機関とは，公認会計士・税理士や金融機関等が申請して認定されています。

　なお，少数株主の株式について納税猶予制度を利用できるのは，贈与・相続後5年間の経営承継期間内に贈与税等の申告期限がくるものに限りますので，特例承継計画を作成する際に留意が必要です。制度をすぐに利用しなくても，まずは特例承継計画を作成し，タイミングを見て提出します。結果的に，贈与・相続が発生しなくてもデメリットはありません。その上で，後継者の成長を待つ必要がある場合には，株式を承継するタイミングをできるだけ遅くする必要があるかもしれません。

　以下の**図表2-5**は特例承継計画の申請書です（中小企業庁のHPより）。この申請書に，別紙の認定支援機関の所見を記載して提出する必要があります。この申請書を平成35年3月31日までに提出する必要があるのですが，平成35年3月31日までに相続・贈与を行う場合は，相続・贈与後に提出することも可能です。巻末資料の特例承継計画の記載例（283～289ページ）もご参照下さい。

【図表2-5】　特例承継計画の申請書

様式第21

施行規則第17条第2項の規定による確認申請書
（特例承継計画）

　　　　　　　　　　　　　　　　　　　　　　　年　　　月　　　日

都道府県知事　殿

　　　　　　　　　　　　　　　　　　　郵　便　番　号
　　　　　　　　　　　　　　　　　　　会　社　所　在　地
　　　　　　　　　　　　　　　　　　　会　　社　　名
　　　　　　　　　　　　　　　　　　　電　話　番　号
　　　　　　　　　　　　　　　　　　　代表者の氏名　　　　　㊞

　中小企業における経営の承継の円滑化に関する法律施行規則第17条第1項第1号の確認を受けたいので，下記のとおり申請します。

記

71

1 会社について

主たる事業内容	
資本金額又は出資の総額	円
常時使用する従業員の数	人

2 特例代表者について

特例代表者の氏名	
代表権の有無	□有　□無（退任日　　年　　月　　日）

3 特例後継者について

特例後継者の氏名(1)	
特例後継者の氏名(2)	
特例後継者の氏名(3)	

4 特例代表者が有する株式等を特例後継者が取得するまでの期間における経営の計画について

株式を承継する時期（予定）	年　　月　〜　　年　　月
当該時期までの経営上の課題	
当該課題への対応	

5 特例後継者が株式等を承継した後5年間の経営計画

実施時期	具体的な実施内容
1年目	
2年目	
3年目	
4年目	
5年目	

（備考）
① 用紙の大きさは，日本工業規格Ａ4とする。
② 記名押印については，署名をする場合，押印を省略することができる。
③ 申請書の写し（別紙を含む）及び施行規則第17条第3項各号に掲げる書類を添付する。
④ 別紙については，中小企業等経営強化法に規定する認定経営革新等支援機関が記載する。

（記載要領）
① 「2　特例代表者」については，本申請を行う時における申請者の代表者（代表者であった者を

72

第2章◆使いやすくなった納税猶予制度

含む。）を記載する。
② 「3　特例後継者」については，該当するものが一人又は二人の場合，後継者の氏名⑵の欄又は⑶の欄は空欄とする。
③ 「4　特例代表者が有する株式等を特例後継者が取得するまでの期間における経営の計画」については，株式等を特例後継者が取得した後に本申請を行う場合には，記載を省略することができる。

（別紙）

認定経営革新等支援機関による所見等

1　認定経営革新等支援機関の名称等

認定経営革新等支援機関の名称	㊞
（機関が法人の場合）代表者の氏名	
住所又は所在地	

2　指導・助言を行った年月日
　　　　年　　　月　　　日

3　認定経営革新等支援機関による指導・助言の内容

　図表2－4に一般的な事業承継計画のサンプルを掲載しましたが，まず，このような事業承継計画を作成し，スケジュール等をチェックの上，それをもとに，申請書を作成すればスムーズに作成できると思われます（209ページ「先代経営者と後継者で事業承継計画を策定する」もご参照ください）。

　申請書には，「株式を承継するまでの経営上の課題」「当該課題への対応」「株式等を承継した後5年間の経営計画」を記載し，認定経営革新等支援機関による指導・助言を受け，その内容を別紙に記載する必要があります。したがって，少なくとも5年間の中長期経営計画を認定革新等支援機関の支援を受けながら作成すると，申請書をスムーズに作成・提出できると思われます。

73

なお，平成30年5月18日に中小企業庁から公表された「特例承継計画マニュアル」によると以下のとおりです。

　　なお，この事業計画は必ずしも設備投資・新事業展開や，売上目標・利益目標についての記載を求めるものではありません。後継者が，先代経営者や認定支援機関とよく相談の上，後継者が事業の持続・発展に必要と考える内容を自由に記載してください。

また，上記マニュアルにおいて，認定支援機関による指導・助言の内容について，以下のような記載があります。計画の実現可能性を考慮した指導・助言が望まれます。

　　「特例代表者が有する株式等を特例後継者が取得するまでの期間における経営の計画について」及び「特例後継者が株式等を承継した後5年間の経営計画について」は「なぜその取組を行うのか」「その取組の結果，どのような効果が期待されるか」が記載されているかをご確認ください。
　　「特例後継者が株式等を承継した後5年間の経営計画」においては，すべての取組が必ずしも新しい取組である必要はありませんが，各年において取組が記載されている必要があります。記載例を参考に，可能な限り具体的な記載がなされているかをご確認ください。
　　また，所見欄には，その取組への評価や，実現可能性（及びその実現可能性を高めるための指導・助言）を記載してください。

特例承継計画はスケジューリングが重要

100％猶予，雇用維持要件の事実上撤廃等の特例を受けるための特例承継計画の作成にあたり，スケジューリングが重要です。そのポイントは以下のとおりです。

第 2 章◆使いやすくなった納税猶予制度

- 特例承継計画は平成35年 3 月31日までに提出
- 贈与は平成30年 1 月 1 日から平成39年12月31日まで（特例承継計画提出前でも可）
- 先代経営者は計画提出時点では代表者であってもよいが，贈与時点では代表権を返上している必要がある
- 後継者は計画提出時点で代表者でも取締役でなくてもよいが，贈与時点では，代表者であり，役員就任から 3 年以上継続して経過している必要がある
- 少数株主からの贈与は， 5 年間の経営承継期間内に贈与税等の申告期限が来ている必要がある（贈与日ではない）。なお，贈与は先代経営者からの贈与の日以降において可能である
- 平成39年12月末までに代表者から贈与されていれば，先代経営者以外からの贈与は，平成40年以降でも，特例承継期間の 5 年以内に申告期限が到来すれば納税猶予制度の対象になる
- 平成39年12月末までに特例承継計画を提出し贈与税の納税猶予をうけて株式を取得している場合，先代経営者が平成40年以降に死亡した場合の納税猶予も100％猶予になる
- 後継者の次の後継者への贈与は，先代経営者からの贈与後 5 年経過している必要がある（96ページ参照）
- 贈与・相続前 3 年以内の現物出資には規制がある

それから，当初計画から重要な変更が生じている場合には，認定経営革新等支援機関の指導および助言を受けた上で，変更申請を行います。重要な変更の例として，以下が挙げられます。

- 後継者の変更
- 後継者の人数の変更
- 事業計画の大幅な変更

なお，平成30年 1 月 1 日から平成35年 3 月31日までに特例承継計画を提

75

出せずに，先代経営者に相続が発生しても，一定の手続きで，特例を受けられる見込みです。しかしこの場合でも，相続発生後から準確定申告（4か月以内），代表者就任登記（5か月以内），遺産分割（納税猶予申請まで），納税猶予申請（8か月以内），相続税申告（10か月以内）といった期限がある手続きが多くありますので，事前準備とスケジューリングが重要です。

そして，相続発生の可能性があるのなら，後継者は相続発生までに役員への就任と登記が必要になりますので（先代経営者が60歳未満で死亡した場合は除く），事前準備が必要です。

【図表2－6】 承継計画のスケジューリング

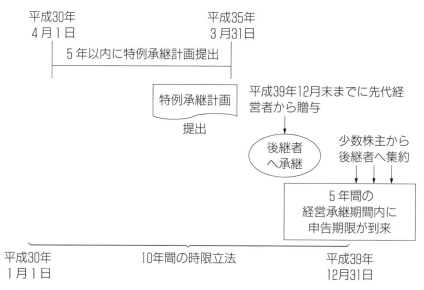

（注） 特例承継期間は，後継者に対する株式贈与に係る贈与税の申告期限の翌日から5年間

また第1章（30ページ）にて，分散株式の集約に納税猶予制度が利用できないケースとして以下をご紹介しました。

①少数株主へ対価を支払う必要がある
②先代経営者からの贈与以降5年間で集約できない
③先代経営者からの贈与よりも先に分散株式を集約させる必要がある
④すでに後継者への株式移転が済んでしまっている
⑤後継者に少数株主の相続財産の合計額や明細等が知られることに抵抗感がある（57ページ参照）　等

図表2－7は②のイメージです。

【図表2－7】　少数株主からの集約は，先代経営者からの贈与日以降でなければならない

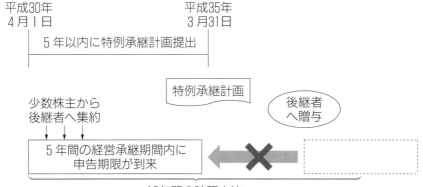

　少数株主からの分散株式の集約に納税猶予制度を利用できるのは，先代経営者からの贈与日以降になります。巻末資料として申請書を添付しましたが，第一種特別認定書の後に第二種特例認定申請書を使います。

　「同一申告年度であれば認めるべき」「特例承継計画を提出しているのだから柔軟に対応すべき」といった意見がありますが，先代経営者からの贈与が確定した後でなければ特例承継計画を提出していても，少数株主からの集約に納税猶予制度は利用できない，というのが現在の制度です。

特例承継計画の変更はできるのか？

特例承継計画は，変更申請の上，変更できます。計画の作成段階では，承継後の具体的な経営計画を記載することが困難である場合には，大まかな記載にとどめ，実際に株式を承継しようとする前に具体的な計画を定めることも可能です。後継者の変更，後継者の人数の変更，承継後の事業計画の大幅な変更が，現時点の変更申請における変更内容の候補ですが，その他にも，以下のような場合が考えられます。

①後継者の後継者（例えば先代経営者の孫）へ株式を移転する

②複数後継者の１人である兄（筆頭株主）から複数後継者の１人である弟（議決権比率２位）に株式を移転する

③複数後継者の１人である弟（議決権比率２位）から複数後継者の１人である兄（筆頭株主）に株式を移転する

①については，計画の変更ではなく，後継者への移転後に，次の代の承継計画を提出します。承継計画は平成35年３月31日までに提出し，後継者への移転と，後継者の後継者への移転は，５年間の間隔が必要です（96ページ参照）。

②については，兄が先代経営者の要件を満たしていれば変更申請で対応できるとも思えますが，執筆時点では明らかになっていません。③についても，対応できるような柔軟な制度設計が望まれます。

図表２－８は，先代経営者から後継者の後継者まで，納税猶予制度を利用した場合のイメージです。10年間の時限立法なので，☆印の５年間を残して，後継者へ移転する必要があります。スケジューリングの際には留意して下さい。

なお，所管の中小企業庁担当者はインタビューにて「詳細な制度設計は検討中ですが，平成35年３月31日までの期間内に一度計画書を提出してもらい，事業承継の時期が近づきより詳細な事業計画が記載できるように

第2章◆使いやすくなった納税猶予制度

【図表2-8】 次の次の代までのスケジューリング

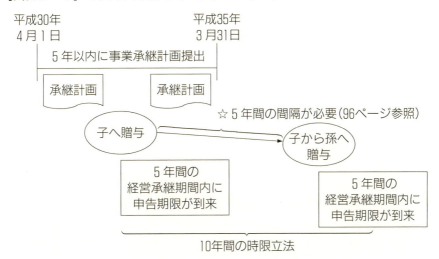

なった段階で，その計画を詳細に記載して再度計画書を提出していただくことを考えています。ただし，同日までに計画書を一度提出していただいている場合に限り，同日を過ぎた後の再提出が認められます。同日を過ぎてから初めて計画書を提出するのでは，新制度は適用できなくなってしまいます。」とコメントしています（平成30年1月29日税務通信より）。

また，中小企業庁が公表した「特例承継計画マニュアル」には，以下の注意点が挙げられていますので，留意が必要です。

注意点
- ✓ 特例後継者が事業承継税制の適用を受けた後は，当該特例後継者を変更することはできません。ただし，特例後継者を二人又は三人記載した場合であって，まだ株の贈与・相続を受けていない者がいる場合は，当該特例後継者に限って変更することが可能です。
- ✓ 特例後継者として特例承継計画に記載されていない者は，経営承継円滑化法の特例の認定を受けることはできません。
- ✓ 事業承継後5年間の事業計画を変更した場合（より詳細な計画を策定する場

合を含む）も，計画の変更の手続きを行うことができます。特に，当初の特例承継計画においては具体的な経営計画が記載されてなかった場合は，認定支援機関の指導・助言を受けた上で，それを具体化するための計画の変更の手続を行うことが求められます。

相続時精算課税制度との併用における適用範囲の拡大

　平成30年度税制改正前は，相続時精算課税制度の対象は，60歳以上の父母または祖父母から20歳以上の子または孫への贈与のみでしたが，平成30年度税制改正により，事業承継税制の適用を受ける場合は，60歳以上の贈与者から20歳以上の後継者への贈与が対象となり，後継者が贈与者の子や孫ではない場合も適用可能となりました。

　実際の場面としては，子どもの配偶者や甥姪など，相続人でない親族，非同族の従業員を後継者にする，もしくは後継者の1人にする場合に利用できる可能性があります（**図表2－9**）。

【図表2－9】　相続時精算課税制度の適用範囲の拡大

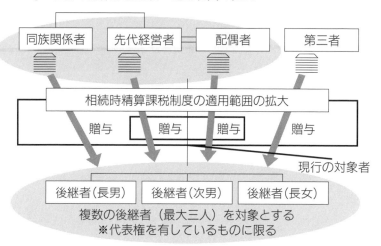

（出所）「「平成30年度経済産業関係　税制改正について」平成29年12月経済産業省」より

第2章◆使いやすくなった納税猶予制度

2　納税猶予の入口を考える

　贈与税の納税猶予制度を使って，株式の一括贈与を行うと，その株式の相続税評価額はその時点の株価で固定されます。今後，株価が上昇するのであれば，早めの一括贈与を行うことで，納税猶予が取消しになった場合の納税負担を軽減することが可能となります。また，株価対策を行い，株価が下がったタイミングで一括贈与ができれば，その効果がさらに大きくなります。一方，相続税の納税猶予まで待つと，相続発生時期をコントロールすることはできないので，これらの効果を得ることは困難になります。

　平成30年度税制改正で雇用維持要件等が緩和され，納税猶予取消しリスクが大幅に軽減されることを考えると，株価の上昇を前提として，取消し時の納税負担を軽減するために，早めの株式移転を行う必要性は低下しました。また，平成30年度税制改正前は，相続の都度の2割負担があったので，より低い株価で移転する必要性がありましたが，この2割負担がなくなったので，その必要性が低下しました（ただし，その必要性が低下しただけで，なくなったわけではありません。55ページ「納税猶予制度は相続対策の一部です」をご参照ください）。

　したがって，株式の移転時期は，税務メリットよりも，後継者の成長や社内や取引先の納得感等，事業や経営上のメリット・デメリットに重きを置いて，意思決定していただけるようになったと考えられます。

> ## 納税猶予制度をフル活用する
> ## ～資産管理会社は納税猶予できない

　資産管理会社は納税猶予制度を利用することができません。どのような会社が資産管理型会社に該当するかは，その判定に登場する「特定資産」

を理解する必要があります。「特定資産」とは以下の資産です。

①有価証券，ただし資産管理会社に該当しない特別子会社の持分は除く[注4]

注4）特別子会社とは，会社と代表者とその同族関係者で総議決権数の過半数を有している会社です。会社法の子会社とは異なります。

②自ら使用していない不動産，第三者に賃貸しているものや販売用のものを含む

③ゴルフ場その他の施設の利用権

④絵画，彫刻，工芸品，その他有形文化的所有である動産，貴金属，宝石

⑤現預金，代表者とその同族関係者への貸付金，未収金

直前の事業年度において，以下のいずれかに該当すると資産管理会社に該当します。

（特定資産の簿価＋Ａ[注5]）／（総資産の簿価＋Ａ）　≧　70％

特定資産の運用収入／総収入金額　≧　75％

注5）Ａとは，過去5年間の後継者とその同族関係人に支払われた配当と過大役員給与等に相当する額。

一方，以下のすべてに該当する場合は資産管理会社には該当しません。

①相続（贈与）まで3年以上継続して，商品売買，役務提供等で収入を得ている（不動産賃貸含む）

②常時使用する従業員（社会保険被保険者－使用人兼務役員以外の役員）が5人以上，ただし後継者と後継者と生計を一にする親族を除く

③事務所，店舗，工場等を所有か賃借している

　使い勝手がよくなった事業承継税制をフル活用するためには，資産管理会社に該当しないようにすることも考えられます。例えば，不動産保有会

第2章◆使いやすくなった納税猶予制度

社が管理業務を外注している場合に，従業員を5人採用し，自社で管理業務を行うこともその1つです。また，組織再編等で該当しないようにすることも考えられます。例えば，後継者と生計同一親族で従業員が5人以上になるような，グループ内の合併もその1つです。

一方，形式的な資産管理会社の要件外しが，租税回避行為と認定されたり，将来的な税制改正で規制される可能性は否定できません。客観的に説明できる実態とその準備が必要でしょう。

【図表2-10】 資産管理会社の要件

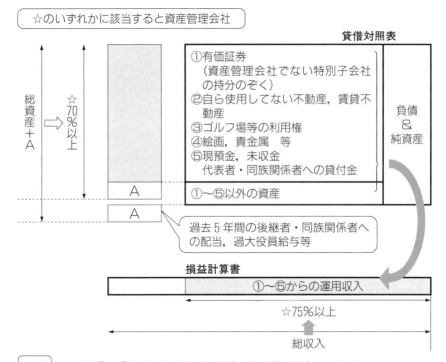

| 例外 | 以下の①～③にすべて該当する場合は資産管理会社にならない |

①相続（贈与）まで3年以上継続して収入がある（商品売買，役務提供，不動産賃貸）
②常時使用する従業員（社会保険被保険者－使用人兼務役員以外の役員）5人以上，ただし，後継者・後継者と生計同一親族をのぞく
③事務所，店舗，工場等を所有か賃借している

> 納税猶予制度をフル活用する
> ～持株会社は納税猶予できる

　81ページの「資産管理会社は納税猶予できない」と矛盾するようですが，持株会社は納税猶予できます。

　確かに，持株会社が保有する有価証券は特定資産に該当するので，以下の要件に該当するように思えます。

　（特定資産の簿価＋Ａ）／（総資産の簿価＋Ａ）　≧　70％
　特定資産の運用収入／総収入金額　≧　75％

　しかし，持株会社の特別子会社（代表者とその同族関係者と会社で議決権の50％超を保有する会社のこと）が資産管理会社に該当しない場合には，上記の特定資産に該当しないこととなっています。したがって，持株会社の特別子会社が事業会社であれば，上記の計算式の分子は小さくなり，持株会社は資産管理会社に該当せず，納税猶予を受けられる可能性が大きいと思われます。

　逆に，持株会社が有価証券を保有する会社が，持株会社の特別子会社でなければ，事業会社であっても特定資産に該当することになります。

　なお，一般的な資産管理会社（納税猶予制度における資産管理会社とは違う意味合いとして「一般的な」と表現しております）には，主に以下のメリットがあります。

- 資産管理会社が自社株の３分の１超保有すると，資産管理会社が受け取る配当金が，益金不算入になる（ただし，100％子会社でない限り，不算入になる益金から負債利子を控除する必要があります）。
- オーナーが資産管理会社を経由して自社株を保有し，オーナーが直接

保有する自社株の持株割合を3％未満にすれば，オーナーの配当所得に対する所得税については，総合課税の最大55％から分離課税の約20％の税率に下がる（ただし，上場株式からの配当所得に限ります）。

これらのメリットを受けるために，納税猶予制度を利用できる資産管理会社をデザインし，資産管理会社の株式移転に納税猶予制度を利用することも考えられます。また，すでに持株会社スキームで設立した一般的な資産管理会社に納税猶予制度を利用できるのであれば，租税回避行為としての追徴課税リスクを低減させ，かつ，移転時の資金負担を軽減させるために，一般的な資産管理会社株式の後継者への移転に，納税猶予制度を利用することも考えられます。

【図表2－11】 保有する有価証券が特定資産に該当しない場合と該当する場合

［特定資産に該当しないケース］

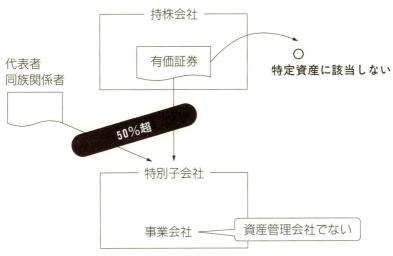

※特別子会社と特定特別子会社（23～25ページ）は，定義が異なるので，留意して下さい。

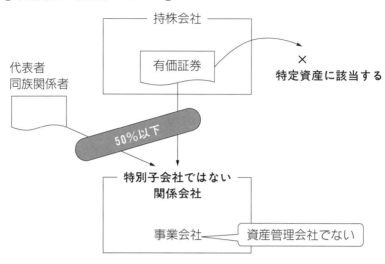

納税猶予を受けられる者が複数になる効果は？

　代表権を有する後継者であって当該同族関係者のうち，議決権数において，それぞれ上位2名又は3名の者（当該総議決権数の10％以上を有する者に限る）へ，納税猶予制度を使って株式を移転できるようになりました。

　納税猶予制度の後継者の要件に「後継者と同族関係者で議決権50％超を保有かつ，同族内で筆頭株主になる（他の後継者を除く）」があります。一方で，平成25年度改正で後継者の要件のうち，先代経営者の親族であることとする要件が撤廃されていますので，例えば，株式移転後に後継者および同族関係者だけで議決権50％超を保有さえしているのであれば，後継者が先代経営者の親族でない場合や，同族内で代表権を有する後継者が複数いる場合にはその者のうち最大3名までの納税猶予制度が使えることになります。

　中小企業で想定される使い勝手として，複数の兄弟を後継者とした事業

承継や，非同族の従業員による事業承継が考えられます。ただし，将来的な争いごとにならないように，事業部門を分ける，持株会社にする，等のデザインが必要です。なお，執筆時点では，特定の後継者に集める場合の課税関係が明確になっておらず，留意が必要です。

【図表2－12】 納税猶予を受けられる複数の後継者

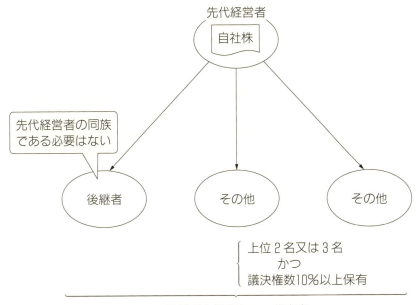

納税猶予の対象者の拡充の全体像

　28ページの「分散株式の集約にも納税猶予制度が威力を発揮する」と86ページの「納税猶予を受けられる者が複数になる効果は？」で述べたように，納税猶予の対象者の拡充の全体像は**図表2－13**のとおりです（「「平成30年度経済産業関係　税制改正について」平成29年12月経済産業省」より抜粋）。

【図表2-13】 納税猶予の対象者の拡大

［改正前］

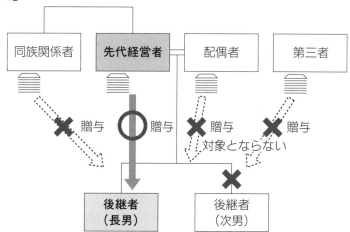

1人の先代経営者から1人の後継者への贈与のみが対象

［改正後］

贈与者は先代経営者に限定せず、複数でも可能とする

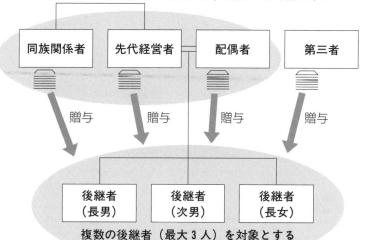

複数の後継者（最大3人）を対象とする

※代表権を有しているものに限る
※複数人で承継する場合、議決権割合の10％以上を有し、かつ、議決権保有割合上位3位までの同族関係者に限る。

3 事業承継計画と経営計画について

　中小企業が持続的に成長し，社会に必要とされる存在であり続けるための一番の難所は事業承継でありトップ人事です。これだけ経営環境の変化が激しいなかで生き残っていくためには，その舵取りにもっとも相応しい者を後継者に選定する必要があります。その候補者を公明正大に選び，鍛え，絞り込んでいく仕組みが望まれます。納税猶予制度は必ずしも後継者が先代経営者の親族であることを要件としていないことは，その選択肢を広げる必要性を示唆しています。

　候補者の選定，教育には，一定の期間と計画性が必要になると思われます。さらに，納税猶予が取消しになった場合の納税リスクを軽減するためには，株価の予想，株価対策の時期・方法に計画性が必要になると思われます。例えば，株価の下落が予想される先代経営者の役員退職金の支払時期や金額を計画し，株価移転のタイミング，資金手当て等を検討することが望まれます。

　そのためには，中長期的な貸借対照表計画や資金繰り計画の作成が望まれます。

　以下は，事業承継計画作成の6つのステップです。

ステップ1：自社の現状分析
ステップ2：今後の環境変化の予測と対応策・課題の検討
ステップ3：事業承継の時期・方法を盛り込んだ事業の方向性の検討
ステップ4：具体的な中長期目標の設定
ステップ5：円滑な事業承継に向けた課題の整理
ステップ6：事業承継計画の作成

ステップ2で「環境変化の予測」として挙げましたが，どの中小企業でも課題となりうるのが，人口減少による人手不足への対応ではないでしょうか？　雇用維持要件が承継計画の作成を前提に緩和されたのも，この環境変化に対応することが理由の1つです。5年間の経営計画の中で，人手不足に対応するためのシステム・設備投資等も検討する必要があります。

中長期経営計画の作成

　筆者が経営者と一緒に経営計画を作成する際に，参考にしている書籍の1つが『佐藤式先読み経営』（日本経営合理化協会出版局）です。精密部品を加工する工作機械製造の分野で高いシェアを持つ，上場企業のスター精密株式会社の現役社長，佐藤肇氏が著者です。佐藤式先読み経営では，5年後の貸借対照表を作成します。損益計算書だけの経営計画をよく見ますが，経営計画の損益計算書が常に利益が出る状態とは限りません。会社を潰さないために，特に資本力の乏しい中小企業であれば，5年間の貸借対照表を予想しながら，意思決定することが必要になります。また，新たな投資をする場合には，貸借対照表がなければ判断がつかないことがあると思います。さらに，承継計画を作成する過程では，将来の貸借対照表があることで，将来の自社株の株価がシミュレーションできます。

　佐藤式先読み経営では，「良い」「普通」「最悪」の3パターンの見通しを持ちます。最悪を想定し，それも具体的な数字でシミュレーションし，乗り切るためには何をしなければならないかを検討することが重要です。

　「結局，会社が潰れるときというのは，想定外の事態に打つ手がなかったということだろう。だから，最悪の場合，普通，良い場合の3つを考えておけば，すべての事態はこのレンジに収まるのだから，想定外のことがおこりようがないのである」というのが佐藤氏の持論です（205ページ「直感経営からの脱却」もご参照ください）。

90

【図表 2 －14】 佐藤式先読み経営による経営計画

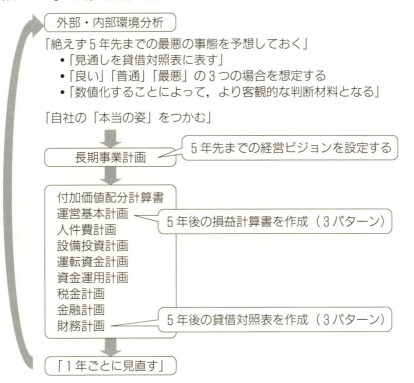

中堅・中小企業のガバナンス

　図表 2 －15は，長谷川佐喜男・西川吉典著『地域金融機関と会計人の連携―中堅・中小企業の創業・成長・事業承継・再生支援バイブル』（きんざい）から抜粋，加筆したものです。上場企業はコーポレートガバナンス・コードが事実上，強制適用され，企業を舵取りする仕組みであるコーポレートガバナンスを明文化する必要が出てきました。中堅・中小企業にとっては，法令上求められるものではないものの，会社の持続的な成長のためには，コーポレートガバナンスを整備することが望まれます。

【図表 2 −15】 中堅・中小企業のガバナンス

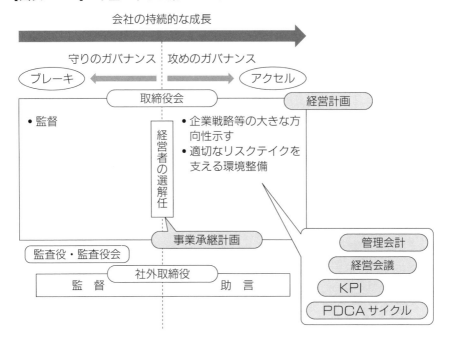

　図表 2 −15のとおり，ガバナンスというと，ブレーキとして守りのガバナンスがイメージされがちですが，アクセルとしての攻めのガバナンスも整備する必要があります。その重要なパーツとして，事業承継計画と経営計画があります。納税猶予制度の特例を適用するために，形式的にこれらをつくるよりも，企業の持続的な成長のために，中身がある事業承継計画と経営計画の作成と実行が望まれます（193ページ「強い組織をつくる」もご参照ください）。

　また，「攻め」においても「守り」においても，中長期的・安定的な経営権のコントロールのために，安定株主づくり，既存の安定株主との対話も重要なガバナンスの 1 つです。

　上場企業と非上場企業は，資金調達方法の違いはあるものの，社会的な

第2章◆使いやすくなった納税猶予制度

存在であることには変わりありません。経営者の変化と外部環境の変化に対応し，生き残っていくために，その計画を見える化し，数値で検証し，実行と必要に応じて軌道修正することが望まれます。

CFO・コドラが不足している

平成26年に経済産業省から公表された「持続的成長への競争力とインセンティブ」に「日本企業には経営者としての最高財務責任者（CFO）のプールが足らないことはコーポレート・ガバナンス上，重要な課題である。企業の財務的な観点から企業の置かれた状況を冷静かつ客観的に把握して，チェックアンドバランスをきかせる役目としてのCFOの役割は大きい。プロフェッショナルなCFOの育成に今後注力すべきである。」とあります。

また，平成27年1月9日の日本経済新聞に，トヨタ自動車株式会社の豊田章男社長の言葉とあわせて，以下のような記事がありました。

「コドラが大事なんです。経営も同じなんですが。」昨年11月末，富士スピードウェイでのラリーイベントに参加した豊田は集まった観客に呼びかけた。「コドラ」とはレース中に地図を読む同乗者（コ・ドライバー）のこと。経営トップと同じ立場から先を読み，時に自らをけん制するような人材がでてこないというのが最近の不満材料だ。

特に，人材が不足しがちな中小企業の場合は，その懸念は大きくなります。経営に置き換えると，地図は中期経営計画や事業承継計画にあたると思います。地図を読み，前に進むには適時に現状を把握できる管理会計と，軌道修正するためのPDCAサイクルが必要です。トヨタの社長でも，同じ立場で地図を読み共に前に進み，時には軌道修正をうながすような存在が必要であることがわかります。

93

【図表 2 －16】　中小企業における CFO・コドラの役割

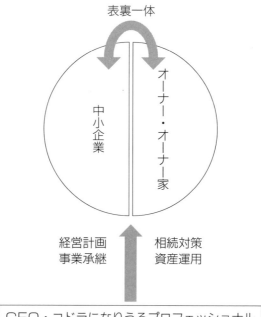

　事業承継対策を進める上では，会社だけに目を奪われるのではなく，表裏一体であるオーナー・オーナー家の財産承継も含めた全体を俯瞰し，解決策を検討する必要があります。

　納税猶予制度の手続きだけをサポートするだけではなく，株価対策を含めた相続対策，経営計画や管理会計を中心としたガバナンス構築にサポートが必要な場合があります。

　表も裏も把握した上で解決策を提案し，共に伴走できるような，CFO・コドラのようなプロフェッショナルが，これからの中小企業や後継者に必要なのではないでしょうか？　個人的には，公認会計士や税理士がその担い手になりうると思っております。

第2章◆使いやすくなった納税猶予制度

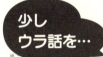

納税猶予の手続きはいつでも申請できる準備を

　筆者は，納税猶予の手続きはいつでも申請できる準備をしておき，機が熟するのを待つくらいが，ちょうどよいと思っております。本書では，納税上のメリットや手続きを中心に，ご紹介しておりますが，実務における一番の成功ポイントは，先代経営者から後継者に経営をバトンタッチするタイミングと納得感にあると，常々感じています。税金メリットに重きを置きすぎて，これらのタイミングと納得感を損なうと，元も子もありません。

　先代経営者からみると，事実上自分が引退する，株主権を失うタイミングであり，経営者として，また人生としても，大きなターニングポイントになります。後継者も，大きな責任と不安感を感じていることが多くあります。バトンタッチが早すぎたために後継者が未熟であったり，暴走してしまったり，逆に，遅すぎたために，経営が悪化したり，親子仲が悪くなったりすることはめずらしくありません。関係者を巻き込んでのお家騒動なんて，目も当てられませんが，大塚家具のようなお家騒動も他人事ではないのです。

　メリット・デメリットや手続き等を，先代経営者・後継者に理解していただき，準備も済ませた上で，後継者が成長し，先代経営者が納得し，周囲からも納得感が得られるタイミング，機が熟すときを待ちます。要件のチェックや書類の過不足の確認は，事前にある程度，都道府県の担当者と済ませておくことも，成功のポイントです。

　また，相続税の納税猶予の場合は，相続発生後から準確定申告（4か月以内），代表者就任登記（5か月以内），納税猶予申請（8か月以内），相続税申告（10か月以内）といった期限がある手続きが多くあり，後継者は相続発生までに役員への就任と登記が必要になりますので（先代経営者が60歳未満で死亡した場合は除く），事前準備とスケジューリングが重要です。争っている時間はないので，遺言書の作成が望まれます。

　専門家としては，技術的なサポートのみならず，事業承継の良いタイミングをそばで感じ，アクセルやブレーキとなれるようなサポート，その上での事前準備とスケジューリングが望まれます。

4　納税猶予の出口を考える

　会計上は企業が永遠に継続すること（ゴーイング・コンサーン）を前提
にしていますが，現実の会社は，上場（IPO）・M&A による EXIT や，解
散・破産等によって退場となることもあり，納税猶予の出口を把握してお
くことが望まれます。

　納税猶予税額が免除されるのは以下の場合です。

贈与税の納税猶予の場合

- 先代経営者の死亡（相続税の課税対象となる）
- 先代経営者の死亡前の後継者の死亡
- 5 年経過後に，次の後継者へ贈与
- 5 年経過後の，会社の倒産等（再生計画に認可決定があった場合は
  再計算）
- 5 年経過後に，同族関係者以外の者に株式を全部譲渡した場合（譲
  渡対価を上回る税額を免除）
- 5 年経過後に，経営環境が悪化する等の一定の要件を満たす場合（納
  税金額を再計算して当初の納税猶予額が当該納税金額を下回る場合
  には差額を免除）

相続税の納税猶予の場合

- 後継者の死亡
- 5 年経過後に，次の後継者へ贈与
- 5 年経過後の，会社の倒産等（再生計画に認可決定があった場合は
  再計算）
- 5 年経過後に，同族関係者以外の者に株式を全部譲渡した場合（譲
  渡対価を上回る税額を免除）
- 5 年経過後に，経営環境が悪化する等の一定の要件を満たす場合

（納税金額を再計算して当初の納税猶予額が当該納税金額を下回る場合には差額を免除）

死亡や次の後継者への贈与以外で，5年間の経営承継期間の後を前提とすると，**図表 2 −17**のような出口があります。

【図表 2 −17】 出口のパターンと納税猶予制度利用の効果

出口のパターン		納税猶予制度利用の効果等
譲渡（上場含む）	株価↑	株価上昇しても，上昇前株価で猶予税額を納付するので，上昇分の負担が軽減される
譲渡（一定の要件を満たす場合）	株価↓	株価下落しても，下落後株価で猶予税額を再計算するので，猶予税額の納付は可能
解散	株価↑	株価上昇しても，上昇前株価で猶予税額を納付するので，上昇分の負担が軽減される
解散（一定の要件を満たす場合）	株価↓	株価下落しても，下落後株価で猶予税額を再計算するので，猶予税額の納付は可能
破産・特別清算	株価↓	猶予税額は免除
民事再生・会社更生	株価↓	株価下落しても，下落後株価で猶予税額を再計算するので，猶予税額の納付は可能

いずれ納税猶予の出口が来るとしても，制度を積極的に利用し，後継者は株式を早期に取得して，イニシアチブをとって経営をする

平成29年度税制改正により，贈与税の納税猶予制度の利用後，後継者の経営努力により，会社規模が大きくなって中小企業でなくなったり，上場しても，保有している株式に対して先代経営者の相続時に納税猶予制度は継続できるようになりました（ただし，後継者から次の代への贈与・相続には納税猶予制度を利用できないので，贈与・相続の際には承継する株式に対して贈与税・相続税が課税されることになります。公益法人等の安定株主を利用して，議決権と税負担をコントロールする必要があります）。

贈与税の納税猶予から5年経過した後の上場やM&Aであれば，譲渡し

た株式に関して猶予されていた税額を納付するだけで済みます。納税猶予制度を使わない場合と比較すると，納税猶予制度を使ってから上場・M&Aをすることで，猶予された株価から譲渡株価への値上がり分の贈与税・相続税の税負担が減少されます（ただし，5年目までの利子税は免除されますが，それ以降は利子税が発生します）。

　すなわち，株価上昇局面で贈与税の納税猶予制度を利用すると，贈与された株式を譲渡したことにより納税猶予が取消しになったとしても，納付する贈与税額は譲渡時の上昇した株価ではなく，贈与を受けたときの株価で計算されるので税負担の軽減となる上，株式移転時の税負担を譲渡により現金化されるときまで先送りできる効果があります（同様の効果が，相続時精算課税制度にありますが，納税猶予制度と相続時精算課税制度は併用ができるので，100％移転時の税負担を先送りできる効果がある分，納税猶予制度を利用することにメリットがあります）。

　したがって，もし，未来が見える眼鏡があって，5年後以降の株価上昇と上場やM&Aによる株式譲渡があることを知っていれば，株価が上がる前に最短で納税猶予制度を利用することにメリットがあります。

　5年経過した後の譲渡時の株価が，猶予された株価を下回った場合には，猶予された株価ではなく，下落後の株価（相続税評価額の5割が下限）で課税され（配当と過大役員給与等があればそれも納付する必要があります），株価の下落分の課税は免除されます。さらに，譲渡の2年を経過する日において事業が継続され，従業員の半数以上が雇用されている場合には，実際の譲渡等の対価が，下限である相続税評価額の5割を下回っていても，実際の譲渡等の対価に基づいて計算した贈与税額等を超える金額は免除されます（特別の関係がある者への譲渡の場合は免除されません）。

　したがって，売却時の株価が相続税評価額の5割を下回っていない限り（下回っていても一定の場合には），上場やM&A等で株式保有が減少・終了しても，納税猶予制度を利用したことによって損をすることはありません。

第2章◆使いやすくなった納税猶予制度

【図表2-18】 株価上昇時の出口

| 前提 | 現在の株価　＠100円／株
上場・M&A 時の株価　＠1,000円／株 | 5年後に現金化 |

［納税猶予制度を使わない場合］

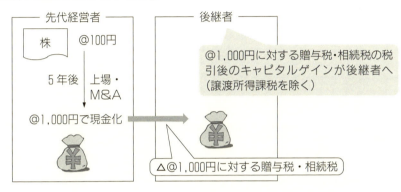

［納税猶予制度を使う場合］

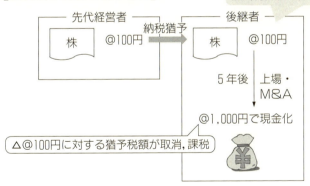

納税猶予を使ってから上場・M&Aをすることで＠1,000円－＠100円＝＠900円の値上がり分の贈与税・相続税の負担が減少する

99

【図表2－19】 株価下落時の出口①

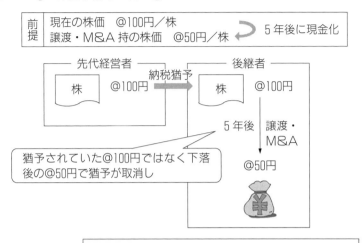

　納税猶予後5年以内の上場・M&A等の場合は，一部の株式が移動してもすべての株式の納税猶予が取消しになります。一方，5年後であれば，移動した株式のみに関する納税猶予が取消しになります。したがって，早めのスケジューリングと納税猶予の利用が有利となる場合が多いと思われます（なお，納税猶予が取消しになっても，当初5年間の利子税は免除です）。

　上場やM&Aが想定されるのであれば，納税猶予制度を利用することで，猶予された株価よりも高く売れたなら，値上がり分の贈与税・相続税の負担を減少させる効果があります。一方，猶予された株価よりも下回っても売却時の株価で納税すれば済むので損をすることはない，といえるわけです。どのような出口であったとしても，後継者は，早期に納税猶予で株式を取得し，イニシアチブを取って積極的な経営を行えばよいのではないでしょうか？

第2章◆使いやすくなった納税猶予制度

【図表2－20】 株価下落時の出口②

X社の株価総額の推移（イメージ図）

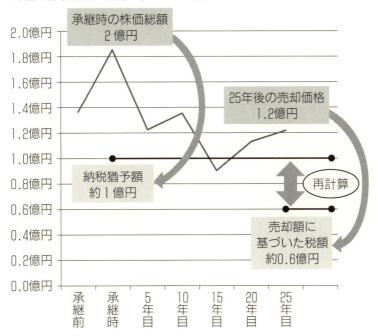

［改正前］

事業承継時の株価を元に贈与税額・相続税額を算定し，猶予取消しとなった場合には，その贈与税額・相続税額を納税する必要がある

［改正後］

経営環境の変化を示す一定の要件を満たす場合において，事業承継時の価額と差額が生じているときは，売却・廃業時の株価を基に納税額を再計算し，減免可能とすることで将来不安を軽減

（出所）「平成30年度経済産業関係　税制改正について」（平成29年12月経済産業省）より抜粋

101

なお，破産・特別清算の場合，猶予税額は免除になります。民事再生・会社更生の場合，その時点の評価額で相続税を再計算し超える部分の猶予税額は免除になります。また，解散した場合は，解散時の相続税評価額と5年間に後継者およびその同族関係者に対して支払われた配当および過大役員給与等に相当する額との合計額を納付すればよく，差額は免除になります。

　株価下落時，解散時の免除を受けるには，直前3年のうち2年以上赤字，売上高減少，直前期末有利子負債が売上高6か月以上等の「経営環境の変化」に該当する必要があります。

　株式交換・株式移転により他の会社の完全子会社となった場合，適格合併の場合は，納税猶予取消しにはなりません。

> ## 合併・株式交換等の組織再編や増資を引き受けた場合に納税猶予は取消しになるのか？

　合併・株式交換等の組織再編や増資を引き受けた場合に，贈与・相続後5年以内に以下の事態が生じると，納税猶予は取消しとなります。

①後継者が筆頭株主でなくなった場合（同順位はセーフ）
②後継者と同族関係者で議決権割合が50%以下になった場合
③後継者が代表者でなくなった場合

　一方，5年以内でも上記①〜③に該当しない場合と，5年を経過してからの組織再編等は納税猶予が継続されます（ただし，④減資や組織変更により株式以外の財産を交付した場合，⑤存続会社・新設会社・完全親会社が上場会社・風俗営業会社・資産管理会社になった場合は，5年を経過しても猶予取消しになります）。

102

第2章◆使いやすくなった納税猶予制度

　なお，納税猶予から5年以内の合併や株式交換・株式移転によって，納税猶予を適用している会社が存続しなくなったり，別の会社の完全子会社になるケースがあります。このような場合は原則として，納税猶予の効力を失い，当然に納税猶予は取消しになります。しかし，例外として都道府県知事の確認を受けることで，納税猶予の効力が存続会社や別の会社に承継され，納税猶予を継続することが可能です。合理的な企業行動を阻害しないようにするため，このような例外が用意されています。

　合併があった場合は以下のA～Dを都道府県知事に報告書で報告し，確認を受けることで，納税猶予の効力が存続会社・新設会社に承継されます。

A 後継者が存続会社または新設会社の代表者である
B 合併の対価として株式以外の財産が交付されていない（合併比率調整
　のために交付する金銭，反対株主からの株式買取請求を受けて交付す
　る金銭は除く）
C 後継者と同族関係者で存続会社・新設会社の議決権50％超を保有し，
　後継者が同族内で筆頭株主である
D 存続会社・新設会社が上場会社，風俗営業会社，資産管理会社でない

　株式交換・株式移転があった場合は以下のA～Dを都道府県知事に報告書で報告し，確認を受けることで，納税猶予の効力が完全親会社に承継されます。

A 後継者が完全親会社と完全子会社の代表者である
B 株式交換・株式移転の対価として株式以外の財産が交付されていない
　（反対株主からの株式買取請求を受けて交付する金銭は除く）
C 後継者と同族関係者で完全親会社の議決権50％超を保有し，後継者が
　同族内で筆頭株主である

103

D完全親会社が上場会社，風俗営業会社，資産管理会社でない

このように上記①〜⑤に該当しない場合や，上記A〜Dについて都道府県知事の確認を受けた場合には，納税猶予を継続しながら組織再編が可能です。租税回避行為としての否認リスクをコントロールした上で，ビジネス・ガバナンス目的がある組織再編は積極的に検討すべきです。

納税猶予制度の利用をお勧めしない場合

使い勝手がよくなった納税猶予制度ですが，万能ではありません。要件を満たしていても，以下のような場合には利用することをお勧めできません。慎重な検討が望まれます。

①110万円の贈与税非課税枠と相続税基礎控除の範囲内（相続時に揉めないことが前提）で株式移転が済む場合
②102ページ「合併・株式交換等の組織再編や増資を引き受けた場合に納税猶予は取消しになるのか？」の①〜⑤に該当する場合や，A〜Dについて都道府県知事の確認を受けられない組織再編を予定している場合
③後継者が成長していない場合，先代経営者や周囲の納得感が得られていない場合
④後継者を決めかねている場合，1名に絞り切れていない場合（複数代表を採用する場合を除く）
⑤相続人間の揉めごとが予想される場合，遺言書が書けない場合（相続開始後8か月以内に遺産分割を済ませて，認定申請をする必要がある）
⑥株価の大幅な下落，ビジネスモデルの陳腐化が予想される場合

第2章◆使いやすくなった納税猶予制度

②～⑥については，時限立法が有効な10年間を利用し，クリアした上での納税猶予制度の利用が望まれます（⑥については除外合意の利用が解決策の1つです）。そして経営環境の変化に対応していくために，早期にこれらをクリアし，株式を取得した後継者がイニシアチブをとって積極的な経営を行うことが望まれます。納税猶予制度は納税免除でないため，制度利用に漫然と二の足を踏んでいる経営者もいます。納税免除でも万能でもありませんが，上記①に該当するか否かと，納税猶予制度利用のための環境整備・利用の入口と出口を，正確に把握し，検討することが望まれます（その他にも，親族外後継者に納税猶予を利用することで親族の納税負担が大きくなる場合や相続財産に関する情報が親族外承継者や後継者等に知られてしまう場合に，納税猶予制度がお勧めできない場合があります。55ページ「納税猶予制度は相続対策の一部です」もご参照ください）。

納税猶予制度を利用・継続できるか，今は納税猶予制度を利用しなくても利用のための環境整備，組織再編，納税負担を抑えながら租税回避行為としての否認リスクをコントロールできているか等，スキームの検討・プロジェクト管理に監査法人・税理士法人等の専門家を利用することも有用です。10年間を使った中長期のプロジェクトになる可能性があること，株式移転後も年次報告が続くこと（年次報告書の未提出は納税猶予が取り消されます），資産管理会社の例外要件や同族関係者の議決権変動等といった納税猶予の取消し事由のモニタリング，組織再編等のスキーム見直しが必要になる可能性があることを考えると，一般的には，利用する専門家は安定的にサービスを継続できる可能性がある法人組織が望ましいと思います。また，承継計画や認定申請書作成だけの届出代行業者，入口のスキーム検討だけのコンサル会社ではなく，CFOやコドラのような存在として，入口から出口まで伴走・同乗できる専門家の支援が望ましいと思います。

105

第 **3** 章

社会貢献と事業承継のための公益法人
～社会貢献を自らデザインする～

Contents

1　公益法人のつくり方
2　オーナー系公益法人の事例
3　税務面からの検討
4　立入検査対策
5　立入検査等による勧告・公益認定取消し事例
6　立入検査対策チェックリスト

Summary

- オーナーが自らデザインする社会貢献と事業承継の両面から，安定株主としての公益法人が有用になる場合がある。本業に関連した公益事業をデザインすることも可能である。
- 公益法人に寄附した際に発生する可能性がある，みなし譲渡所得税を非課税にできる制度や，事前に設立した公益法人に相続財産を寄附することで相続財産から除外できる制度を理解し，活用することが望まれる。

第1章で，事業承継においては公益法人等の安定株主が必要になる場合があること，そしてオーナー・オーナー家，企業に，一定の社会貢献ニーズがあるのであれば，公益法人利用の検討が望まれることを述べました。

オーナー企業のオーナーによる社会貢献の方法は，事業や雇用，納税のみならず，公益法人を使って，より具体的に公益目的事業を自らデザインして実施することも可能です。そして自らデザインした公益法人に自社株式等を移転させることで，公益法人を使って，社会貢献と事業承継の両方の目的の達成を目指すことができます。オーナーの生い立ちや思想，趣味までデザインのきっかけは多種多様であり自由です。さらに，間接的な成果ではありますが，会社の知名度アップや本業への貢献も，デザイン次第で可能性が広がります。社会貢献目的があれば，少数株主の株式移転に対する納得感が得やすい場合があります。

それから，公益法人による社会貢献が優秀な人材の獲得に貢献する可能

【図表3－1】　オーナーによる公益目的事業の例

会社事業に関連する分野の学生や研究を支援

教育	苦学生・海外留学への奨学金 ⇒「○○賞」の授与
研究	○○に関する研究への助成 ○○に関る検定・シンポジウムの開催 ⇒「○○賞」の授与
文化・芸術・美術	文化・芸術の普及支援 芸術家を目指す人への奨学金 発表会・展示会・美術館・博物館の運営 ⇒「○○賞」の授与
音楽	音楽祭・コンサートホールの運営 交響楽団の運営
スポーツ	青少年向け大会への支援
地域産業振興	中小・ベンチャー企業への助成
健康・医療・介護	研究助成，奨学金
社会福祉	障害者への支援

性があります。39ページで紹介した独ボッシュは，自動運転関連の技術者を始め多くの専門スキルを持った人材を抱えています。「私たちが一生懸命働いて稼いだお金は，財団が社会のために使ってくれる。社会に貢献しているという満足感は何にも代えがたい」とは，自動運転開発を担当するプレジデントのコメントです。

図表3－1は分野別の公益目的事業の例です。

1 公益法人のつくり方

公益認定申請をして公益財団法人になるためには，まず，一般財団法人を設立する必要があります。一般財団法人は，設立の登記をすることによって成立します。主な設立手続については，以下のとおりです。

①設立者が定款を作成する。
②公証人による認証
③財産の拠出の履行（300万円を下回ってはいけない）
④設立時評議員等の選任（3人以上の評議員および理事と1人以上の監

【図表3－2】 公益認定の流れ

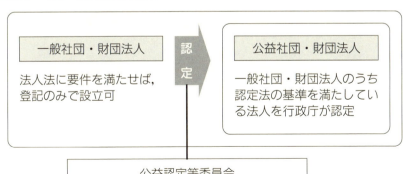

事は必置期間)
⑤設立時理事および監事が設立手続を調査し,問題あれば設立者に通知
⑥設立登記

公益認定を受けるためには,所要の申請書を行政庁に提出し,委員会の審議を受ける必要があります(**図表3－3**)。

【図表3－3】 公益認定の手続き

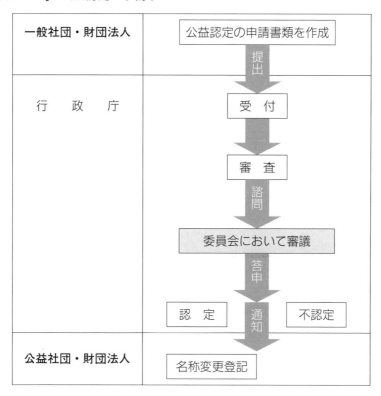

以下は,主な公益認定基準です。

第3章◆社会貢献と事業承継のための公益法人

① 公益目的事業を行うことが主たる目的であること

　費用ベースで算出する公益目的事業比率が50％以上になると見込まれる必要があります。公益目的事業比率は以下の式で計算されます。

$$\frac{公益目的事業の費用}{公益目的事業の費用＋収益事業等の費用＋法人会計の費用}$$

【図表3－4】 公益目的事業とは

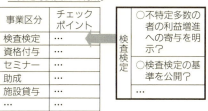

公益目的事業の定義（認定法第2条第4号）
A 学術，技芸，慈善その他の公益に関する別表各号に掲げる種類の事業であって，
B 不特定かつ多数の者の利益の増進に寄与するものをいう。

― Aについて ―
　個々の事業が別表各号のいずれかに該当しているか検討。

認定法別表（第二条関係）
一　学術及び科学技術の振興を目的とする事業
二　文化及び芸術の振興を目的とする事業
三　障害者若しくは生活困窮者又は事故，災害若しくは犯罪による被害者の支援を目的とする事業
四　高齢者の福祉の増進を目的とする事業
…
二十二　一般消費者の利益の擁護又は増進を目的とする事業
二十三　前各号に掲げるもののほか，公益に関する事業として政令で定めるもの

― Bについて ―
　個々の事業が不特定かつ多数の者の利益の増進に寄与しているかどうかの観点から，チェックポイントに沿って検討。
○　チェックポイントの事業区分は典型的な事業について整理したものであり，事業区分に該当しない事業は公益目的事業ではないということではない。公益目的事業か否かは，チェックポイントに沿っているかを勘案して，各都道府県公益認定等委員会で判断。

事業区分	チェックポイント
検査検定	…
資格付与	…
セミナー	…
助成	…
施設貸与	…
…	…

検査検定
○不特定多数の者の利益増進への寄与を明示？
○検査検定の基準を公開？
…

公益目的事業の定義「不特定多数」とは

　公益目的事業の定義Ｂ「不特定かつ多数の者の利益の増進に寄与するものをいう」は，事業別にあらかじめ用意されたチェックポイントに沿って判定されます。

以下は助成（応募型）のチェックポイントです。助成の対象となるべき事業者の設定および対象者の選考の２段階で公平性が確保されているかが着目されます。

１．当該助成が不特定多数の者の利益の増進に寄与することを主たる目的として位置付け，適当な方法で明らかにしているか。

２．応募の機会が，一般に開かれているか。

３．助成の選考が公正に行われることになっているか。（例：個別選考にあたって直接の利害関係者の排除）

４．専門家など選考に適切な者が関与しているか。

５．助成した対象者，内容等を公表しているか。（個人名または団体名の公表に支障がある場合，個人名または団体名の公表は除く。）

６．（研究や事業の成果があるような助成の場合，）助成対象者から，成果についての報告を得ているか。

---

② 公益目的事業に係る収入が適正な費用を超えないと見込まれること（収支相償）

公益法人は，公益目的事業に係る収入の額が，その事業に必要な適正な費用を償う額を超えてはいけません。

③ 遊休財産額が年間の公益目的事業費を超えないと見込まれること

遊休財産額とは，法人の純資産に計上された額のうち，具体的な使途の定まっていない財産の額です。この遊休財産額は，１年分の公益目的事業費相当額を超えてはいけません。

第3章◆社会貢献と事業承継のための公益法人

④　法人関係者や営利企業等に特別の利益を与えないこと

　特別の利益とは，利益を与える個人または団体の選定や利益の規模が，事業の内容や実施方法等の具体的事情に即し，社会通念に照らして合理性を欠く不相当な利益の供与その他の優遇がこれに当たり，申請時には，提出書類等の内容から総合的に判断されます。

⑤　同一親族および同一団体関係者がそれぞれ理事または監事の3分の1を超えないこと

　不特定かつ多数の者の利益の増進に寄与すべき公益法人が実質的に特定の者の利益を代表することがないように，理事（監事についても同様）については，当該理事および配偶者または3親等内の親族である理事の合計数は，理事の総数の3分の1を超えてはならないとされています。

　また，公益法人が特定の利害を代表する集団から支配されるような場合には，不特定かつ多数の者の利益の増進に寄与するという公益法人本来の目的に反した業務運営が行われるおそれがあるため，他の同一の団体の関係者が理事および監事に占める割合について，各々の総数の3分の1を超えてはならないという制限が設けられています。

公益法人に会社が乗っ取られる？

　評議員，理事，監事の候補者として，同族・同一団体以外で3分の2の数の，先代経営者や後継者が信頼できる人を探してくる必要があります。なお，自社の役員，使用人を複数，役員候補とする場合には，同一団体としてカウントされますが，自社OBはカウントされません。

　もし，信頼できる候補者が揃えられなかった場合に，公益法人が乗っ取られ，さらにその公益法人に会社が乗っ取られる，という懸念があります。

113

そういう懸念がある場合には，公益法人が有する株式を無議決権株式化することで，経営への関与を避けられます。そうすれば，予定していた公益事業が実施されない可能性は否定できませんが，公益法人に会社が乗っ取られる，ということを防ぐことができます。

平成30年度税制改正で規制される一般社団法人等と公益法人の違い

平成30年度税制改正で，一定の一般社団法人等の役員が死亡した場合に，その法人等の純資産額をその法人等の「同族理事」数＋1名で除した金額を一般社団法人等が，その役員から遺贈により財産を取得したものとみなされて，一般社団法人等に相続税が課税されることになりました。その一定の一般社団法人等と公益法人の，理事人数に関する規制の違いは**図表3－5**のとおりです。

【図表3－5】　理事人数に関する規制の違い

	相続税が課税される一般社団・財団法人	贈与税・相続税が課税される一般社団・財団法人	公益法人として認定されない
同一親族	過半数の場合注1)	3分の1超注2)	3分の1超
同一団体関係者	－	－	3分の1超

注1) 被相続人が役員になっている会社の従業員等を含む。
　　 相続開始直前または，相続開始前5年以内のうち合計3年以内の期間。
注2) 税負担を不当減少する結果になると認められた場合に課税される。

⑥　他の団体の意思決定に関与可能な株式等を過半数保有していないこと

株式等の保有を通じて営利法人等の事業を実質的に支配することにより，公益目的事業比率が50％以上という基準を潜脱することを防ぐため，公益

第3章◆社会貢献と事業承継のための公益法人

法人による他の団体の意思決定に関与することができる株式等の保有を制限されています。なお，公益法人がある株式会社の議決権の過半数の株式を保有している場合，例えば無議決権株式にするか議決権を含めて受託者に信託することで本規定を満たすことが可能になります。

過去の活動実績がなくても，公益認定を受けることはできる？

以下は，滋賀県総務部総務課が作成した「一般社団・財団法人の設立及び公益社団・財団法人の認定・運営の手引き」からの抜粋です。

> 「公益認定の審査は，申請法人の公平性を保つため，既存法人，新設法人のいずれにも同様の基準を適用して行っており，活動実績が全くない事業でも事業計画が明確であれば，公益認定を受けることは可能です。」「新設法人の場合は，これまでの活動実績がないことから，特に「財政基盤の明確化」「事業実施のための技術，専門的人材や設備などの能力の確保」について，申請法人からより具体性のある説明をしていただくことで，事業計画の実現性について判断することになります。」
>
> 「添付書類について，一般財団法人が設立事業年度に申請する場合で，当該事業年度が1年未満の場合は，翌事業年度（1年間）の事業計画書と収支予算書の提出が必要になります。」

したがって，過去の活動実績がなくても，公益認定を受けることは可能です。筆者も同様の公益認定を経験しています。

特定地域に限定された事業は公益目的事業ですか？

以下は，内閣府が作成した「新たな公益法人制度への移行等に関するよくある質問（FAQ）」からの抜粋です。

115

> 「不特定かつ多数の者の利益の増進に寄与するには，できるだけ多くの人が事業の恩恵を受けることができるのがよいのは言うまでもありません。」「ただ，公益目的を達成するために必要な合理的な限定であれば，特定地域に限定するのは認められます。なお，目的に照らして対象者に不当な差別を設けて限定している場合，公益目的事業と認められません。」

　特定地域を対象にした事業であっても，その地域の中で不特定かつ多数の者のための事業であれば，公益目的事業として認められます。

　一方，みなし譲渡所得税を非課税にするための措置法40条（134ページ参照）では，国税庁の「記載の仕方」に「募集範囲が都道府県の範囲よりも狭い一定地域内に限定されている場合には非課税承認は受けられません」という記載があります。国税庁の通達にも，「学資の支給若しくは貸与の対象となる者又は寄宿舎の貸与の対象となる者が都道府県の範囲よりも狭い一定の地域内に住所を有する学生等若しくは当該一定の地域内に所在する学校の学生等に限定されているものを除く。」「助成金の支給の対象となる者が都道府県の範囲よりも狭い一定の地域内に住所を有する研究者又は当該一定の地域内に所在する研究施設の研究者に限定されているものを除く。」とあります。

　みなし譲渡所得税非課税制度を利用する場合には，地域の範囲に留意が必要です。

2　オーナー系公益法人の事例

　では，実際にはどのような公益法人があるのでしょうか。ここでは，『会社四季報　2017年4集』『会社四季報 未上場会社版2018年上期』から代表的なものをご紹介いたします。

第3章◆社会貢献と事業承継のための公益法人

① 奨学金・教育系

【図表3－6】 奨学金・教育系の公益法人

会社名称	会社売上（百万円）／従業員（人）	公益法人名／持株比率	公益事業費用（千円）／特記事項
竹中工務店	955,482 7,307	（公財）竹中育英会 4.20%	343,800 学生寮の設置運営
月島食品工業	34,618 516	（公財）橋谷奨学会 記載無し	18,994 インドネシア留学生
オーディオテクニカ	32,089 570	（公財）オーディオテクニカ奨学会 18.30%	11,058
東京濾器	68,821 866	（公財）高村育英会 20.00%	36,000
田中藍	31,239 134	（公財）藍教育振興会 6.60%	6,547
ウメトク	75,260 491	（公財）福嶋育英会 11.0%	12,742
佐藤製薬	38,459 792	（公財）佐藤奨学会 15.7%	16,734
南国殖産	162,678 924	（公財）上野カネ奨学会 5.1%	10,737 教師を希望する女子学生
三喜商事	8,752 265	（公財）堀田育英財団 13.4%	12,842
昭和丸筒	11,540 76	（公財）昭和教育振興財団 17.0%	9,551
コモディイイダ	94,011 3,880	（公財）飯田育英財団 4.4%	5,364
関東興業	3,746 17	（公財）大島育英会 4.4%	20,893
大電	18,414 414	（公財）吉田学術教育振興会 10.1%	43,466
パーカー熱処理工業	7,072 208	（公財）里見奨学会 32.4%	74,698
日鉄鉱業	107,325 1,827	（公財）日鉄鉱業奨学会 7.60%	31,852
大本組	75,802 819	（公財）大本育英会 16.00%	78,696
鹿島	1,821,805 16,943	（公財）鹿島学術振興財団 1.30%	74,471
ナカノフドー建設	116,802 1,388	（公財）大島育英会 19.50%	24,664
新日本建設	86,857 536	（公財）新日育英奨学会 2.70%	16,278
若築建設	82,258 単：683	（公財）石橋奨学会 1.50%	22,964
福田組	172,749 1,877	（公財）福田育英会 7.4%	4,718
巴コーポレーション	27,538 437	（公財）野澤一郎育英会 5.2%	11,986
サンテック	46,397 1,229	（公財）八幡記念育英奨学会 11.5%	69,589

117

会社名称	会社売上(百万円)／従業員(人)	公益法人名／持株比率	公益事業費用(千円)／特記事項
日揮	693,152 7,554	(公財)日揮・実吉奨学会 3.2%	393,267
明星工業	51,715 648	(公財)富本奨学会 4.5%	21,338
ソルコム	38,999 1,528	(公財)八幡記念育英奨学会 8.8%	69,589
JAC Recruitment	13,838 774	(公財)Tazaki財団 12.1%	英語教育
ブルボン	112,918 4,256	(公財)ブルボン吉田記念財団 9.4%	62,091
丸大食品	232,436 2,110	(公財)小森記念財団 3.9%	28,492
伊藤園	475,866 8,183	(公財)本庄国際奨学財団 5.8%	265,029
サンエー	180,243 1,385	(公財)折田財団 6.2%	18,321
ハローズ	114,759 1,082	(公財)ハローズ財団 1.9%	7,820
キユーピー	552,306 14,794	(公財)中董奨学会 1.6%	37,347
アリアケジャパン	48,803 933	(公財)岡田甲子男記念奨学財団 6.6%	23,826
ユナイテッド・スーパーマーケット・ホールディングス	684,806 6,811	(公財)神林留学生奨学会 1.7%	43,280 外国人留学生
コスモス薬品	502,732 3,533	(公財)余慶会 3.7%	
創通	23,185 91	(公財)創通育英財団 3.3%	1,168
ソフトウェア・サービス	17,725 1,193	(公財)夢&環境支援宮崎記念基金 9.1%	28,329
朝日印刷	37,591 1,280	(公財)朝日国際教育財団 2.9%	13,841 外国人留学生
日本パーカライジング	109,569 4,030	(公財)里見奨学会 3.4%	74,698
日華化学	44,222 1,455	(公財)江守アジア留学生育英会 2.8%	11,247 私費留学生
ソフト99コーポレーション	22,369 755	(公財)ナインティナイン・アジア留学生奨学基金 2.7%	18,674 アジアからの理工系学生
森下仁丹	10,967 278	(公財)森下仁丹奨学会 5.0%	16,940
小野薬品工業	244,797 3,290	(公財)小野奨学会 2.7%	460,395 女子学生寮運営
マンダム	77,351 2,662	(公財)西村奨学財団 7.4%	136,296 東南アジア・東アジアからの留学生
長谷川香料	47,591 1,548	(公財)長谷川留学生奨学財団 4.6%	80,659 アジアからの留学生
小林製薬	120,051 2,994	(公財)小林国際奨学財団 7.3%	282,359 アジアからの留学生
昭和化学工業	8,114 218	(公財)石橋奨学会 8.3%	22,964
クリエートメディック	10,003 1,155	(公財)中尾奨学財団 6.2%	23,849

第 3 章◆社会貢献と事業承継のための公益法人

会社名称	会社売上（百万円）／従業員（人）	公益法人名／持株比率	公益事業費用（千円）／特記事項
SEC カーボン	12,727 268	（公財）大谷教育文化振興財団 4.0%	70,679
ニッコー	12,864 638	（公財）三谷育英会 4.6%	30,375
リョービ	240,502 8,917	（公財）浦上奨学会 3.3%	47,846
イワブチ	9,811 462	（公財）光奨学会 3.4%	6,709
三浦工業	102,549 4,950	（公財）三浦教育振興財団 2.3%	48,257
ユニオンツール	20,754 1,422	（公財）ユニオンツール育英奨学会 4.8%	53,333
サトーホールディングス	106,302 5,091	（公財）佐藤陽国際奨学財団 10.8%	184,532 留学生
澁谷工業	91,642 2,794	（公財）澁谷学術文化スポーツ振興財団 8.3%	23,686
前澤工業	26,161 911	（公財）前澤育英財団 4.8%	238,500
キッツ	114,101 4,632	（公財）北澤育英会 3.0%	46,679
マブチモーター	140,699 23,983	（公財）マブチ国際育英財団 4.3%	152,280
不二電機工業	3,769 138	（公財）藤本奨学会 9.7%	8,543
SMK	62,971 6,188	（公財）昭和池田記念財団 2.0%	37,633
ヒロセ電機	115,103 4,275	（公財）ヒロセ国際奨学財団 7.4%	394,582 アジアからの留学生
アオイ電子	44,807 2,321	（公財）大西・アオイ記念財団 10.8%	67,875
エフテック	197,941 6,960	（公財）エフテック奨学財団 4.7%	130
ハイレックスコーポレーション	235,710 12,894	（公財）寺浦奨学会 4.0%	65,751
伯東	127,599 1,294	（公財）高山国際教育財団 17.5%	197,491 留学生会館の貸与
岡谷鋼機	753,311 5,071	（公財）真照会 1.4%	25,125 学寮の無償提供
ドンキホーテホールディングス	828,798 6,708	（公財）安田奨学財団 2.2%	74,603
前田工繊	29,888 1,018	（公財）前田工繊 2.4%	8,651
前澤化成工業	21,963 649	（公財）前澤育英財団 2.2%	238,500
ツツミ	19,172 1,063	（公財）ツツミ奨学財団 4.9%	33,977
興研	7,936 282	（公財）酒井 CHS 振興財団 7.8%	1,832 労災遺児等
象印マホービン	89,231 1,321	（公財）市川国際奨学財団 2.2%	45,634 外国人留学生
日本アイ・エス・ケイ	5,401 273	（公財）広沢育英会 6.7%	12,900

119

会社名称	会社売上(百万円)／従業員(人)	公益法人名／持株比率	公益事業費用（千円）／特記事項
オンワードホールディングス	244,900 4,598	(公財)樫山奨学財団 5.1%	166,513
三共生興	28,970 316	(公財)三木瀧蔵奨学財団 12.7%	67,947
カメイ	423,469 4,545	(公財)亀井記念財団 4.3%	36,264
リンガーハット	43,844 547	(公財)米濱リンガーハット財団 2.3%	0
ヤマコー	343,061 2,920	(公財)川野小児医学奨学財団 4.7%	78,609 小児医学研究に対する助成，奨学金（将来小児医学を志す医学生）
三谷産業	66,869 4,678	(公財)三谷育英会 8.2%	30,375
山九	510,027 32,709	(公財)ニビキ育英会 3.0%	67,985
福山通運	255,677 20,141	(公財)渋谷育英会 9.8%	163,788
セイノーホールディングス	567,539 28,023	(公財)田口福寿会 11.9%	428,078
タカセ	8,830 249	(公財)タカセ国際奨学財団 5.2%	28,103 私費留学生
リンコーコーポレーション	15,956 723	(公財)福田育英会 4.4%	4,718
学研ホールディングス	99,049 3,573	(公財)古岡奨学会 13.1%	300,556
北陸ガス	42,191 593	(公財)北陸瓦斯奨学会 7.2%	1,478
		(公財)敦井奨学会 4.7%	376
常磐興産	36,177 671	(公財)常磐奨学会 3.0%	4,145
TKC	57,750 2,545	(公財)飯塚毅育英会 13.6%	247,432
ニトリホールディングス	512,958 10,620	(公財)似鳥国際奨学財団 3.4%	394,744 留学生，居住施設の提供
パーカーコーポレーション	47,947 1,665	(公財)里見奨学会 2.4%	74,698
マキヤ	61,144 420	(公財)マキヤ奨学会 6.6%	9,839
王将フードサービス	75,078 2,200	(公財)加藤朝雄国際奨学財団 2.2%	73,206 留学生
カワチ薬品	266,423 2,558	(公財)河内奨学財団 10.5%	114,168 薬学関係を学ぶ学生

第3章◆社会貢献と事業承継のための公益法人

特定の学校の在学生への奨学金は公益目的事業ですか？

　以下は，内閣府が作成した「新たな公益法人制度への移行等に関するよくある質問（FAQ）」からの抜粋です。

> 　「不特定かつ多数の者の利益の増進に寄与するには，できるだけ多くの人が事業の恩恵を受けることができるのがよいのは言うまでもありません。」「ただ，奨学金の応募の機会が特定の学校の在学生であっても，当該奨学金を給付又は貸与される在学生は入学の機会が不特定多数の者に開かれていることにかんがみ，不特定かつ多数の者の利益の増進に寄与するものとの事実認定が行えないということではありません。」

　実際に公益法人として認定されている法人の公益目的事業に，特定の学校の在学生への奨学金事業があります。その法人は，特定の学校の同窓会が母体となって設立されました。

公益法人に必要な事業規模は？（その１）

　以下は，滋賀県総務部総務課が作成した「一般社団・財団法人の設立及び公益社団・財団法人の認定・運営の手引き」からの抜粋です。

> 　「不特定かつ多数の者の利益の増進に寄与するには，できるだけ多くの人が事業の恩恵を受けることができるのがよいというのは言うまでもありません。しかし，申請法人の中には，事業実施のための収入が限られているため，全県に事業を拡大することが難しく，特定の地域等に限定された事業を行なっている場合があります。そのような場合であっても，特定の地域等の中で対象者を限定せず，公平性が確保されているものであれば公益目的事業として認められることもあります。滋賀県では，これまで市町区域よりも狭い地域の住民を対象に助成事業(応募型)

121

を行なっている法人や年間の事業費が30万円の法人について認定を行った事例が
あります。」

　ただし，措置法40条の適用を受ける場合には，「社会的規模として認識され
る程度の規模」が必要となりますので，留意が必要です。こちらについ
ては，142ページ「公益法人に必要な事業規模は？（その2）」もご参照く
ださい。

公益財団法人公益法人協会の税制改正への提言

　以下は，公益財団法人公益法人協会による，税制改正への提言のうち，
「みなし譲渡所得税非課税特例措置の適用要件の見直し」に関する箇所の抜
粋です。

　「公益法人，認定特定非営利活動法人に対する生前贈与や遺贈におけるみなし譲
渡所得非課税措置の適用にあたっては，一般市民にもより身近な制度となるよう
事前相談制度を周知し，過去の事例などにより承認手続きや審査基準を明らかに
するなど，情報公開を進めること。通達において，社会的存在として認識される
程度の規模を有するものの例として挙げられている10の事業に限らず，公益法人，
認定特定非営利活動法人が行う公益目的事業に直接供されている限り，柔軟に認
めること。また，当該資産について当初の公益目的事業とは異なる種類の公益目
的事業に使用する場合及び財産種類の変動があった場合でも，当該要件を満たし
ているものとみなすこと。」

　現在は，公益法人として認定されても，みなし譲渡所得税が非課税にな
らず，公益法人に無償で寄附をしても，寄附者に譲渡所得税が課税されて
しまう可能性があります。一般の市民感覚としては理解が難しい状態に
なっていますので，早期に上記の提言が受け入れられることが望まれます。

第3章◆社会貢献と事業承継のための公益法人

② 文化・芸術系

【図表3－7】 文化・芸術系の公益法人

会社名称	会社売上（百万円）／従業員（人）	公益法人名／持株比率	公益事業費用（千円）／事業概要
白鶴酒造	34,808 417	(公財)白鶴美術館 20.80%	26,923 美術館の運営
山陰酸素工業	16,478 297	(公財)可部屋集成館 6.50%	4,727 古文書・民俗資料等を公開
朝日新聞社	262,393 3,948	(公財)香雪美術館 10.0%	205,004 美術館の運営
朝日放送	82,302 907	(公財)香雪美術館 7.0%	205,004 美術館の運営
テレビ朝日ホールディングス	295,879 4,616	(公財)香雪美術館 4.6%	205,004 美術館の運営
		(公財)朝日新聞文化財団 2.1%	397,492 芸術活動や文化財保護のための助成、顕彰事業、音楽会等の主催公演
信濃毎日新聞	19,510 464	(公財)信毎文化事業財団 6.3%	22,531 文化活動に対する支援・助成、顕彰、講演会・スポーツ大会
西京銀行	28,255 776	(公財)西京教育文化振興財団 1.3%	8,287 教育、スポーツ、芸術文化、地域社会の振興
野村殖産	2,993 53	(公財)野村文華財団 15.0%	59,066 美術工芸品等を博物館法に基づき保存・調査研究
カシワバラ・コーポレーション	42,530 804	(公財)岩国美術館 37.1%	16,488 美術館の運営
鍋屋バイテック	8,218 261	(公財)岐阜現代美術財団 20.0%	29,338 絵画等美術品の収集・保存・展示、調査・研究
越後交通	7,808 556	(公財)田中角栄記念館 18.1%	14,940 美術館の運営
両備システムズ	12,054 721	(公財)両備文化振興財団 10.1%	42,733 竹久夢二及び范曽の作品の公開、研究、生家の公開
アークライト	4,612 82	(一財)角川文化振興財団 23.3%	文芸の研究奨励、顕彰、日本映画等の奨励、助成
新潟テレビ21	5,638 100	(公財)田中角栄記念館 5.0%	14,940 美術館の運営
ダイドー	75,543 637	(公財)山田貞夫音楽財団	28,099 クラシック音楽家の支援
ホクト	63,119 1,326	(公財)水野美術館 4.40%	83,666 美術館の運営
松井建設	89,341 765	(公財)松井角平記念財団 2.70%	1,537 寺院、神社等歴史的文化財の建造物の保存・修復に関する学術研究に対する助成
シベール	3,162 185	(公財)弦地域文化支援財団 8.0%	140,940 芸術文化公演、展示事業・図書の常設展示他
伊藤ハム米久ホールディングス	792,564 7,667	(公財)伊藤文化財団 2.0%	36,848 美術作品等を収集し兵庫県立美術館に寄贈、展覧会への助成
丸善CHIホールディングス	178,405 1,399	(公財)図書館振興財団 0.9%	285,764 図書館振興事業
テルモ	514,164 22,441	(公財)テルモ生命科学芸術財団 1.9%	188,653 研究助成及び現代美術の制作等諸活動に助成する
大正製薬ホールディングス	279,773 6,525	(公財)上原美術館 4.3%	172,625 上原近代美術館及び上原仏教美術館の運営等

123

会社名称	会社売上 (百万円)／ 従業員(人)	公益法人名／持株比率	公益事業費用 (千円)／事業概要
ポーラ・オルビス ホールディングス	218,482 3,847	(公財)ポーラ美術振興財団 34.3%	901,965 美術分野等の若手芸術家等への援助助成，美術品の収集，保存，公開等
ニチレキ	54,439 763	(公財)池田20世紀美術館 1.9%	57,693 美術館運営等
出光興産	3,190,347 9,139	(公財)出光文化福祉財団 7.7%	1,091,531 文化的資料の収集，保管及び一般公開等
		(公財)出光美術館 5.0%	788,515 東洋の美術品の収集，保存，修復，調査，研究，公開等
ブリヂストン	3,337,017 144,210	(公財)石橋財団 9.4%	1,234,889 美術館の運営等
SECカーボン	12,727 268	(公財)大谷教育文化振興財団 4.0%	70,679 教育振興，美術館運営による芸術振興，地域振興事業
ローム	352,010 22,554	(公財)ロームミュージックファンデーション 7.1%	667,835 音楽に関する公演，音楽を学ぶ学生への奨学金等
南海プライウッド	16,852 1,389	(公財)南海育英会 15.3%	21,127 奨学金，さぬき市への平賀源内記念館貸与等
ゼビオホールディングス	223,353 2,510	(公財)諸橋近代美術館 9.3%	134,779 西洋近代絵画約400点を収蔵，企画展及び常設展の開催
精養軒	2,995 176	(一財)福島育英会 18.6%	音楽関係大学学生に対し奨学金
ベネッセホールディングス	430,064 21,022	(公財)福武財団 4.8%	1,414,124 文化・芸術による地域社会の発展に関する事業
ウエスコホールディングス	10,323 571	(公財)加納美術振興財団 5.6%	33,317 美術館を運営し，加納莞蕾の平和への想いを継承する
イオン	8,210,145 143,374	(公財)岡田文化財団 2.4%	391,096 三重県における芸術文化の振興，奨学金

平成30年度税制改正で美術品に係る相続税の納税猶予制度がつくられました

　一定の美術館と特定美術品の長期寄託契約を締結し，保存活用計画を提出して文化庁長官の認定を受け，その特定美術品を相続又は遺贈により取得した場合に，担保提供を条件に，相続税額のうち，その美術品に係る課税価格の80%に対応する相続税の納税を猶予される制度が，平成30年度税制改正において創設されました。

　上記の一定の美術館とは，博物館法に規定する博物館または博物館に相当する施設として指定された施設のうち，美術品の公開および保管を行うものをいいます。また，上記の特定美術品とは，重要文化財に指定された美術工芸品または登録有形文化財（建造物を除く。）であって世界文化の見

地から歴史上，芸術上もしくは学術上特に優れた価値を有するものをいいます。

　文化庁の資料によると，直近5年間の重要文化財の相続件数が8.6件であったのに対し，この制度で年間20件程度の相続を目標にしているようです。

　なお，美術品を譲渡，滅失，紛失した場合や，長期寄託契約・保存活用計画が終了した場合等は，猶予されていた相続税と関連する利子税が課税されます。また，相続後は3年ごとに，継続届出書に美術館の証明書を添付して提出する必要があります。

　制度ができただけでも，一定の進歩ですが，重要文化財や登録有形文化財に指定されていないが，美術的にも社会的にも価値がある美術品が多くあること，美術館が登録博物館等に限定されていることが，制度としての弱点であると思います。このような場合には，公益財団法人を利用した対策の検討が望まれます。

　また，美術品を信託銀行等に預け，一般公開等の財産管理をしてもらうことで，税制優遇される「公益信託」も考えられます。納税猶予や公益法人と，信託手数料等のコスト比較を中心に比較検討が望まれます。

③　本業に関連する公益事業を実施している事例

【図表3－8】　本業に関連する事業を実施している公益法人

会社名称	会社売上 （百万円）／ 従業員（人）	公益法人名／持株比率	公益事業費用（千円）／事業概要
内山工業	48,400 959	（公財）岡山工学振興会 15.60%	21,841 理工学に関する「研究助成・研究者援助」「教育研究機関との連携・交流」「先端技術研究の情報収集・提供」等
医学書院	11,475 218	（公財）金原一郎記念医学医療振興財団 10.00%	75,939 基礎的な医学医療に関する分野において研究助成，研究交流，その他の研究に関する事業
サイサン	56,163 1,259	（公財）サイサン環境保全基金 34.40%	24,913 環境保全・保護に関する，自主的な，非営利・民間の活動（学術的調査研究を含む）に対する助成事業
佐藤製薬	38,459 792	（公財）一般用医薬品セルフメディケーション振興財団 22.0%	28,496 一般用医薬品の供給，適正使用の調査研究，啓発事業への助成
太陽工業	36,388 527	（公財）能村膜構造技術振興財団 7.2%	24,707 膜構造科学技術に関する研究開発助成，人材の育成

会社名称	会社売上 (百万円)／ 従業員(人)	公益法人名／持株比率	公益事業費用 (千円)／事業概要
森村商事	87,353 266	(公財)森村豊明会 12.3%	66,717 研究者・学生を助成
光が丘興産	46,916 87	(公財)前田記念工学振興財団 9.1%	35,153 工学(土木・建築系分野)に関する学術研究を助成, 研究者に対する顕彰等
ホンダ開発	19,775 850	(公財)国際交通安全学会 49.6%	542,924 交通及びその安全に関する諸問題についての調査研究, 褒章, 研修等
松井建設	89,341 765	(公財)松井角平記念財団 2.70%	1,537 寺院, 神社等の建造物, 歴史的文化財の建造物の保存・修復に関する研究助成
土屋ホールディングス	24,896 802	(公財)ノーマライゼーション住宅財団 1.90%	14,295 高齢者や障がい者が安心して暮らせる住生活の整備・向上の支援
山崎製パン	1,041,943 27,180	(公財)飯島藤十郎記念食品科学振興財団 5.6%	202,528 食品科学等に関する研究助成, 表彰
伊藤ハム米久ホールディングス	792,564 7,667	(公財)伊藤記念財団 4.0%	102,774 食肉の生産, 処理, 加工等に関する研究助成, 表彰, 普及広報, 基礎的研究, 調査等
アルバイトタイムス	5,427 220	(公財)就職支援財団 3.9%	22,719 学生に社会体験から学ぶ場の提供等, 受講プログラムの提供, 相談, 助言
博報堂DYホールディングス	1,255,474 16,778	(公財)博報児童教育振興会 18.1%	728,116 児童への国語教育を助成
コカ・コーラボトラーズジャパン	460,455 17,222	(公財)新技術開発財団 2.5%	719,639 科学技術に関するの研究開発の助成, 顕彰等
キッコーマン	402,174 6,771	(公財)野田産業科学研究所 1.7%	102,172 醸造微生物のゲノム情報を利用した発酵化学に関する研究, 助成
ハウス食品グループ本社	283,812 6,421	(公財)浦上食品・食文化振興財団 2.7%	74,663 食品の生産・加工及び安全性等に対する研究・調査, 助成事業等
はごろもフーズ	79,298 707	(公財)はごろも教育研究奨励会 42.5%	210,929 教育研究, 講演会, 育英, 教育施設等の拡充支援等
日清食品ホールディングス	495,715 11,998	(公財)安藤スポーツ・食文化振興財団 6.7%	1,077,724 青少年スポーツ振興事業, 食品科学の発展や発明心の涵養, 食育を促進させる事業
神戸物産	239,266 2,049	(公財)業務スーパージャパンドリーム財団 25.7%	254,195 海外留学・派遣支援, 食文化の振興に関する事業
ライフフーズ	12,959 259	(公財)ライフスポーツ財団 16.3%	56,510 スポーツ・文化活動を通じて, 地域における子どもの心身の健全な発達に寄与するための事業
八洲電機	75,662 1,020	(公財)八洲環境技術振興財団 6.6%	20,603 環境技術分野における研究助成
丸善CHIホールディングス	178,405 1,399	(公財)図書館振興財団 0.9%	285,764 図書館に関与する機関・人材を助成・育成, 図書館の設立・運営に対する助成
ステラ ケミファ	29,850 758	(公財)黒潮生物研究所 2.3%	33,307 生物及び自然環境に関する調査研究, 保全対策, 普及啓発
東京応化工業	88,764 1,619	(公財)東京応化科学技術振興財団 2.1%	57,165 助成事業及び表彰事業
電通	838,359 58,711	(公財)吉田秀雄記念事業財団 1.7%	508,758 マーケティング及びコミュニケーションの研究助成, 褒賞・調査提供, 情報提供, 啓発事業
ハリマ化成グループ	71,384 1,484	(公財)松籟科学技術振興財団 3.0%	24,356 科学技術に関する調査・研究, 助成・奨励
武田薬品工業	1,732,051 29,900	(公財)武田科学振興財団 2.2%	2,426,422 科学技術に関する研究助成, 受学助成, 褒賞, 国際シンポジウムの開催, 東裕医書籍の公開, 出版物の発行等
エーザイ	539,097 10,452	(公財)内藤記念科学振興財団 1.4%	661,795 疾病の予防と治療に関する研究, 褒賞, 研究助成, くすり博物館での企画展
持田製薬	97,349 1,713	(公財)持田記念医学薬学振興財団 13.3%	346,649 医学, 薬学等の研究助成, 留学補助, 褒賞授与, 研究者招聘助成等
		(公財)高松宮妃癌研究基金 4.1%	184,878 癌に関する研究助成金・学術賞の贈呈, 国際シンポジウム, 国際講演会, AACR高松宮妃記念講演会等

第 3 章◆社会貢献と事業承継のための公益法人

会社名称	会社売上 (百万円)／ 従業員(人)	公益法人名／持株比率	公益事業費用 (千円)／事業概要
テルモ	514,164 22,441	(公財)テルモ生命科学芸術財団 1.9%	188,653 科学技術振興の研究費助成, 学会等への助成, 褒賞, 若者等への普及啓発, 現代美術の制作, 助成
大正製薬ホールディングス	279,773 6,525	(公財)上原記念生命科学財団 16.6%	1,328,068 生命科学研究の助成, 褒賞, 研究者の派遣及び招聘, 研究会・講演会及びシンポジウムの開催, 研究成果の刊行
明光ネットワークジャパン	18,672 757	(公財)明光教育研究所 7.1%	23,175 教育費の援助, 自立学習教育システムの研究及び開発
コーセー	266,762 7,410	(公財)コスメトロジー研究振興財団 2.1%	45,376 コスメトロジー(化粧品学)の研究助成, 研究者海外派遣, 海外研究者の招聘, シンポジウム, 資料収集及び普及
ハーバー研究所	16,135 664	(公財)小柳財団 33.9%	24,362 健康と美を促進する研究への助成
ケミプロ化成	9,050 242	(公財)福岡直彦記念財団 16.7%	有機化学関連研究助成
サンケイ化学	6,281 124	(公財)サンケイ科学振興財団 11.4%	2,300 科学的研究助成, 研究報告書作成, 配布
フマキラー	42,362 3,129	(公財)大下財団 8.0%	28,628 公衆衛生の向上, 生活環境の保全に関する研究や活動に対する助成, シンポジウムの開催
旭硝子	1,282,570 50,963	(公財)旭硝子財団 2.1%	624,820 科学技術研究助成, 顕彰
東京製鐵	121,748 954	(公財)池谷科学技術振興財団 8.3%	93,148 先端材料, 科学技術分野における研究助成, 国際交流助成, 普及啓発
東洋鋼鈑	121,199 2,836	(公財)東洋食品研究所 2.0%	492,324 食品加工保存に関する研究, 食品科学研究助成, 文化的建築物の維持・公開
東洋製罐グループホールディングス	779,469 18,490	(公財)東洋食品研究所 5.6%	492,324 食品加工保存に関する研究, 食品科学研究助成, 文化的建築物の維持・公開
コロナ	80,598 2,332	(公財)内田エネルギー科学振興財団 8.0%	71,359 エネルギー資源及び環境保護, 災害防止等に関する科学技術の試験研究, 普及活動への助成
ウエスコホールディングス	10,323 571	(公財)ウエスコ学術振興財団 11.2%	15,425 学術研究者に対する助成
アマダホールディングス	278,840 8,010	(公財)天田財団 2.6%	216,507 金属塑性加工及び高密度エネルギー加工に関する研究助成, 国際交流促進助成並び普及啓発
牧野フライス製作所	153,641 4,613	(公財)工作機械技術振興財団 3.7%	71,331 工作機械技術に関する試験研究への助成
OSG	105,561 6,589	(公財)大澤科学技術振興財団 2.3%	57,494 科学技術研究開発, 国際交流等に対する助成
小田原エンジニアリング	10,894 418	(公財)津川モーター研究財団 6.2%	モーターに関する学術研究助成
レオン自動機	25,450 940	(公財)林レオロジー記念財団 10.6%	69,574 食料品製造機械産業における研究開発助成, 人材育成
新東工業	95,048 3,884	(公財)永井科学技術財団 2.5%	19,557 素形材分野, その応用分野における科学技術研究, 技術開発, 国際交流, 講演会, 発表会
西島製作所	44,414 1,600	(公財)原田記念財団 9.4%	41,974 自然科学の学術研究助成, 奨学助成事業, 体育振興助成
理想科学工業	82,995 3,640	(公財)理想教育財団 5.0%	147,917 学校における創造表現活動, 教師による指導・育成・伝達活動に関する調査・研究, 助成
ダイコク電機	40,714 668	(公財)栢森情報科学振興財団 5.0%	40,760 情報科学研究援助
アマノ	120,124 4,742	(公財)天野工業技術研究所 7.9%	150,259 工業技術に関する調査研究, 発明考案の実用化試験研究, 研究助成
ホシザキ	265,548 13,033	(公財)ホシザキグリーン財団 8.0%	360,503 野生動植物の保護繁殖及び生息環境保全
ミネベアミツミ	638,926 80,120	(公財)高橋産業経済研究財団 3.6%	217,679 自然科学, 人文・社会科学分野の研究助成

127

会社名称	会社売上 (百万円)／ 従業員(人)	公益法人名／持株比率	公益事業費用（千円）／事業概要
メルコホールディングス	74,558 840	(公財)メルコ学術振興財団 2.2%	38,732 管理会計の研究助成
TOA	42,504 3,129	(公財)神戸やまぶき財団 5.7%	407,651 障害者，要保護児童および難病患者の支援
		(公財)中谷医工計測技術振興財団 3.7%	361,711 医工計測技術分野の技術開発助成，表彰，科学教育振興助成，医工計測技術に関する情報の収集及び提供
シスメックス	249,899 7,346	(公財)神戸やまぶき財団 5.7%	407,651 障害者，要保護児童および難病患者の支援に関する事業
		(公財)中谷医工計測技術振興財団 5.6%	361,711 医工計測技術分野の技術開発助成，表彰，科学教育振興助成，医工計測技術に関する情報の収集及び提供
アイ・オー・データ機器	48,461 490	(公財)I-O DATA 財団 13.4%	情報通信技術関連分野の研究開発支援等
カシオ計算機	321,213 12,287	(公財)カシオ科学振興財団 1.2%	79,691 研究助成及び研究協賛
東京精密	77,792 1,881	(公財)精密測定技術振興財団 2.5%	69,442 精密測定技術の調査・研究，講演会・研究会等への助成，国際的な技術交流活動等への助成
リコー	2,028,899 105,613	(公財)新技術開発財団 2.1%	719,639 科学技術の研究助成，国産技術の顕彰，少年少女の創造性育成，植物性環境及び計測技術の研究助成
三愛石油	655,668 2,081	(公財)新技術開発財団 11.6%	719,639 科学技術の研究助成，国産技術の顕彰，少年少女の創造性育成，植物性環境及び計測技術の研究助成
ヨネックス	61,042 1,764	(公財)新潟県インドアスポーツ振興米山財団 4.2%	20,805 インドアスポーツ団体への助成，インドアスポーツ振興に貢献した個人・団体に対する表彰
コクヨ	307,625 6,596	(公財)黒田緑化事業団 2.7%	52,131 緑化事業
ニフコ	259,439 11,177	(公財)小笠原科学技術振興財団 4.0%	139,794 科学技術に関する研究助成，国際交流の増進
ミズノ	188,718 5,273	(公財)ミズノスポーツ振興財団 16.3%	203,072 スポーツ振興，国際交流の助成，スポーツ顕彰表彰，スポーツ齋場運営，スポーツ振興支援シンポジウム等
岩谷産業	588,045 9,174	(公財)岩谷直治記念財団 8.2%	139,820 科学技術研究の助成，国際交流推進援助，人材の育成
デサント	131,543 2,180	(公財)石本記念デサントスポーツ科学振興財団 2.1%	37,971 健康増進と体力向上，スポーツ科学学術調査・研究を奨励・援助，スポーツ振興・発展団体助成
ロイヤルホールディングス	143,025 2,660	(公財)江頭ホスピタリティ事業振興財団 0.0%	42,280 ホスピタリティ産業の研究開発助成等
ライフコーポレーション	652,974 6,141	(公財)ライフスポーツ財団 6.0%	56,510 親子や幼少児を対象としたスポーツ事業（大会・教室等）に助成等
イオン	8,210,145 143,374	(公財)イオン環境財団 2.4%	899,484 環境保全活動に対する助成・支援，生物多様性の保全と利用，地球温暖化防止等の活動
平和堂	437,587 5,939	(公財)平和堂財団 3.4%	83,105 「びわ湖およびその流域の自然環境の保全」に取り組むさまざまな活動に資金助成等
三谷産業	66,869 4,678	(公財)三谷研究開発支援財団 3.4%	11,328 研究開発に対する資金の助成，表彰等
日本証券金融	23,066 281	(公財)資本市場振興財団 4.8%	726,792 投資者保護，証券市場の育成に資する諸活動の助成
セコム	928,098 43,071	(公財)セコム科学技術振興財団 1.7%	550,981 科学技術研究開発の助成，表彰，普及啓発，情報交流，国際交流及び人材育成
TKC	57,750 2,545	(公財)租税資料館 4.6%	179,947 租税に関する資料収集，調査研究，研究助成及び表彰等
応用地質	51,323 2,041	(公財)深田地質研究所 11.9%	138,695 地球システムにかかわる幅広い研究及び技術開発，成果の普及，専門家の育成及び教育，助成及び顕彰
JK ホールディングス	339,918 2,614	(公財)PHOENIX 3.2%	66,047 木材や合板に関する資料収集，展示，木材や合板の有効利用等に関する普及，人材育成，自然環境教育

第 3 章◆社会貢献と事業承継のための公益法人

会社名称	会社売上 (百万円)／ 従業員(人)	公益法人名／持株比率	公益事業費用 (千円)／事業概要
カワチ薬品	266,423 2,558	(公財)河内奨学財団 10.5%	114,168 薬学関係を学ぶ学生に対して奨学金
アルプス技研	26,743 4,075	(公財)起業家支援財団 3.0%	40,741 将来起業をめざす大学生等への奨学金給付事業，経営道場などの人材育成事業等
東洋合成工業	18,183 560	(公財)東洋合成記念財団 2.4%	2,800 科学技術の振興のための研究助成及び奨学金
東洋炭素	32,464 1,851	(公財)近藤記念財団 4.0%	20,256 奨学金，炭素 (カーボン) に関する研究助成
日本軽金属ホールディングス	448,381 13,347	(公財)軽金属奨学会 2.4%	137,148 軽金属教育機関，研究者に対する研究資金や奨学金の交付，表彰，海外の学会等への参加補助金
竹内製作所	83,000 717	(公財)TAKEUCHI 育英奨学会 5.5%	27,062 理工系の奨学金給付，理工系の研究室に対する研究費助成
アイコム	24,092 1,113	(公財)アイコム電子通信工学振興財団 6.7%	33,022 電子通信工学学生への奨学金給付，電子通信工学の振興
船井電機	133,838 3,093	(公財)船井情報科学振興財団 4.8%	267,828 情報科学・技術関する研究について褒賞，情報科学・技術に関する留学生への奨学金
三井ハイテック	65,346 3,238	(公財)三井金型振興財団 3.4%	25,304 金型及び関連技術の開発・調査・研究，教育団体等に対する助成，工学系学生に対する奨学金
双葉電子工業	64,157 5,201	(公財)双葉電子記念財団 7.4%	98,119 自然科学・技術に関する研究助成，奨学金，顕彰，学校・団体への助成
フジシールインターナショナル	141,977 4,253	(公財)フジシールパッケージング教育振興財団 4.9%	83,071 応用化学(プラスティック製品)等の工学系およびデザイン関係の学部の学生への奨学金
ヨネックス	61,042 1,764	(公財)ヨネックススポーツ振興財団 6.4%	40,029 青少年スポーツの振興への助成・奨学金の給与，表彰
オークワ	268,427 1,876	(公財)大桑教育文化振興財団 3.3%	33,611 奨学金，学校図書の寄贈，県指定無形文化財保存団体に対する援助，市町村抵抗ジュニア駅伝競走の援助等
丸三証券	15,697 1,157	(公財)長尾自然環境財団 7.0%	300,995 開発途上国の自然環境保全等に調査研究資金を助成，奨学金支給，途上国で調査研究・保全活動
トランスコスモス	242,314 23,510	(公財)トランスコスモス財団 7.6%	63,564 学術・科学技術等の調査，研究助成及び支援，奨学金，学校等への図書の寄贈，国際人材育成
バローホールディングス	520,530 6,003	(公財)伊藤青少年育成奨学会 4.5%	90,395 奨学金の支給，高等学校運動部への活動支援，地域の文化活動支援
ヤマザワ	114,111 1,236	(公財)ヤマザワ教育振興基金 8.1%	16,438 山形大学山澤進奨学金，教育，文化，体育の振興助成

129

④ 京都企業の事例

最後に，筆者の生まれた京都に本社がある企業の事例をご紹介します。

【図表3－9】 京都企業の事例

出捐元	法人名	公益目的事業	事業規模 (経常費用)
村田機械	(公財)村田海外留学奨学会	①海外留学を志す日本人学生・研究者を対象に奨学金を支給する「海外留学奨学金」 ②日本の大学に留学する外国人留学生を対象に奨学金を支給する「外国人留学生奨学金」	2,694万円
村田製作所	(公財)村田学術振興財団	①エレクトロニクスを中心とする自然科学の研究及び国際化にともなう法律，経済，社会，文化等に係る諸問題に関する人文・社会科学の研究に対する助成 ②自然科学及び人文・社会科学研究者の海外派遣，受け入れ等学術の国際交流に対する助成 ③自然科学及び人文・社会科学の研究団体及び研究集会に対する助成 ④その他，この法人の公益目的を達成するために必要な事業	2億7,494万円
日本電産	(公財)永守財団	①科学技術の分野の発展に貢献した個人を顕彰する技術表彰制度「永守賞」の運営 ②その他，当法人の目的を達成するために必要な事業	7,930万円
京セラ	(公財)稲盛財団	①「京都賞」顕彰事業 ②研究助成事業 ③社会啓発事業	18億4,377万円
	(公財)稲盛福祉財団	(1)京都府内の児童養護施設等退所児童への生活自立支援事業 ①生活自立支援事業 　児童養護施設等を退所し自立する児童に対する経済的支援および精神的な支援の実施 ②就職支援事業 　児童養護施設等を退所し自立する児童の就職機会拡大のため自動車運転免許取得の助成の実施 ③進学支援事業 　児童養護施設等を退所し自立する児童の進学に関する助成の実施 (2)京都府内の児童養護施設・乳児院・家庭支援センター等への運営支援事業 　児童養護施設・乳児院・家庭支援センター等に対し，建物改修費等の施設整備助成事業の実施	2億4,510万円
ローム	(公財)ロームミュージックファンデーション	①音楽に関する公演等の実施及び助成 ②音楽を学ぶ学生に対する奨学金の給付 ③音楽に関する資料等の収集，調査研究の実施及び普及活動 ④音楽に関する在外研究への援助	9億5,208万円
オムロン	(公財)京都オムロン 地域協力基金	①顕彰事業…京都ヒューマン賞 ②助成事業 ●地域の社会福祉に関する活動への助成 ●青少年の健全育成活動への助成 ●男女共同参画の推進活動への助成(子育て支援を含む) ●生活環境・地球環境の整備等に関する活動への助成	2,097万円

第3章◆社会貢献と事業承継のための公益法人

出捐元	法人名	公益目的事業	事業規模 (経常費用)
島津製作所	(公財)島津科学技術振興財団	①科学技術，主として科学計測に係る領域で，基礎的研究および応用・実用化研究において，著しい成果をあげた功労者を表彰します。島津賞推薦依頼学会から推薦のあった候補者及び選考委員会が選考し，理事会の審議を経て決定します。 ②科学技術，主として科学計測に係る領域で，基礎的研究を対象とし，原則として，国内の研究機関に所属する45才以下の新進気鋭の研究者（国籍不問）に助成します。	3,053万円
ワコール	(公財)京都服飾文化研究財団	世界の各時代の衣服，装身具及びこれらに関する文献，資料等の収集，保存，研究，公開 （収益事業…収集保存及び調査研究の成果を広く公開する目的で，論考や収集品の画像を出版社や美術館等に提供し，その無形財産使用料（ロイヤリティ）を得る事業	1億6,039万円
佐川急便	(公財)佐川美術館	美術品・工芸品の展示公開を通して，国民の文化芸術に対する創造的な育成と文化発展を図るとともに，美術品の収集，保存及び教育普及活動推進のための事業	5億2,766万円
	(公財)SGH財団	(1)東南アジア諸国からの外国人留学生に対する支援事業 (2)がん（癌）に関する基礎研究及び応用治療研究に対する助成・褒賞等の支援事業 (3)経済・産業活動を支える運輸・物流に関する支援事業 (4)上記に関する情報資料収集及び出版物の刊行，講演会等による普及・啓発活動	1億8,273万円
王将フードサービス	(公財)加藤朝雄国際奨学財団	①外国人留学生に対する奨学金の支給 ②奨学金の支給を受ける外国人留学生に対する生活指導及び助言 ③海外における留学動向調査 ④その他目的を達成するために必要な事業	8,551万円

　表にある，日本電産株式会社の永守社長が設立した公益財団法人永守財団の公益事業である「永守賞」は，日本電産の事業であるモーターの研究者を支援するための事業です。

　平成30年1月3日の京都新聞で，永守社長が「経営ばかりやってきたが，最後は人の教育に力を注ぎたい。私が行う寄付も教育と医療に絞っている。いずれも家庭で困ることだからだ。自分がすべきことだと考えれば寄付をしたい。京都で生まれ，教育を受け，創業もした。だからまず京都に恩返しをしたい」と述べています。

　また，京セラ株式会社の稲盛名誉会長が設立した公益財団法人稲盛財団の京都賞は，先端技術部門，基礎科学部門，思想・芸術部門の3つからなり，ノーベル賞を参考にしています。このことについて，「たまたま京セラが大成功をして，株も値上がりし，思いもよらぬ資産が入ってきました。

131

資産家になることが目的ではなかったものですから，何とかそれを世のため人のために役立てたいと思ったわけです」と稲盛氏は述べています。

稲盛氏は「京都でも日本や世界を引っ張る技術を持つ企業が生まれてほしい。素晴らしいベンチャー企業が生まれたり，結集したりするような土台を京都府や京都市などが作ってもよいのではないか」とも述べています。

シリコンバレー等でいう，成功者等がベンチャーを支援するエコシステムです。成功者が，その成功の果実を公益のため，未来のために使う，成功者が自らそのデザインをし，実行することで，その姿がモデルになる好循環が回り出すのではないでしょうか？

第3章◆社会貢献と事業承継のための公益法人

少しウラ話を…

事業の公益性の説明には図が効果的です

　筆者が，一番多くの公益認定をサポートしたのは，平成20年12月から平成25年11月末の特例民法人の移行期間でした。当時は，公益認定ガイドラインやFAQを参考にしながら，内閣府や都道府県の事務局の方と，事業の内容や公益性についてたくさんの議論をしました。今では，移行期間が終わり，その件数は減りましたが，説明のポイントやコツは変わらないと思っております。

　公益認定を成功させるポイントの1つは，内閣府や都道府県の事務局の方は，事業の公益性を判断する立場にはなく，最終的な判断をするのは，複数の有識者で構成される公益認定等委員会だ，ということだと思います。事務局の方は優秀な方が多く，ある程度のストーリーをつくり，委員からの質問も想定されていましたが，事業の内容や公益性を限られた時間内で委員に説明するのは，ご苦労があったと思います。

　委員の理解が得られず，予想外の方向や質問が出てくることもありましたが，そんなときに，事務局の方と相談しながら，事業の内容や公益性の流れ，イメージを図にして，そのポイントを簡潔に整理することが多くあり，効果的でした。図表3－10は，長谷川佐喜男監修，西川吉典著『公益法人移行成功のシナリオ』（中央経済社刊）に掲載したものです。このような図を，実際の登場人物や団体でつくったこともありました。サポートする専門家にも，事業の内容や公益性に対する深い理解がないと，説得力がある図はつくれないと思います。

　なお，この図は，直接的な受益者は会員等の一部の者に限定されていても，その会員等を通じて，間接的に受益者が不特定多数に広がっていることを説明したものです。公益事業として，実際に間接的な不特定多数性を認められた事例は多数あります。内閣府の文書にも「直接の受益者が特定の者に限定される場合であっても，受益の効果が社会全体に広く波及することを，法人自らが積極的に意図して事業を行っており，事業実施の結果，現実に受益の効果が社会全体に広く波及している場合は，「不特定かつ多数の者の利益の増

133

進に寄与するもの」と判断し得ることである。」という記載があります。

【図表3－10】 間接的公益性

3 税務面からの検討

① みなし譲渡所得税を非課税にする

　先代経営者や少数株主が公益法人に個人所有財産を寄附したときに、対価0円の寄附であるにもかかわらず、先代経営者や少数株主に譲渡所得税の負担が発生し、驚かれるケースがあります。
【原則】
　個人が、土地、建物などの資産を法人に寄附した場合には、これらの資産は寄附時の時価で譲渡があったものとみなされ、これらの資産の取得時

から寄附時までの値上がり益に対して所得税が課税されます。

【租税特別措置法第40条を利用】

　ただし，これらの資産を公益法人等に寄附した場合において，その寄附が教育または科学の振興，文化の向上，社会福祉への貢献，その他公益の増進に著しく寄与することなど一定の要件を満たすものとして国税庁長官の承認（以下単に「承認」といいます。）を受けたときは，この所得税について非課税とする制度が設けられています（**図表3－11**）。

【図表3－11】　みなし譲渡所得税を非課税にする

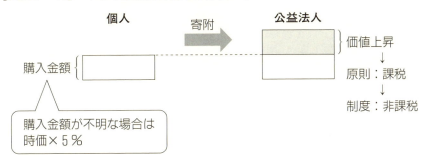

　承認を受けるための要件は，以下の〈要件1〉〜〈要件3〉です。

〈要件1〉　公益増進要件
　寄附が教育または科学の振興，文化の向上，社会福祉への貢献，その他公益の増進に著しく寄与すること。

〈要件2〉　事業供用要件
　寄附財産が，その寄附日から2年以内に寄附を受けた法人の公益を目的とする事業の用に直接供されること。

〈要件3〉　不当減少要件
　寄附により寄附した人の所得税の負担を不当に減少させ，又は寄附した人の親族その他これらの人と特別の関係がある人の相続税や贈与

税の負担を不当に減少させる結果とならないこと。

〈要件1〉～〈要件3〉の具体的内容は以下のとおりです。

〈要件1〉 公益増進要件

i 公益目的事業の規模

国税庁通達では，下記の例Aから例Cまでに掲げる事業が，その公益法人等の主たる目的として行われているときは，当該事業は，社会的存在として認識される程度の規模を有するものとして取り扱うこととされています(例Aから例C以外にも例示列挙されている事業はあるのですが，本書では省略いたします)。

例示列挙に該当しない場合は，個別に判断されることになります。

例A：博物館法第2条第1項に規定する博物館を設置運営する事業

上記の博物館は，博物館法第10条《登録》の規定により博物館としての登録を受けたものに限られますので，留意が必要です(141ページ参照)。

例B：30人以上の学生もしくは生徒に対して学資の支給もしくは貸与をし，またはこれらの者の修学を援助するための寄宿舎を設置運営する事業

例C：科学技術その他の学術に関する研究を行うための施設を設置運営する事業または当該学術に関する研究を行う者に対して助成金を支給する事業

ii 公益の分配

公益の分配が特定の者に偏ることなく，それを必要とする者に公平に与えられていることとされています。

iii 事業の営利性

その公益目的活動による対価が事業の遂行上直接必要な経費と比較して過大でないこと，その他当該公益目的事業の運営が営利企業的に行われて

いる事実がないこととされています。
iv　法令の遵守等

〈要件2〉　事業供用要件

　事業供用要件とは、代替資産を含む寄附財産が、寄附があった日から2年以内に、当該寄附で受けた公益法人等の公益目的事業の用に直接供されるかまたは直接供される見込みであることを要するというものです（**図表3－12**）。

【図表3－12】　公益目的事業供用の時期

　直接供される見込みがあるかどうかの判定は、公益法人等の寄附に係る公益目的事業の用に直接供されることについて、例えば建物の設計図、資金計画などその具体的計画があり、かつ、その計画の実現性があるかどうかにより行うものとされています。

〈要件3〉　不当減少要件

　以下のi～ivをすべて満たす場合は「所得税または相続税等の負担を不当に減少させる結果とならない」というものです。
i　運営が適正であること
　運営が適正であることとは、その運営組織が適正であるとともに、法人に関する重要事項の決定が適正に行われる仕組みになっていることをいいます。また定款等において、その理事、監事、評議員、その他これらに準ずる者の中に親族の関係がある者およびこれらと特殊の関係がある者の数

がその役員等の数のうちに占める割合が3分の1以下とする旨の定めがあることをいいます。なお，公益財団法人以外の，社会福祉法人等でも本制度は利用できるのですが，運営が適正であることに関する定款規定に差異があるので，留意が必要です。

ii　関係者に特別の利益を与えないこと

　寄附者，公益法人等の役員等またはこれらの者と親族関係もしくは特殊の関係がある者に対し，施設の利用，金銭の貸付，資産の譲渡，給与の支給，役員等の選任その他財産の運用および事業の運営に関して特別の利益を与えないことをいいます。

iii　残余財産が国等に帰属する旨の定めがあること

　定款または規則において，公益法人等が解散した場合の残余財産が国もしくは地方公共団体または他の公益法人等に帰属する旨の定めがあることが必要となります。

iv　公益に反する事実がないこと

　公益法人等について公益に反する事実がないことがこれに該当します。

　公益法人および寄附側（個人）の，各々の手続きは以下のとおりです。

【公益法人】

　1．理事会の開催（寄附財産の受入について）

　2．寄附資産の受入

　3．寄附者に対して申請に必要な資料の提出

　4．寄附財産の受入から2年以内に公益目的事業に供する。

【寄附側（個人）】

　1．財産の寄附の申込み

　2．財産の寄附

　3．承認申請書の提出

　　提 出 者：寄附者又は相続人等

第 3 章◆社会貢献と事業承継のための公益法人

　提 出 先：寄附した人の所得税の納税地を所轄とする税務署
　提出期限：寄附の日から 4 か月以内

　国税庁長官の承認を受けた後において，上記の承認要件に該当しなく
なった場合には，国税庁長官はいつでもその承認を取り消すことができる
こととされています。この取消し規定には時効がありませんので，遠い将
来の状況なども踏まえて制度利用を検討する必要があります。
　今までに，上記の取消しに関連して，以下のような事例が裁判になって
います。

- 寄附を受けた株式を売却し，定期預金の利息を公益事業に利用した。
- 寄附を受けた株式の配当の全額を公益事業に利用していなかった。
- 寄附を受けた不動産から得た賃貸収入を公益事業に利用していなかっ
  た。

　非課税承認が取消しになった場合，その状況に応じて，課税される対象
が異なります（**図表 3 － 13**）。

139

【図表 3 －13】 取消し事由と課税される対象

寄附財産が，寄附があった日から2年を経過するまでの期間内に受贈法人の公益目的事業の用に直接供されなかった場合	寄附した人に対し，所得税が課税されます。
寄附財産が受贈法人の公益目的事業の用に直接供されなくなった場合（以下は例示） イ　受贈法人が，寄附財産を譲渡し，その譲渡代金の全額を事業費として費消した場合 ロ　受贈法人が，寄附財産（土地）を有料駐車場用地として使用した場合 ハ　受贈法人が寄附財産を職員のための宿舎や保養所などの福利厚生施設として使用した場合	法人に対し，所得税が課税されます。
寄附した人の所得税の負担を不当に減少させまたは寄附した人の親族その他これらの人と特別の関係がある人の相続税や贈与税の負担を不当に減少させる結果となる場合（以下は例示） イ　受贈法人が，他の従業員に比し正当な理由もなく過大な給与等を支払っている場合 ロ　受贈法人が所有する施設を私事のために利用させている場合 ハ　受贈法人が所有する財産を無償または著しく低い価額の対価で譲渡した場合	①公益目的事業の用に直接供される前に該当したときは寄附した人，②直接供された後に該当したときは法人，に対し，所得税が課税されます。

　寄附した人に不適当な行為があった場合には寄附した人に課税され，法人側に不適当な行為があった場合は法人に課税されます。

承認申請手続きの流れ

　措置法40条の非課税承認を受けようとする場合には，以下のとおり「租税特別措置法第40条の規定による承認申請書」および必要な添付書類を提出しなければなりません（**図表 3 －14**）。

【図表3－14】 承認申請手続きの流れ

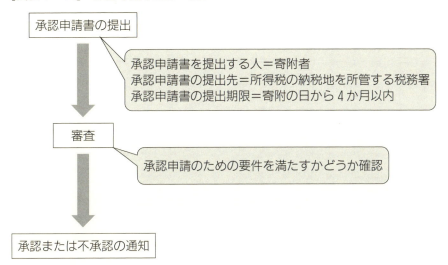

博物館登録の要件

博物館法10条の登録要件の審査は、主に以下の要件について行われます。ただし、画一的に検討するわけではなく、個別事情も加味して総合的に検討するようです。

- 必要な博物館資料があること。
- 必要な学芸員その他の職員を有すること。
- 必要な建物および土地があること。
- 1年を通じて150日以上開館すること。

公益法人に必要な事業規模は？（その２）

【図表３−15】　法人の類型

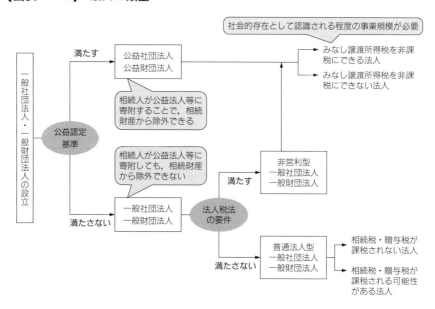

　公益認定基準を満たすか満たさないかで，公益法人と一般法人に分かれます。そして，公益法人でも，みなし譲渡所得税の非課税制度（措置法40条）を利用する場合は，社会的存在として認識される程度の事業規模が必要になります（136ページ）。一般社団・財団法人は，非営利型と普通法人型に分かれます。普通法人型で同族役員が過半数の一般社団・財団法人は，相続税・贈与税が法人に課税される可能性があります。なお，非営利型一般法人は，同族役員が３分の１以下である必要があるほか，定款に剰余金の分配を行わないこと，解散したときの残余財産は国等に贈与することを定める等の要件があります。

第3章◆社会貢献と事業承継のための公益法人

公益法人に譲渡所得税非課税で移転できる上限は？

　発行済株式の2分の1を超えての株式の寄附は，〈要件3〉相続税等の負担が不当に減少するものとしてみなし譲渡所得に対する課税が行われる可能性があるので，留意が必要です。寄附する株式の上限は，発行済株式の2分の1として，スキーム全体を検討する必要があります。

平成30年度税制改正で株式の承認期間が短縮されました

　平成30年度税制改正により，通常，2～3年かかると言われているみなし譲渡所得税の特例の承認手続きが，株式についても3か月に短縮されました。

　具体的には，申請書の提出があった日から3か月以内に国税庁長官の承認をしないことについて決定がなかった場合には，その承認があったとみなされることになります。これを「承認に係る特例」といいます。

　平成30年度税制改正の前の，平成29年度税制改正において，株式以外は上記の「承認に係る特例」が認められていたのですが（この場合の承認期間は1か月），株式はその対象から外されておりました。

　ただし，その法人の役員等の一定の者からの寄附については，特例の対象外です。また，一定の要件（区分経理等）を満たした基金に組み入れる方法により管理されることについて，行政庁に確認されること等が前提になっています。

143

みなし譲渡所得税非課税の申請は，いつでもできる準備を

筆者は，みなし譲渡所得税非課税はいつでも申請できる準備をしておき，機が熟するのを待つくらいが，ちょうどいいと思っております。

まずは，承認が受けられる定款にしておくことが望まれます。承認を受けるためには，定款がその条件を満たしている必要があり，寄附者が寄附の意思表示をしてから，定款を作成，理事会・評議員会の承認を取っていると，双方にとって良いタイミングを逸してしまう可能性があります。

以下は，長谷川佐喜男監修，西川吉典著『公益法人移行成功のシナリオ』（中央経済社刊）からの抜粋です。

> **ワンポイント**　6-10　任意的記載事項の活用⑤（寄附者の所得税非課税の特例）
>
> 　個人が公益法人に対して財産の寄附をした場合において，一定の要件を満たし国税庁長官の承認を受けたときは，その譲渡所得等に係る所得税は非課税となります（措置法40条）が，この承認を受けるためには，公益法人の定款において，法人法及び認定法により記載しなければいけない事項のほか，次に掲げる要件を満たしていることが必要となります（措置法，措置令，関係通達等）。
>
> (1)　定款において，その理事，監事，評議員その他これらの者に準ずるもの（以下「役員等」という。）のうち親族関係を有する者及びこれらと次に掲げる特殊の関係がある者（以下「親族等」という。）の数がそれぞれの役員等の数のうちに占める割合は，いずれも3分の1以下とする旨の定めがあること。
> 　　イ　当該親族関係を有する役員等と婚姻の届出をしていないが事実上婚姻関係と同様の事情にある者
> 　　ロ　当該親族関係を有する役員等の使用人及び使用人以外の者で当該役員等から受ける金銭その他の財産によつて生計を維持しているもの
> 　　ハ　イ又はロに掲げる者の親族でこれらの者と生計を一にしている

もの

ニ　当該親族関係を有する役員等及びイからハまでに掲げる者のほか，次に掲げる法人の法人税法第2条第15号に規定する役員（①において「会社役員」という。）又は使用人である者

①当該親族関係を有する役員等が会社役員となっている他の法人

②当該親族関係を有する役員等及びイからハまでに掲げる者並びにこれらの者と法人税法第2条第10号に規定する政令で定める特殊の関係のある法人を判定の基礎にした場合に同号に規定する同族会社に該当する他の法人

(2)　定款において，公益法人が解散した場合にその残余財産が国若しくは地方公共団体又は租税特別措置法40条1項に規定する公益法人等に帰属する旨の定めがあること。

(3)　贈与又は遺贈に係る財産が贈与又は遺贈をした者又はこれらの者の親族が法人税法第2条第15号に規定する役員となっている会社の株式又は出資である場合には，その株式又は出資に係る議決権の行使に当たっては，あらかじめ理事会において理事総数（理事現在数）の3分の2以上の同意を得ることを必要とすること。

寄附者がその意思表示をしてから，理事会承認が必要になりますが，迅速に進めることが望まれます。具体的には，書面によるみなし決議を利用することが考えられますが，みなし決議を利用するためには，みなし決議が利用できる定款になっている必要があります（みなし決議の方法やそのための定款については，本書での紹介は省略いたします）。

専門家としては，いざというときに慌てて，双方にとって良いタイミングを逃さないようにするために，事前の備えと，その良いタイミングをそばで感じ，後押しするようなサポートが望まれます。

② 相続時に移転して，相続財産から除外する

　相続人等が相続等により取得した財産を相続税の申告期限までに，国，地方公共団体，特定の公益法人に寄附した場合において，その寄附によりその相続人等およびその親族等の相続税または贈与税の負担が不当に減少する結果となると認められる場合を除き，その寄附した財産については相続税を非課税とすることができます。この非課税となる特例が規定されているのが租税特別措置法第70条であるため措置法70条特例とも呼ばれます。

　特定の公益法人に寄附する場合には，2つ注意点があります。1点目は，その寄附が特定の公益法人の設立のための寄附でないことです。設立のための寄附の場合には相続税は非課税とはなりません。2点目は，特定の公益法人が寄附を受けてから2年を経過した日までに，①特定の公益法人に該当しないこととなった場合や②寄附財産を2年経過日までに公益目的事業の用に供していない場合には相続税は非課税とはなりません。

　相続税申告書に措置法70条特例の適用を受ける旨を記載し，次の書類を申告書に添付する必要があります。

【国，地方公共団体，特定の公益法人が発行した下記情報が記載されている書類】

- 寄附を受けた旨
- 寄附を受けた年月日
- 寄附財産の明細
- 寄附財産の使用目的

第3章◆社会貢献と事業承継のための公益法人

【図表3-16】 相続税申告書に添付する証明書（例）

証 明 書

住所　○○県○○市○○町○○　○○
氏名　○○○　○○○　様

このたび，貴殿から○○○○に対してなされた相続財産の寄付に関する下記
記載の事項は，事実に相違ないことを証明します。

記

1．寄付受領日　　　平成○○年○○月○○日
2．寄付財産の明細　○○○株式○○○株
3．寄付金の使途　　○○○○

平成○○年○○月○○日

　　　　　　　　　　　公益財団法人○○○　理事長　○○　○○　㊞

　なお，個人所有時点で含み益がある資産を公益法人に相続で移転する場
合には，みなし譲渡所得税が発生する可能性があるので，留意が必要です
（図表3-17）。

【図表3-17】 措置法40条と70条

[生前の移転]

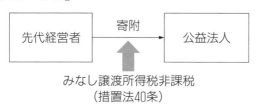

[相続発生後の移転]

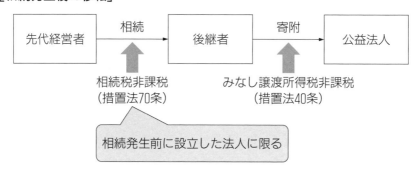

安全装置としての公益法人

　公益法人を相続発生前に設立しておけば，自社株式を相続財産から除外するための受け皿になります。以下のような場合には，安全装置としての公益法人の設立を検討してはいかがでしょうか？

- 納税猶予制度を利用できない少数株主がいる場合
- 納税猶予制度の利用に不安がある場合
- 平成39年までに株式を移転できない可能性がある場合（例えば，後継者が若い，相続人間でもめている）
- 資産管理会社に該当する，または今後該当する可能性がある場合
- 将来，上場やM&A，増資等で，納税猶予の取消しリスクがある場合
- 自己株式取得等との組み合わせで，対価をコントロールする場合

第3章◆社会貢献と事業承継のための公益法人

　さらに，一定の事業規模があれば，みなし譲渡所得税も非課税にできます。こちらは，121ページ「公益法人に必要な事業規模は？（その1）」，142ページ「公益法人に必要な事業規模は？（その2）」をご参照ください。

4　立入検査対策

　公益法人を設立・運営する場合に，避けられず，場合によっては負担となる可能性があるのが，立入検査です。

---

①目　的
　「公益法人の事業の適正な運営を確保するために必要な限度において」，法令で明確に定められている公益法人として遵守すべき事項に関する事業の運営実態を確認するという観点から行われる。
②検査内容
　• 運営組織および事業活動の状況の検査
　• 帳簿，書類その他の物件の検査
　• 関係者への質問
③検査時期
　1回目はできるだけ早期に（移行後1～3年目以内），以後3年以内に1回実施。おおむね1か月前に実施時期日時・場所等の連絡あり。
④具体的な検査内容
　• 公益認定審査等の際の申送り事項，定期提出書類，変更届，徴収報告書類等を活用し重点的に検査を実施
　• 事務的事項よりは，公益目的事業にかかわる事項をチェック
　• 法人運営全般については理事・監事等の責任者に説明を求める
⑤公益認定の基準又は欠格事由等に関連する新公益法人の問題点が発覚した場合には，問題の重大さを勘案して，適時適切に立入検査を

149

> 実施。
> （平成21年12月24日内閣府「立入検査の考え方」より要約）

立入検査を中心とした，監督の流れは以下のとおりです（**図表 3 − 18**）。

【図表 3 − 18】 監督の流れ

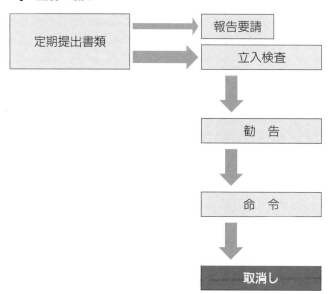

報告要請は「適正な運営ではないのでは？」との疑いを持った場合に発動され，立入検査で問題があった場合には，勧告が行われ，正当な理由なく勧告に従わない場合は命令が出され，正当な理由なく命令に従わない場合に初めて公益認定が取り消されます。

つまり，真面目に公益法人としての遵守事項を守る努力をしているが，一時的にそれに違反する結果(例えば公益目的事業比率が50％を切るなど)となってもすぐに取消しというような事態になることはありません。公益法人として相応しくないと判断された場合は，公益認定が取り消されると

第3章◆社会貢献と事業承継のための公益法人

同時に，1か月以内に，国や公共団体，類似する公益法人等へ公益目的財産を寄附する必要があります。

5　立入検査等による勧告・公益認定取消し事例

　以下は，立入検査等による勧告，公益認定の取消しの主な事例です。通常に公益事業を実施していたら，このようなことにはならないと思われます。

【公益財団法人全日本柔道連盟　勧告日：平成25年7月】
- 女子日本代表選手の指導における暴力。
- 多年にわたる㈱日本スポーツ振興センターからの助成金の不適正受給およびそれを原資とする簿外資金の運用。
- 上記に加えて理事のセクハラ疑惑など不祥事が相次ぐなか，理事，監事および評議員という法人の各機関による責任が果たされていない。

【公益社団法人全日本テコンドー協会　勧告日：平成25年7月，平成26年4月】
- 代表理事の主導により，簿外の資金の流れが，少なくとも5年にわたり存在した。代表理事は，簿外の資金の流れについて，帳簿等を持って説明することができていない。代表理事個人の財布と法人の会計が区分されていない。
- 理事および監事も，簿外の資金について承知していながら，理事会及び監事としての是正のための行動をしていない。

【公益社団法人日本プロゴルフ協会　勧告日：平成26年4月】
- 競技の運営や法人運営に責任を有する理事や副会長が指定暴力団会長等

151

と長期にわたり交際し，繰り返し金員を受領していたものであり，かつ，その交際の一部は，公益目的事業に関連して行われていた。

- 協会が公益認定法第6条6号（欠格事由「暴力団員等がその事業活動を支配するもの」）に該当するおそれがあり，同条に違反するとの疑いを合理的に払拭することができない事態に至っている。
- 本件に関連する合理的な疑いを解消するための適切な対処がなされず，かつ，内外に対する説明がほとんどなされていないことの結果，暴力団排除の対応が徹底されていない状態にある。

【公益財団法人群馬県生活衛生営業指導センター　勧告日：平成27年3月】

- 平成17年7月から平成26年2月まで，少なくとも4名の職員に対して正確な実績に基づかない超過勤務手当が支出されていた。
- 内部告発した元職員は，実態のない自分の超過勤務手当を返金しているが，当該法人ではその事実を元専務兼事務局長以外の役員に知らせることなく，返還金を他団体の備品購入費に充当していた。
- 特例民法法人時代に別の不適正経理が発覚し，移行認定申請時には再発防止策が取られていたが，自浄作用が働かず，その間も不適正な超過勤務手当の支出が継続していた。

【公益財団法人平等院　勧告日：平成27年9月】

- 営利業者である石材店に独占販売権を与えることで多額の利益供与を受けることを企図していたにもかかわらず，公益認定を受けるためにB連合会の名称を利用し，虚偽の内容の書面を提出するなどにより，その事実を隠蔽し，社会的弱者の存在に仮託して事業内容を偽り，また，事業の用に供する土地を購入するにもかかわらず寄附を受けるとすることで財政基盤を有すると偽っていたものであり，適切に計算書類を作成し監査を受ける体制も有していなかった。

152

第3章◆社会貢献と事業承継のための公益法人

【公益財団法人日本ライフ協会　勧告日：平成28年2月】

- 民事再生手続により，債務の肩代わりをしてくれる者が登場し，または債務の減免等を受けなければ事業を継続できないような公益法人については，明確な財政基盤があるとは言えず，公益認定法第5条第2号に規定する公益目的事業を行うのに必要な経理的基礎を有しているものであるとは認めることはできない。

【公益社団法人日本ポニーベースボール協会　勧告日：平成28年2月】

- 以下の事実が認められた。
  - ①認定を受けて以降4か年度にわたり，社員総会を一度も開催していなかったこと。
  - ②行政庁に提出する事業報告において，社員総会を開催している旨の虚偽の報告を続けたこと。
  - ③代表理事が，特定の理事の退任届を偽造し，また，開催していない社員総会議事録および理事会議事録を偽造し，役員の変更について不実の登記を得たこと。
- 報告徴収に対する回答によれば，公益目的事業の実施にあたり，少年に対する暴言・暴力に係る事案が発生しており，その中の1人の加害者が，事務局に在籍していることが明らかになっている。このような状況を放置している当該法人の役員については，公益目的事業を適切に実施するための運営能力が欠如していると言わざるを得ない。
- 第三者委員会の報告によると，理事長についてもその他の大方の理事についても，金額は確定できないものの，規律に反する不適切な支出があり，これらの者においてこれに対応する利益を本協会から得ていた事実が認められる。
- 指摘を受けるまで問題の所在を看過し，指摘があっても他者の言を借りて正当化を試み，正当化できない場合には「ご指摘を真摯に受け止め」

153

改善する旨の回答を漫然と繰り返すのみで，責任の所在を明らかにせず，真摯な対応を行っていない。公益法人であれば当然に求められる自律的な運営改善を見込むことは困難と判断せざるを得ない。

【公益社団法人日本近代五種協会　勧告日：平成28年4月】

- 日本オリンピック委員会への返還金債務3,500万円を考慮すると，債務超過額が5,000万円を超えることが予想されるが，理事会における財政基盤の再建策の議論を踏まえて策定された「日本近代五種協会　損益見通し」は，今後20年近く債務超過が継続すると考えられる内容になっている。債務超過解消施策の有効性および実現可能性に疑義があることから，債務超過の解消を期待することができない。
- 理事会を構成する理事および監事は，債務超過が生じた場合には，法人として適切な対応策が講じられるよう，それぞれの権限を適切に行使することが求められると考えられるが，各理事および監事については，その果たすべき職務上の義務に違反し，または職務を怠っている疑いがあり，ガバナンスが十分に機能していなかったと考えられる。

第3章◆社会貢献と事業承継のための公益法人

6 立入検査対策チェックリスト

【図表3-19】 法人運営に関するよくある誤り

運営関係	チェック
• 決算理事会と定時社員総会・定時評議員会の間が2週間以上の間隔がないもの（1週間後の開催，同日開催など）	☐
• 定時社員総会・定時評議員会の招集通知に併せて，事業報告および計算書類が送付されていない	☐
• 理事会の議事録の記名押印誤り（議事録署名人方式，代表理事欠席の場合） （よくある誤り） (1)出席した理事のうち，議事録署名人として選ばれた2人が署名している例 (2)1つの議事録に署名するとなると時間がかかるために別葉に署名している例 (3)監事が出席しているにもかかわらず，全く署名がない例	☐
• 定款では「出席した代表理事および監事は議事録に記名押印する」となっているが，出席した理事の1名が議事録署名人として記名押印している。また，代表理事が複数いる場合，出席したすべての代表理事が記名押印する必要があるが，代表理事1人のみが記名押印している	☐
• 社員総会・評議員会議事録の記載事項漏れ（出席理事・監事，議事録作成者） （よくある誤り） 議事録に「第1号議案について満場一致で承認」と記載しつつ，議案書が全く綴られていないために，どういう内容が議決になったか後からよくわからない例	☐
• 役員の変更等に係る変更届の提出漏れ	☐
• 監査報告書について，事業報告に係る監査内容の記載なし（会計関係のみ）	☐
• 各役員の報酬額の決定（変更）について理事会等の決議なし	☐

155

運営関係	チェック
• 貸借対照表の公告について，事務所への備え置きのみで公告なし（特に，主たる事務所の公衆の見やすい場所に掲示する方法の場合）	☐
• 不特定多数の者または団体を対象としなければならないにもかかわらず，一部の者または団体のみを対象とした募集を行っている	☐
• 利益相反取引を行っているにもかかわらず，理事会決議を経ていない	☐
• 利益相反取引に係る理事会決議に，当該理事が決議に参加している	☐
• 役員名簿の記載が登記簿と不一致	☐
• 開催通知について，定款に定める期日までに通知していない（よくある誤り） ⑴開催通知を，この直前の理事会より前に事務局が理事長まで決裁して送っていた例 ⑵理事会で開催の議決をしていたが，議事録に全く社員総会や評議員会の開催に関する決議事項が記載されていない例 ⑶理事会で，社員総会の開催について，開催日のみ決めていた例	☐
• 定時社員総会（評議員会）の招集手続を省略する場合に，理事会決定を行っていない ※社員または評議員の全員の同意があるときは，社員総会または評議員会の招集の手続を省略することができるが，この場合に省略できるのは「招集の手続」であって，理事会による「招集の決定」は省略できない	☐
• 法人法第38条において，総会の日時及び場所については理事会で決定することとしているが，理事会で決定していない	☐
• 代表理事および業務執行理事（誰が業務執行理事かについては定款で規定）について，自己の職務の状況を理事会に報告していない。また，報告をしていても，議事録にその記録がない	☐
• 年2回しか開催していない理事会のうち1回を「決議の省略」にしてしまい，代表理事や業務執行理事の自己の職務の執行状況の報告を実際行う機会を奪っている	☐
• 理事会，評議員会の決議に際し，代理人や書面による議決権の行使が行われている	☐

第3章◆社会貢献と事業承継のための公益法人

運営関係	チェック
• 法人法第96条に定める理事会の決議の省略については，定款に規定されている場合に限り可能であるが，定款に規定されていないにもかかわらず，決議の省略を行っている	☐
• 社員総会において，書面または電磁的方法による議決権の行使を認める場合は，その招集を行う理事会において，その旨を決議する必要があるが，その決議をしていない	☐
• 定款変更について，法人法第49条第2項で定める特別決議を行っていない	☐
• 事業計画等，事業報告等が期限内に提出されていない	☐
• 変更届を提出する事由（役員・評議員の変更，定款の変更等）が生じたにもかかわらず，変更届を行政庁に提出していない	☐
• 役員の選任に際し，個別に採決せず，一括で決議していた ※役員等の選任にあたっては，1人1人の役員等の選任議案について議決権を行使できることから，複数人を一括で決議することなく，それぞれの役員等について個別に決議を要する	☐
(よくある誤り)次のいずれも，前任の理事の任期中に開催された理事会で決められたことであり，新メンバーで互選する選任という手法がとられたことにはならないため不適当 ⑴定時社員総会（定時評議員会）で理事が選任された後の理事会ではなく，事前の決算理事会で「この人が定時社員総会（定時評議員会）で理事に選任される議決を停止条件に，代表理事（または業務執行理事）になると決め，新メンバーでの理事会で選定していなかった例 ⑵定時社員総会（定時評議員会）を中断して，理事会を開催し，代表理事（または業務執行理事）を互選していた例	☐
財務・会計関係	
• 特定資産（固定資産）と流動資産を同一の預金で管理しているものおよび複数の特定資産を区分せずに一括管理しているもの	☐
• 特定資産の期中取崩しおよび決済性預金で管理しているもの	☐
• 定期的に現金や帳簿等の確認を行っていないものまたは確認が不十分なもの	☐
• 現金出納帳などの記帳について1か月分まとめて行っているもの	☐

157

財務・会計関係	チェック
• 小口現金，売上現金などの現金につき，実査を行っていないなど現金管理に不備がある	☐
• 簿外資産（預金，預り金，所得税預り金，切手，印紙，金券，商品券など）	☐
• 固定資産，備品台帳等の整理が不十分なもの（除却済資産の計上，現物との不一致など）	☐
• 業務委託に係る手続について会計規程どおりに行われていないもの	☐
• 退職給付引当金の積立の過不足および計算誤りなどがあるもの	☐
• 特定資産に分類されている預金を運転資金に使用している	☐
• 負債に計上すべきものを正味財産として計上している	☐
• 事業ごとに旅費交通費や消耗品費等を合算して「○○事業費」といった目的別の勘定科目を使用している	☐
• 資金ベースで作成している	☐

※損益ベースと資金ベースで認識が異なる取引の例

内容	損益ベース	資金ベース	
退職給付費用	○	×	
減価償却費	○	×	
固定資産取得支出	×	○	☐
借入金収入・借入金返済支出	×	○	
○○資金取崩収入	×	○	
予備費	×	○	

• 附属明細書，「財務諸表に対する注記」を作成していない	☐

立入検査に同席して感じること

　筆者がサポートする公益法人で，立入検査があった場合は，そのほとんどに同席させていただいています。また，先ほどご紹介した立入検査対策チェックリスト等を使い，事前に問題点の把握や対策を行います。

　今まで，数十回の立入検査に同席しておりますが，最近感じることは，立入検査の手法やご担当の方の対応がだんだんと洗練されてきたことです。ただ，やむを得ないことだと思いますが，前回の立入検査では問題なかったことが，今回で指摘されたり，前回と見解が異なることも稀にあります。

　筆者が同席した立入検査では，内閣府や都道府県のご担当の方が，丁寧にご説明されるので，トラブルになることは少ないのですが，内閣府や都道府県のご担当者とコミュニケーションをとり，内閣府のホームページ「公益法人インフォメーション」を適時にチェックすることで，最新の情報をキャッチアップすることが望まれます。

日本相撲協会とガバナンス

　本書の執筆が佳境に入ったころ，日馬富士暴行事件を受けて，貴乃花親方が理事から解任されました。報道によると，解任理由は，評議員会への報告義務を怠り，協会からの聴取協力を拒否し，八角理事長からの電話に応答しなかったことについて「明らかに礼を失した」から，とのことです。一方，日本相撲協会は公益財団法人であり，「相撲文化の振興と国民の心身の向上に寄与すること」を目的に，本場所等を開催し，そのための人材育成等を公益事業にしています。

　理事を解任できるのは評議員会なのですが，評議員会・理事会を中心としたガバナンスが，公益法人が担う社会貢献と照らして適正だったのか，これから，内閣府を通じた社会からの監視が注目されます。

「明らかに礼を失した」ため解任　≦　公益法人としての社会貢献

の式が成立するかを，内閣府を通じた社会からのガバナンスで確認できるかどうかが，ポイントだと感じております。現在の評議員会や理事長に「礼を失した」としても，貴乃花親方の行動が，「相撲文化の振興と国民の心身の向上に寄与すること」と照らしてどうだったのかが，問われるべきなのではないでしょうか？

　図表3－20は，内閣府の文書からの抜粋です。

　公益法人は，情報開示や立入検査等を通じた社会からのガバナンスの中にあります。事業承継に寄与する公益法人であっても，以下の式が継続的に成り立っているか，実態も外観も伴っているか，留意する必要があります。

事業承継目的　≦　公益法人としての社会貢献

言い換えると，この式が成り立っていれば，過度に心配する必要はなく，公益法人として社会的に安定した存在であり，会社の安定株主になりうると思

います。

【図表3-20】 公益法人のガバナンス・情報開示と監督の概要

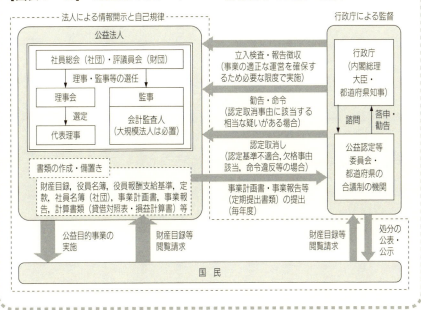

第**4**章

持株会を利用する

Contents

1 メリット・デメリットを考える
2 設立手順について

Summary

- 少数株主に分散株式集約に関する対価を支払う必要がある場合に，従業員の福利厚生の充実等と事業承継の両面から，安定株主としての持株会が有用になる場合がある。
- 議決権または持株割合の3％以上を保有すると発生する帳簿閲覧権等の少数株主権を理解し，解決策を検討する必要がある。

納税猶予制度と公益法人スキームは，元の株式の所有者に直接的に対価を渡すことはできません。そこで，元の株式の所有者が対価を必要としている場合や，従業員の福利厚生や経営参画意識向上の必要性がある場合には，持株会の利用が考えられます。なお，従業員に直接株式を保有させる方法も存在しますが，従業員の退職や従業員に相続が発生した際に，時価での買戻しを請求される，買戻しに応じてもらえないなどの問題が生じるので，持株会の利用が考えられます。

　図表4－1は，『会社四季報　未上場版2018年上期』より，株主に持株会がある従業員数300人以下の会社を抜き出したリストです。非上場会社でも多くの会社が持株会を利用していることがわかります。ただし，運営に手数を要するため，幽霊持株会になる事例も多くあり，近年は事例としては減少傾向です。なお，経営権コントロールの観点から，非上場会社の持株会における持株比率は10％程度が目安とされています。

【図表4－1】　持株会の事例

会社名称	売上(百万円)／従業員数(人)	持株会名／持株比率	会社名称	売上(百万円)／従業員数(人)	持株会名／持株比率
医学書院	11,475 218	自社役員持株会 17.10%	フォレストホールディングス	1,360 34	自社従業員持株会 11.5%
		自社幹部社員持株会 8.00%	協和木材	6,790 272	自社社員持株会 20.0%
田中藍	31,239 134	自社従業員持株会 1.00%	ナカショウ	9,701 95	自社従業員持株会 8.0%
山陰酸素工業	16,478 297	自社従業員持株会 12.30%	織戸組	4,599 57	持株会 8.9%
昭和丸筒	11,540 76	秀和会 35.0%	アイビー21	4,742 69	自社従業員持株会 3.7%
森村商事	87,353 266	社員持株会 12.4%	淺川組	23,894 249	自社従業員持株会 72.3%
野村殖産	2,993 53	自社従業員持株会 7.3%			自社役員持株会 14.0%
四季	20,100 229	自社従業員持株会 12.2%	阿部建設	6,702 56	自社従業員持株会 21.1%
石福金属興業	70,601 292	自社従業員持株会 21.2%	荒木組	19,690 183	持株会 22.0%
ハンナン	167,763 208	自社従業員持株会 3.5%	石川建設	7,267 82	自社従業員持株会 5.0%
森六ホールディングス	1,395 46	自社従業員持株会 12.3%	岩倉建設	18,274 270	自社従業員持株会 86.5%
			上村建設	24,331 263	上村グループ役員持株会 5.7%

第4章◆持株会を利用する

会社名	数値	持株会
大阪防水建設社	22,931 / 300	自社従業員持株会 17.0%
小川組	5,905 / 60	自社従業員持株会 3.7%
加藤建設	19,096 / 291	自社社員持株会 8.1%
川本工業	19,173 / 271	自社従業員持株会 12.4%
岸本建設	12,643 / 226	持株会 9.4%
北川ヒューテック	15,700 / 261	自社従業員持株会 28.3% / 自社役員・顧問持株会 9.4%
工新建設	7,095 / 50	自社役員持株会 － / 自社社員持株会 －
コーナン建設	22,004 / 249	自社従業員持株会 6.6%
三光設備	10,901 / 261	自社従業員持株会 11.4%
島村工業	18,719 / 250	自社従業員持株会 7.9%
新太平洋建設	5,485 / 57	自社持株会 1.6%
シンヨー	12,933 / 240	自社従業員持株会 19.7%
須山建設	18,751 / 166	自社従業員持株会 23.1%
精研	16,324 / 297	自社持株会 14.8%
第一テクノ	20,483 / 275	自社従業員持株会 7.3%
太啓建設	14,124 / 265	自社従業員持株会 7.5%
電通工業	4,454 / 176	自社従業員持株会 20.6% / 取締役・本部長持株会 11.9%
東洋テクノ	19,133 / 200	自社従業員持株会 4.2%
トーケン	9,285 / 63	自社従業員持株会 19.2%
ナイガイ	13,333 / 178	自社従業員持株会 19.5%
内藤ハウス	20,966 / 295	自社従業員持株会 9.0%
中村建設	15,301 / 175	自社従業員持株会 24.2%
中山組	24,148 / 227	持株会 27.0%
奈良建設	15,016 / 220	自社社員持株会 87.5%

会社名	数値	持株会
日東建設	10,831 / 98	自社従業員持株会 7.3%
日本ジッコウ	2,754 / 83	自社従業員持株会 5.4%
野里電気工業	17,102 / 277	自社従業員持株会 35.6% / 自社役員持株会 20.8%
ノバック	27,070 / 264	自社従業員持株会 12.8%
ヒメノ	9,053 / 162	自社従業員持株会 16.4%
姫野組	12,787 / 133	自社従業員持株会 30.0%
平野組	13,377 / 117	自社従業員持株会 20.2% / 自社役員持株会 17.0%
藤崎電機	5,767 / 179	自社従業員持株会 11.2%
丸五基礎工業	14,628 / 163	自社従業員持株会 14.1%
丸本組	16,119 / 138	持株会 32.9%
明光電気	3,067 / 68	自社従業員持株会 10.5%
ヤマギシリフォーム工業	6,252 / 122	自社従業員持株会 6.7%
雄電社	13,598 / 269	持株会 11.2%
寄神建設	14,639 / 253	自社従業員持株会 22.3% / 自社役員持株会 20.9%
朝日酒造	8,589 / 181	自社従業員持株会 8.9%
植田製油	13,925 / 182	自社持株会 22.0%
菊水酒造	5,452 / 133	自社従業員持株会 13.7%
三立製菓	10,786 / 148	自社社員持株会 14.0%
白子	18,599 / 146	自社従業員持株会 －
セイカ食品	29,394 / 271	自社社員持株会 6.5%
東京アライドコーヒーロースターズ	8,928 / 96	自社従業員持株会 5.6%
日穀製粉	10,580 / 196	自社従業員持株会 －
フタバ食品	17,042 / 280	自社従業員持株会 5.7%
フリーデン	21,095 / 209	自社従業員持株会 7.4%

会社名	数値	持株会
ホクビー	6,739 119	自社従業員持株会 32.6%
		自社役員持株会 19.4%
岐セン	3,143 123	自社従業員持株会 3.5%
桑村繊維	10,087 146	自社従業員持株会 18.0%
ジオン商事	9,588 192	自社社員持株会 12.4%
ジュニアー	9,843 173	自社社員持株会 22.6%
深喜毛織	2,985 62	自社従業員持株会 23.8%
ユタックス	6,926 203	自社従業員持株会 13.3%
イーパック	9,422 185	自社役員持株会 38.0%
ネクスタ	14,781 143	自社従業員持株会 8.1%
文昌堂	39,408 116	自社従業員持株会 6.0%
丸富製紙	22,198 243	自社従業員持株会 4.3%
アオイ化学工業	4,275 125	自社持株会 7.9%
カツロン	3,651 113	自社従業員持株会 15.0%
川研ファインケミカル	13,612 285	自社従業員持株会 5.4%
キシダ化学	13,225 227	自社従業員持株会 23.1%
キミカ	7,457 113	自社従業員持株会 7.4%
協立化学産業	8,125 194	自社役員持株会 52.0%
		自社従業員持株会 48.0%
新興化学工業	2,993 91	自社役員持株会 12.5%
		自社従業員持株会 2.6%
新中村化学工業	9,500 192	自社社員持株会 20.4%
スイコー	3,199 122	自社従業員持株会 30.0%
大同化学工業	6,818 159	自社従業員持株会 13.7%
大八化学工業	15,781 265	自社従業員持株会 7.5%
大明化学工業	8,470 200	持株会 13.9%
富山薬品工業	4,971 121	自社従業員持株会 13.0%

会社名	数値	持株会
日東化成	11,518 150	自社従業員持株会 7.1%
日本リファイン	8,844 277	自社従業員持株会 9.5%
ネオス	8,813 299	自社従業員持株会 11.5%
林純薬工業	11,489 201	自社従業員持株会 11.6%
富双合成	14,077 279	自社役員持株会 28.9%
本町化学工業	30,751 68	自社従業員持株会 6.2%
水谷ペイント	4,977 176	自社持株会 18.0%
和信化学工業	5,784 184	自社従業員持株会 4.1%
龍角散	15,164 118	持株会 21.0%
三和化成工業	3,718 82	自社従業員持株会 6.6%
揖斐川工業	10,107 212	自社従業員持株会 7.6%
関ケ原石材	8,260 183	自社従業員持株会 8.8%
松下産業	4,246 81	自社社員持株会 15.7%
松浪硝子工業	6,603 215	自社従業員持株会 24.3%
大阪鋼管	8,911 120	自社従業員持株会 4.7%
鈴秀工業	10,608 297	鈴秀持株会 7.9%
東洋鋼鉄	5,627 58	自社従業員持株会 9.6%
		自社役員持株会 5.6%
KMアルミニウム	13,206 242	自社役員等株式保有組合 1.5%
富士精密	4,441 147	自社従業員持株会 11.6%
旭製作所	8,973 133	従業員持株会 —
アンデックス	4,028 80	自社従業員持株会 11.0%
		自社役員持株会 3.5%
井上商事	9,764 226	自社持株会 —
大垣精工	3,538 218	自社持株会 10.1%
大阪精工	17,660 265	自社従業員持株会 22.0%
		自社役員持株会 9.6%

共和ハーモテック	2,287 76	自社従業員持株会 9.3%	中山鉄工所	5,530 120	従業員・役員持株会 13.7%
国元商会	5,544 100	自社従業員持株会 39.4%	日本フィルター	2,956 132	自社従業員持株会 16.6%
小岩金網	10,612 272	自社社員持株会 10.7%	ニューロング工業	7,729 171	自社従業員持株会 22.0%
髙橋金属	6,823 250	自社従業員持株会 10.7%	ヒラカワ	6,257 299	自社従業員持株会 10.0%
塚谷刃物製作所	6,312 257	持株会 27.5%	不二輸送機工業	10,976 282	持株会 12.4%
ツヅキ	4,909 208	自社従業員持株会 26.7%	プライミクス	6,576 180	自社社員持株会 7.1%
		自社役員持株会 8.1%	古川製作所	7,992 282	自社従業員持株会 9.1%
トーフレ	4,002 230	自社従業員持株会 14.6%	松井製作所	12,055 250	自社従業員持株会 45.9%
ナイス	5,526 130	自社従業員持株会 13.0%	マリンハイドロテック	4,977 154	自社社員持株会 40.6%
長谷川工業	8,160 199	自社従業員持株会 5.3%			自社役員持株会 16.0%
アクトリー	6,825 102	自社従業員持株会 12.7%	宮崎機械システム	4,050 127	持株会 12.0%
ウェットマスター	6,736 178	自社従業員持株会 30.1%	山科精器	2,740 136	自社従業員持株会 12.7%
瓜生製作	5,491 300	自社従業員持株会 24.9%	山本ビニター	4,976 140	自社従業員持株会 19.7%
空研	2,577 138	自社従業員持株会 13.1%	ワイビーエム	7,012 273	自社従業員持株会 −
コアテック	8,649 233	自社従業員持株会 25.3%	アストロデザイン	2,586 137	自社従業員持株会 7.8%
桜井グラフィックシステムズ	5,264 156	自社従業員持株会 5.9%	エプレン	2,711 97	自社社員持株会 3.5%
シギヤ精機製作所	6,189 284	自社従業員持株会 7.0%	オンテック	3,007 151	自社従業員持株会 6.6%
静岡製機	9,298 282	自社従業員持株会 4.2%	カネテック	3,862 176	自社役員持株会 5.9%
神港精機	4,572 191	自社従業員持株会 5.0%			自社従業員持株会 4.0%
セイコー化工機	6,776 160	自社従業員持株会 14.8%	三球電機製作所	3,768 70	自社社員持株会 −
		自社役員持株会 6.2%	新光電子	3,700 −	自社従業員持株会 17.2%
精電舎電子工業	3,523 147	自社従業員持株会 8.8%	大東電材	7,231 185	自社社員持株会 6.9%
TOK	3,720 150	自社従業員持株会 12.1%	タカコム	2,873 152	自社従業員持株会 5.8%
デュプロ	12,296 255	自社従業員持株会 16.5%	竹中エンジニアリング	10,356 213	自社持株会 49.0%
		自社役員持株会 8.3%	田中電機工業	12,574 271	田中電機工業持株会 14.3%
東海工業ミシン	8,958 200	自社持株会 17.0%	ニッコーシ	4,388 158	自社従業員持株会 3.7%
東陽建設工機	5,163 201	自社従業員持株会 28.5%	日本電業工作	7,229 224	自社従業員持株会 7.9%

会社名	数値	持株会
日本パルスモーター	5,286 / 189	自社従業員持株会 15.9%
ネオ・コーポレーション	4,289 / 179	従業員持株会 4.6%
富士電波工業	3,441 / 125	自社従業員持株会 8.6%
朋栄	12,019 / 232	自社従業員持株会 29.0%
ミクロン電気	4,798 / 230	自社従業員持株会 6.0%
キャニコム	5,662 / 249	自社従業員持株会 4.7%
三和パッキング工業	7,702 / 258	自社従業員持株会 9.8%
マツバラ	3,738 / 133	自社従業員持株会 18.1%
神奈川機器工業	3,916 / 95	自社従業員持株会 10.4%
鎌倉光機	3,938 / 165	持株会 11.6%
小坂研究所	5,831 / 189	自社従業員持株会 7.7%
スガ試験機	5,100 / 247	自社従業員持株会 44.4%
東洋精機製作所	4,181 / 160	自社従業員持株会 20.6% / 自社役員持株会 10.6%
成田デンタル	7,884 / 283	自社従業員持株会 14.0%
日本カノマックス	3,015 / 140	自社従業員持株会 3.1%
ミツ精機	3,017 / 248	自社従業員持株会 28.0%
アーテック	5,023 / 112	自社従業員持株会 27.0%
エネックス	4,102 / 162	自社従業員持株会 14.0%
近江化工	8,166 / 245	自社従業員持株会 48.5%
協同インターナショナル	5,119 / 86	自社従業員持株会 4.3%
京都科学	3,625 / 112	自社持株会 17.3%
小泉産業	2,434 / 78	自社社員持株会 22.1% / 自社役員持株会 3.9%
甲南電機	5,302 / 179	自社従業員持株会 4.9%
広和	2,744 / 95	自社従業員持株会 21.7% / 自社役員持株会 11.3%
サカセ化学工業	2,641 / 181	自社従業員持株会 9.8%
佐橋工業	9,485 / 262	自社持株会 14.4%
東京アールアンドデー	3,795 / 103	自社グループ役員持株会 100.0%
内外カーボンインキ	7,667 / 288	自社従業員持株会 27.1%
ハマネツ	4,558 / 164	自社従業員持株会 51.3%
福博綜合印刷	5,598 / 252	自社従業員持株会 10.3%
ベン	7,667 / 281	自社従業員持株会 16.4%
明和グラビア	11,745 / 296	明和持株会 12.0% / 自社役員持株会 4.2%
ロゴスコーポレーション	5,254 / 130	自社従業員持株会 －
エンジニアリング ヒロ	3,228 / 25	自社従業員持株会 11.0% / 自社役員持株会 7.3%
大沢運送	3,285 / 123	自社役員・社員持株会 6.5%
軽急便	6,154 / 122	自社役員持株会 1.2%
トーリク	4,233 / 270	自社役員持株会 25.3% / 自社従業員持株会 7.9%
鶴見サンマリン	53,924 / 190	自社従業員持株会 8.7% / 自社役員持株会 5.0%
川崎陸送	7,932 / 243	自社従業員持株会 10.8%
後藤回漕店	15,628 / 184	自社持株会 11.5%
トワード	6,415 / 185	自社従業員持株会 4.9%
信越放送	6,815 / 133	自社従業員持株会 3.6%
瀬戸内海放送	6,345 / 82	自社社員持株会 9.6%
テレビ静岡	8,680 / 147	自社従業員持株会 6.0%
建通新聞社	3,276 / 172	社員持株会 30.2%
ダイヤモンド社	12,858 / 206	自社役員持株会 23.1%
マガジンハウス	13,380 / 202	自社役員・従業員持株会 －

会社名	株数/人数	持株会
オリコム	26,313 / 244	自社従業員持株会 8.0%
新東通信	17,429 / 216	自社従業員持株会 14.0%
HCS ホールディングス	409 / 32	自社従業員持株会 8.3%
エッサム	4,504 / 252	持株会 9.4%
北日本コンピューターサービス	5,373 / 255	持株会 20.0%
近計システム	3,539 / 205	自社従業員持株会 20.2%
東京システムハウス	2,557 / 166	自社従業員持株会 22.6%
日本インフォメーション	2,458 / 229	自社社員持株会 7.4%
ブライセン	1,759 / 196	自社従業員持株会 14.2%
泉	39,866 / 119	自社従業員持株会 6.7%
押谷産業	4,841 / 65	幹部社員持株会 19.7%
栗林商会	33,685 / 263	自社持株会 14.3%
東京貿易ホールディングス	1,931 / 36	東貿持株会 8.4%
原田産業	12,239 / 193	自社従業員持株会 14.4%
フコク物産	18,099 / 143	自社社員持株会 23.5%
		自社役員持株会 22.2%
森村商事	87,353 / 266	社員持株会 12.4%
ヤブ原	10,014 / 122	自社従業員持株会 13.2%
オーロラ	9,682 / 226	自社従業員持株会 8.5%
チクマ	21,656 / 225	自社社員持株会 10.5%
外与	7,397 / 213	自社従業員持株会 10.7%
		自社役員持株会 5.0%
西川リビング	23,345 / 283	従業員持株会 10.5%
ファミリア	11,438 / 186	自社従業員持株会 8.3%
エフサーフ	21,194 / 115	自社従業員持株会 7.3%
片岡物産	30,700 / 249	自社従業員持株会 －
カネトモ	20,377 / 124	自社従業員持株会 14.8%

会社名	株数/人数	持株会
群馬県卸酒販	35,223 / 139	自社従業員持株会 28.0%
交洋	56,319 / 166	自社社員持株会 9.6%
名古屋海産市場	25,734 / 81	マルカイ従業員持株会 7.1%
ノースイ	51,667 / 228	自社従業員持株会 －
北相米穀	7,629 / 33	自社従業員持株会 15.2%
丸水札幌中央水産	54,791 / 118	自社従業員持株会 10.5%
ミエライス	9,100 / 40	自社従業員持株会 39.7%
		津安芸ミエライス持株会 7.0%
大和産業	107,600 / 188	自社社員持株会 18.1%
安藤パラケミー	20,125 / 78	自社従業員持株会 6.4%
岩瀬コスファ	25,392 / 105	自社社員持株会 9.4%
		自社役員持株会 7.7%
弘栄貿易	27,929 / 122	自社従業員持株会 9.5%
三光	30,808 / 185	自社従業員持株会 15.5%
		自社役員持株会 14.2%
シマキュウ	10,449 / 217	自社従業員持株会 15.0%
		自社役員持株会 9.0%
島貿易	35,600 / 144	自社従業員持株会 16.2%
昭和フィルム	6,255 / 26	自社従業員持株会 19.7%
東鉱商事	32,208 / 244	自社社員持株会 49.0%
東洋ケミカルズ	17,873 / 62	自社従業員持株会 3.8%
日新興業	24,694 / 83	自社従業員持株会 8.2%
林六	20,809 / 80	自社従業員持株会 14.8%
フジケミ・トレーディング	6,238 / 33	自社従業員持株会 19.8%
丸石化学品	29,376 / 67	自社社員持株会 20.0%
丸善薬品産業	54,195	自社従業員持株会 18.3%
山本通産	21,543 / 83	自社社員持株会 7.9%

会社名	株数/人数	持株会
渡辺ケミカル	21,960 / 69	自社従業員持株会 34.5%
ジョヴィ	36,938 / 72	自社従業員持株会 3.5%
マルタケ	36,635 / 267	自社役員持株会 22.4% 自社持株会 16.5%
西部日曹	7,651 / 11	自社従業員持株会 10.2%
三徳商事	86,249 / 66	自社員持株 51.7%
髙助	12,304 / 71	自社グループ持株会 52.0%
トキワ	15,177 / 137	自社従業員持株会 30.3% 自社経営幹部持株会 21.8% 自社OB持株会 13.1%
山口産業	72,994 / 52	自社グループ社員持株会 －
りゅうせき	52,187 / 162	りゅうせきネットワーク持株会 31.5%
三好商会	38,327 / 93	役員持株会 10.7%
浅井産業	52,506 / 116	自社従業員持株会 7.3%
エヌテック	5,651 / 42	持株会 11.2%
河上金物	17,418 / 128	自社従業員持株会 13.5%
草野産業	36,902 / 141	自社社員持株会 5.6%
光洋マテリカ	43,533 / 138	社員持分・社員持株会 15.3%
古島	30,104 / 286	自社従業員持株会 7.6%
佐渡島	56,665 / 206	自社従業員持株会 10.9%
シンクスコーポレーション	9,787 / 276	自社社員持株会 21.4%
大銑産業	37,045 / 139	自社従業員持株会 5.7%
大洋商事	39,252 / 119	OB持株会 23.2% 自社従業員持株会 18.3%
大和特殊鋼	20,008 / 116	自社従業員持株会 14.7%
棚橋鋼材	7,435 / 58	自社従業員持株会 30.0%

会社名	株数/人数	持株会
パシフィックソーワ	29,559 / 138	大平洋製鋼協力会持株会 3.0% 自社従業員持株会 2.4%
福栄鋼材	38,091 / 188	持株会 －
富士鋼材	27,885 / 96	持株会 31.0%
リンタツ	54,439 / 268	自社従業員持株会 6.5%
旭商工社	20,796 / 152	自社従業員持株会 8.8%
一ノ瀬	6,262 / 81	自社従業員持株会 12.0%
伊藤電機	10,072 / 82	自社従業員持株会 12.5%
兼松KGK	53,743 / 239	自社持株会 2.1%
郷商事	32,173 / 159	自社従業員持株会 60.0% 自社取締役持株会 40.0%
三金	17,919 / 270	自社従業員持株会 31.7%
三立興産	30,648 / 129	自社従業員持株会 19.4%
新日本建販	17,842 / 226	自社従業員持株会 15.5%
中央工機	22,181 / 190	持株会 27.8%
テヅカ	9,431 / 98	自社従業員持株会 11.4%
東海溶材	21,311 / 180	自社従業員持株会 13.2% 自社役員持株会 9.3%
東洋ハイテック	8,470 / 114	自社従業員持株会 15.7%
日東工機	11,556 / 108	自社従業員持株会 7.9%
日本機材	30,888 / 281	自社従業員持株会 9.3%
久門製作所	14,419 / 163	自社従業員持株会 10.4%
福田交易	7,354 / 114	自社社員持株会 23.6% 自社役員持株会 9.5%
福原産業貿易	10,181 / 47	自社従業員持株会 8.5%
ポエック	3,421 / 75	自社従業員持株会 7.5%
三ツワフロンテック	8,956 / 290	自社従業員持株会 21.9%

第4章◆持株会を利用する

会社名	数値	持株会	会社名	数値	持株会
モトヤ	9,796 130	自社従業員持株会 19.1%	タカラ	11,635 222	自社従業員持株会 20.0%
ワシノ商事	7,891 50	自社従業員持株会 19.4%	タカラ通商	24,424 300	自社従業員持株会 28.8%
アメフレック	11,837 211	自社従業員持株会 12.2%			自社役員持株会 13.4%
栄工社	11,360 256	自社従業員持株会 18.3%	東和電気	28,298 146	自社従業員持株会 15.0%
大江電機	8,380 79	自社従業員持株会 10.4%	ナカガワ	6,818 153	自社従業員持株会 17.8%
コシダテック	38,755 267	自社従業員持株会 5.6%	日本通商	9,511 98	自社従業員持株会 8.7%
ジェスクホリウチ	13,240 135	自社従業員持株会 26.2%	橋爪商事	70,208 197	自社社員持株会 26.7%
下田工業	26,746 107	自社従業員持株会 22.1%			自社役員持株会 4.0%
新興電気	25,357 110	自社従業員持株会 49.0%	広島共和物産	75,059 108	自社持株会 ―
千代田工販	46,140 212	自社持株会 20.6%	不二鉱材	9,125 57	自社従業員持株会 45.0%
東亜電気工業	45,078 299	自社従業員持株会 17.3%	藤村機器	6,748 74	自社従業員持株会 12.7%
東和電材	14,422 184	東和グループ社員持株会 79.8%	松尾産業	26,446 48	自社従業員持株会 24.2%
ドーワテクノス	14,774 174	自社社員持株会 10.9%	ヤマイチテクノ	4,754 213	自社社員持株会 36.3%
トクデンプロセル	2,797 74	自社役員持株会 29.8%	ロイヤル	8,574 172	自社従業員持株会 3.2%
		自社従業員持株会 9.1%	フィールホールディングス	8,453 34	自社社員持株会 20.2%
ハヤミ工産	3,524 87	自社従業員持株会 18.6%	有賀園ゴルフ	7,618 250	自社社員持株会 0.3%
光アルファクス	40,375 257	自社従業員持株会 37.9%	ホームインプルーブメントひろせ	35,842 258	自社従業員持株会 3.8%
ミカサ商事	41,577 233	自社従業員持株会 22.9%	ジェイアンドジェイ	5,057 151	自社従業員持株会 13.7%
遠藤科学	22,523 219	自社従業員持株会 36.4%	綱八	4,063 145	従業員持株会 34.5%
オザワ科学	15,605 157	自社従業員持株会 13.3%	にっぱん	5,304 130	自社従業員持株会 3.2%
アイメディア	5,034 182	自社持株会 3.8%	浜木綿	4,340 182	自社従業員持株会 6.3%
伊万里木材市場	14,917 94	従業員持株会 11.0%	豊証券	4,384 201	ゆたか持株会 9.7%
内村酸素	8,073 99	自社持株会 16.7%	カセツリース	2,822 73	自社従業員持株会 13.0%
宇都宮製作	11,178 78	自社従業員持株会 7.9%	ジャストオートリーシング	6,302 131	自社従業員持株会 8.9%
江間忠ホールディングス	2,616 62	自社従業員持株会 ―	日綜産業	24,842 275	ニッソウ従業員持株会 3.3%
オカモトヤ	6,466 115	自社従業員持株会 20.7%	日本パレットレンタル	22,767 268	自社従業員持株会 3.9%
大黒工業	24,665 174	持株会 15.0%	上田八木短資	20,720 130	自社従業員持株会 10.9%

171

西日本建設業保証	7,599 256	自社従業員持株会 8.8%	プレシード	1,914 94	自社従業員持株会 3.6%
東日本建設業保証	13,570 255	自社従業員持株会 9.8%	スタック電子	960 50	自社従業員持株会 26.7%
大同火災海上保険	16,353 289	自社従業員持株会 5.1%	東京エレテック	520 13	持株会 5.9%
アンビシャス	5,729 38	自社社員持株会 9.7%	ラトックシステム	1,220 56	自社従業員持株会 5.7%
東洋プロパティ	6,349 171	自社職員持株会 11.5%	協同電子エンジニアリング	1,305 110	自社役員持株会 29.2%
野村殖産	2,993 53	自社従業員持株会 7.3%	坂田電機	1,451 121	自社従業員持株会 24.2%
阪神住建	6,416 57	自社従業員持株会 6.0%	テクノス	683 29	自社従業員持株会 13.2%
野口観光	2,371 109	自社従業員持株会 ―	九州コーユー	1,945 121	自社従業員持株会 11.4%
アルパインツアーサービス	2,721 56	自社社員持株会 11.0%	多機能フィルター	657 42	自社従業員持株会 16.0%
オフィスボストン	16,589 108	自社従業員持株会 35.0%	ファミリー・サービス・エイコー	2,331 26	自社従業員持株会 13.2%
四季	20,100 229	自社従業員持株会 12.2%	フジテコム	1,683 90	自社従業員持株会 16.7%
ジャパンニューアルファ	47,887 209	自社従業員持株会 3.1%	明光堂	970 59	自社社員持株会 17.0%
千里丘観光開発	2,383 39	自社従業員持株会 2.4%	アースインターシステムズ	737 47	自社従業員持株会 16.7%
木下グループホールディングス	344 7	自社持株会 4.5%	アクティブ・ブレインズ	589 38	自社社員持株会 15.5%
サクラインターナショナル	4,271 219	自社従業員持株会 5.3%	システムインタープライズ	1,050 90	自社従業員持株会 30.0%
東京ソイルリサーチ	5,454 224	自社役員持株会 23.6% 自社従業員持株会 20.2%	ソフトウェアコントロール	2,160 242	自社社員持株会 33.0%
			東京システム技研	2,248 178	自社従業員持株会 14.3%
法研	9,202 128	自社持株会 20.1%	日東コンピューターサービス	2,033 209	自社持株会 16.3%
希望社	1,382 77	従業員持株会 13.4%	ピープルソフトウェア	1,243 128	自社持株会 32.2%
パックミズタニ	1,545 86	自社社員持株会 23.4%	ユニック	2,066 11	OB持株会 29.1% 役員持株会 21.5% 持株会 19.6%
アルテコ	1,556 48	自社従業員持株会 19.6%			
タカタ	1,478 36	自社従業員持株会 5.7%	フジタビジネスマシンズ	1,000 33	自社従業員持株会 20.0%
昭和バルブ製作所	1,533 65	自社持株会 27.1%	フレッシュ60	882 83	自社従業員持株 24.0%
水研	1,302 60	自社従業員持株会 2.4%	三田エンジニアリング	1,130 110	自社役員持株会 20.9%
植田製作所	1,422 63	自社従業員持株会 9.9%			
シンセメック	1,189 53	自社社員持株会 16.1%			

第4章◆持株会を利用する

1 メリット・デメリットを考える

　設計・運営にもよりますが，一般的な持株会のメリット・デメリットは
以下のとおりです。

メリット
- 持株会を安定株主とすることで，会社の支配権を維持しながらオーナー
の，相続財産を減らすことができる。
- 無議決権株式化することで，株主による経営への関与を避けられる。
- 従業員の福利厚生の充実，モチベーションアップを図る。
- 持株会への株式譲渡価額は高くても額面程度に納まるケースが多いので，
資金調達の負担を抑えられる（時価による買戻しは可能である。）。

デメリット
- 持株会参加者1人当たりの保有する株式が100分の3以上となると，少数
株主権（会計帳簿等閲覧権，取締役等解任請求権）が生ずる。
- 課税当局に幽霊持株会と認定されないために，持株会の運営，参加者の
確保等の負担が生ずる。
- 参加者が持株会へ参加する意味，および持株会が株式を保有する意味を
持たせるために，毎期配当を行う必要があるが，業績悪化時に負担とな
る可能性がある。
- 退職者から持分を取得価額で買戻しできるようにしておかないと，資金
負担が大きく，運営が困難になる。

　持株会等のメリットは，株式譲渡時の税金を含めた資金負担が少ないこ
とです。持株会は法人ではなくかつ同族株主でないので，通常は最も税務

173

上の株価が少額になる配当還元方式での譲渡が可能になるので，従業員でも取得が可能となります。

情報開示は持株比率何％から？

以下は，少数株主が保有する主な権利です。

議決権または持株比率の１％以上（または300個以上）：

株主提案権

議決権または持株比率の３％以上：

帳簿閲覧権，取締役等の解任請求権

また，その他にも株主代表訴訟提起権（１株でも可能）があります。

中小企業の場合には，従業員に帳簿はもちろん，決算書も開示しないことのほうが多いと思われますので，従業員が帳簿閲覧権を持つことがスキームの弱点になる可能性があります。

従業員持株会規約に規定することで，個々の従業員が従業員持株会に拠出した３％の株数相当以上の持分を保有する場合でも，持株会としては理事長名において権利行使が可能ですが，個人としては権利行使できないようにすることが可能と解されています。

個々の従業員が保有する持分について，理事長と異なる議決権行使を望む場合には，その内容を理事長に指示しなければなりません。その結果，事実上，従業員が帳簿閲覧権を行使する可能性は低くなっていきます。株主総会の招集通知も持株会あてに発送すれば足り，個々の従業員に発送する必要はないと解されています。

2　設立手順について

以下は，持株会設立の一般的な手順です。

①持株比率・株式を提供する時期，拠出方法，金額，種類株式の内容等に関する基本方針を立案・決定する。

②事務管理の方法を決定し（自社もしくは外部委託），事務局（担当者）を設置する。

③理事長候補となる発起人を決定する。

④主要株主，労働組合等に事前の理解を得る。

⑤規約・募集説明書等の必要書類の原案を作成する。

⑥発起人会で規約を定め，役員候補者を選任する。

⑦設立総会を開催し，役員を選任する。

⑧理事会を開催し，理事長を選定する。

⑨設立の経緯，規約を説明し，取締役会や株主総会の承認を得る。

⑩会社，労働組合，事務委託会社等と契約を締結する。

⑪説明会を開催し，広報活動を行う。

⑫オーナーからの株式の供給または第三者割当増資を行う。

⑬会員名簿を完成させ，給料天引の準備をする。

　持株会では，買付残預金の管理，自社株の買付け，株券の保管，株式の配分計算，配当金の受領と配分計算，預金利息の配分計算，各会員への持分等の残高通知を行います。退職者が出た場合には，その持分を持株会で買戻し，その代金と買付残預金の清算金を一括して支払います。

　なお，持株会規約において，会員資格を勤続10年以上等として限定することで，会社が，持株会の規模や対象となる従業員をコントロールできます。

上場における、安定株主としての公益法人と持株会

　中堅・中小企業が上場する場合、経営権を維持しながら、資金調達や創業者利潤を確保する必要があります。さらに、上場基準として、発行する株式数や株主数等の要件があり、株式の流動性を確保する必要があります。資金調達とオーナー・オーナー家の株式数はトレードオフの関係にあり、資金調達だけを追求すると、オーナー・オーナー家の株式数が減少し、経営権を維持できない可能性があります（**図表4－2**）。

【図表4－2】　資金調達と経営権のコントロールの関係

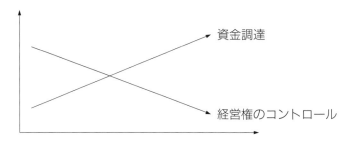

　これらを計画的に検討することを「資本政策」といいます。資本政策においては、後継者だけでなく、公益法人や持株会といった安定株主を利用した経営権のコントロールを検討する必要があります。

　また、先代経営者に相続が発生したときの相続対策（納税資金対策、争族対策、節税対策）を検討する必要があります。「資本政策」も「承継計画」も、会社と個人の法律・税務・会計のルールを熟知した上で、会社の経営理念や経営環境を理解し、あらゆるケースを想定した検討が必要です。

第 **5** 章

後継者目線の事業承継

Contents

1 経営理念，創業の想いを伝承する気持ち
2 後継者として戦略を考える上で必要な
  外部環境分析
3 強い組織をつくる
4 事業の発展
5 後継者教育
6 親族内承継チェックリスト

Summary

- 良い会社といえるのは，世の中に貢献し，お客様に喜んでいた
  だき，職員の物心両面の幸せを実現したときである。
- 会社の後継者が，この貢献を実現するには，「信念」「志」「行動」
  が必要となる。

本章では，経営権が先代経営者から引き継がれた後，後継社長が考えて
おかなければならないことについて経営面から述べたいと思います。当然
ながら，非上場企業において先代が保有している株式の引受方法の問題や
親族内の相続の問題，納税の問題は最重要課題です。これを経営権の承継
の観点からみると，特に，株式承継問題の解決，代表取締役への就任後が
大事になります。

　したがって，ここではテーマを「志」「外部環境」「強い組織づくり（内
部環境）」「事業の発展」「後継者の育成」に絞って解説します。後継社長が
今後の事業の発展のために役立てていただけるヒントを少しでもお伝えで
きたら幸いです。

【図表 5 − 1 】　会社を後継するにあたっての構成要素

```
━━ 人（経営）の承継 ━━      ━━ 資産の承継 ━━
• 経営権                    • 株式
                           • 事業用資産
━━ 知的資産の承継 ━━          （設備・不動産等）
• 経営理念                  • 資金
• 従業員の技術や技能            （運転資金・借入等）
• ノウハウ
• 経営者の信用
• 取引先との人脈
• 顧客情報
• 知的財産権（特許等）
• 許認可
              等
```

（出所）　中小企業ガイドライン（平成28年12月）

1　経営理念，創業の想いを伝承する気持ち

　後継者が先代経営者から経営を引き継ぐ上で，最も重要なポイントは経
営理念であり，創業理念です。経営理念とはその法人の憲法のような存在

第5章◆後継者目線の事業承継

であり，社内で絶対に守らなければならない普遍的なものです。

わかりやすい言い方をすると経営理念とは経営者の強い思いを残しているものであり，社会，顧客，従業員等のステークホルダーとの関係を通じて企業の存在意義，社会的責任，従業員の物心両面の幸福を追求しながら事業を行うにあたっての方向性を示すものです。

つまり経営理念は，現在，自社が何のために事業を行っているか（＝存在意義）を表すものです。後継社長がメッセージを発信する場合においても経営理念に沿ったものであることを心がけないといけないのは言うまでもありません。仮に，後継社長が経営理念に反した言動を行った場合，それは後継者自らが会社の存在意義を否定していることになるからです。

日本経営合理化協会理事長の牟田太陽氏は，著書『幾代もの繁栄を築く後継社長の実務と戦略』（PHP研究所）の第一章の最初の節で「先代の否定は禁物「自分の色」は徐々に発揮していけばいい」と，第二節では「自社の「創業の原点」を決して忘れてはいけない」と述べておられます。筆者自身，後継者候補として，また，コンサルタントとして全くそのとおりだと実感しています。

筆者は現在，総合経営グループ東海事務所（一宮事務所）の責任者を仰せつかっており，現代表がいる京都事務所とは別の組織を任せていただいています。東海事務所は私で3代目の所長ですが（東海事務所自体で創業85年経過），先代所長から事業承継型のM&Aにより承継し，私の父が創業した総合経営グループとともに歩むことになりました。今は所長に就任し，3期目を走っています。

所長就任以来，さまざまなことにチャレンジしていますが，私自身絶対に守るべきことを決めています。それは，総合経営グループ代表の思いと先代所長の思いをいかなることがあっても忘れずに行動するということです。ここで焦って心機一転，今まで実施してきたことを否定してしまうと，お客様がわれわれに期待しているサービスとギャップが生じることになり

179

ます。また，従業員の働きがいも阻害してしまいかねません。結果顧客は離れ，働く仲間にも見離されることになるでしょう。私自身，先代の築いた道に外れそうになりかけたことが何回かあり，そのときに，的確に助言してくれたのは，総合経営グループの代表であり，職員であり，東海事務所の先々代から働いている番頭的な存在のI氏でした。彼にはとても感謝しております（なお，I氏は今年3月に退職され，東海事務所の非常勤役員に就任していただき，引き続き筆者のよきパートナーになってもらっています）。

　私の尊敬するコンサルタントに，株式会社小宮コンサルタンツの代表取締役会長CEOの小宮一慶氏がおられます（筆者は小宮コンサルタンツの後継者ゼミナール12期生出身）。小宮氏は経営には「企業の方向づけ」「資源の最適配分」「人を動かす」の3つの仕事があるとおっしゃっています。後継者は，まずは，先代経営者が大事にしていた想いを尊重し，すぐに変えようと思うのではなく時間をかけて経営の原理原則について考え，実行し，自分の色に染めていくべきなのではないかと思います。

　経営をしていく上で重要と考える点は，やはり，他人に「喜んでもらう仕事」をすることであろうと思います。その前提には，原理原則が重要であると感じます。

　経営の原理原則とは，お客様に喜んでいただき必要だと感じていただくこと。社員が生き生きとして働く環境を築いていること。世の中に必要なサービスを提供していること。この3つに尽きるのではないかと考えています。社長は常に先頭指揮官で，この3つの原則を追求し続ける存在でなければなりません。

　また，もう1つ重要なことは，後継者が自分の人生観，志，夢，モットー等を考えることだと思います。何のために生きているのか？　なぜこの会社に入ってこの仕事をしているのか？　自分の存在意義は何なのか？　など，まず自分自身を見つめ直すことからスタートする必要があると思いま

第 5 章◆後継者目線の事業承継

す。中小企業は社長の「志」,「夢」で会社の色が決まると言えます。後継
社長に断固たる信念がある会社とそうでない会社では,どちらが関係者を
幸せにすることができるのかは言うまでもありません。

　ここで,後継社長が自分自身を見つめ直し,先代の築いた経営理念につ
いて考えるための設問に取り組んでみましょう。

【設問 5 − 1 】　後継社長の自己を振り返る

座右の銘	
人生を通して自分が行いたいことは何か	
5 年後,10年後の自分自身はどのような存在か	
お客様にとって自分自身はどのような存在か	
従業員にとって自分自身はどのような存在か	
社会において自分自身はどのような存在か	

【設問 5 − 2 】　自分自身が人生において大切にしている価値観とは何か

　設問 5 − 1 は,経営理念について深く考える上で重要であると思ってい
ます。筆者自身も現在進行形で考え続けており,いまだに結論が出ており
ません。常に考え続けなければならないと思っています。

　経営理念,自社の存在意義を深く考える前に後継者自身のふり返りを
行ってもらった設問 5 − 1 に続いて,設問 5 − 2 では,自社の存在意義に
ついてあらゆる角度から考えてみていただきたいと思います。

181

自社の存在意義を考えることから再度経営理念について考えてみましょう。

【設問5－3】 経営理念策定シート

会社はどのような存在であるべきか？

会社に求められていることはどのようなことか？
（利用者・地域社会・取引先・従業員）

利用者に対する基本的な姿勢はどのようなものですか？

どのような会社（事業）にしたいですか？

経営理念，行動指針，社是等

従業員に対する基本的な姿勢はどのようなものですか？

大切にしている価値観・社会観・人生観はどのようなものですか？

経営理念浸透のためにどのようなことを実施すれば良いと思われますか？

取引先や地域社会に対する基本的な姿勢はどのようなものですか？

（　年　月　日作成)

182

第5章◆後継者目線の事業承継

設問5－3は，経営理念を再度深く考えたいと言われた後継社長様に当グループがお渡ししているシートです。経営理念について再度考えたいと思われた方は左記シートを作成されることをおすすめいたします。そうすることで自社の存在意義を再度考え直すことができると思います。

2　後継者として戦略を考える上で必要な　外部環境分析

実際に，新聞やニュース等で取り上げられる，順風満帆に事が進んでいると思われているような大企業ですら，事業承継については失敗と言わざるを得ないケースが多いのが実態です。

記憶に新しいところでは，株式会社大塚家具の経営権を争った事案，ソフトバンク株式会社の後継社長の突然の解任劇，株式会社セブン＆アイ・ホールディングスのカリスマ経営者の突然の辞任劇，非上場企業においては，株式会社ロッテホールディングスの後継問題についても世間を賑わせました。

しかし，一方で成功例もあります。トヨタ自動車株式会社は2009年にリーマンショック後の影響もあり赤字を出し危機と言える状態のときに，創業家出身の豊田章男氏に社長をバトンタッチしました。また，株式会社ジャパネットたかたの代表者交代は特段問題もなくスムーズに進んでいるといえると思います。

さて，これらの会社の事業承継ではどのような違いがあったのでしょうか。ポイントは経営理念，創業の想いを実行しつづけるとともに外部環境に対応した戦略です。本節ではその外部環境について検討します。

外部環境とは，自社で解決できる「人・モノ・カネ・情報」等とは異なり自社の努力ではどうにもできない事象です。例えば，マクロ経済の動向，人口統計，為替相場，税制改正，海外情勢，政治情勢，市場の変化，技術

183

革新，規制，天候，環境問題等がこれにあたります。

　会社の方向性を決定する上で経営者がまず考えないといけないことは，外部環境分析を行うことです。ここで，間違った戦略の意思決定をした場合は，社員全員が一所懸命頑張っても結果は出ません。また，会社の業績は急降下し存亡の危機に陥ることもあります。

　思い出される事例として，携帯電話を考えるとわかりやすいと思います。1990年代，ポケベルが流行し企業内でポケベルを連絡手段として採用した企業もあると思います。しかし，その後，携帯電話（ガラケー携帯）が普及し，1990年代後半から2000年代においては携帯電話にシェアを奪われ，現在ではポケットベルを使っている人を世の中で見ることはありません。

　その後，携帯電話にはワンセグやカメラの機能等も付け加えられ普及し続けましたが，インターネットの普及，無数のアプリによる無制限の使途が認められる利便性に加えデザインが優れていることからiPhone，Android等のスマートフォンにシェアを奪われ，今やガラケー携帯の使用者も減少し続けています。その間，ポケベルやガラケー携帯に携わっていた企業にとっては外部環境が激変したのです。

　現在において外部環境を完全に読み取ることは困難であると思います。しかし，経営者は外部環境を読み，今後5年の間にどのような社会になっているかを予測し，常に変化を読み続けなければなりません。

　先ほどの携帯電話の例のように，現代はお客様のニーズの変化によって産業自体が吹っ飛んでしまう時代になっており，それによって業績も大きく変わります。つまり，社長は環境の変化に対応し続けなければなりません。

　外部環境分析を行う上での切り口について，日本の現状を考えてみると，今後成長していく分野も当然あります。成長産業としては，「高齢者サービス分野」「医療，介護分野」「観光分野」「クラウド分野」「人材派遣」「クラウド分野」「シェアリングエコノミー」「海外分野」等が挙げられます。こ

第5章◆後継者目線の事業承継

ういった分野と自社のビジネスを重ね合わせて対応していくことが求められます。

以上を踏まえ，これからの経営を考える上で外せない外部環境について4項目を以下に挙げました。これらについては，全産業において当てはまるのではないかと思っています。

① 少子高齢化によるニーズの変化

経済成長は，労働力，資本投入，生産性が要因で起こります。ご存じのとおり，日本の人口は現在減り続けており，今後も移民を受け入れない限り減少するということは統計データ上でも明らかです。この状況から，今までのように国内市場で同様の商品・製品・サービスが売れ続けるということは考えられません。

例えば，生活用品等は人口が増えれば増加しますし，減少すれば減少します。車においても今後高齢者が増加していくと免許証の返納等により車に乗らない人が増加します。このように少子高齢化社会，人口減少社会においてどのような戦略を各企業が考えていけばよいか，経営者であれば常に頭を悩ます問題です。

当然，われわれ会計・税務・コンサルティング業界においても同様のことがいえます。人口が減少していく過程でまず企業数が減少します。企業数が減少するとお客様となるべき総数が減少します。しかし，一方で企業は創業者の経営理念を達成するために成長・発展することが世の中から求められています。それではどうすればよいのでしょうか。大企業では，市場を日本国内ではなく海外にシフトしています。国内売上，海外売上の割合を比較した場合，海外売上の割合が増加しており，今後も増加していくことが予想されます。このような外部環境に対し，中小企業ではどのような戦略を立案し，実行すればよいのでしょうか。

185

• M&A も含め海外への進出

最近，中小企業においても海外展開をする企業が増加しています。大企業のようにグローバル企業になることは難しいですが，それでも中国や東南アジア等に進出している中小企業は多数あります。

ただし，簡単に海外に出ていけるかというとそうではありません。海外事業所が発展するためのノウハウを得るのにも時間を要します。また，仮に撤退となった場合もさまざまな問題があるでしょう。そういったことから最近では海外の事業者を M&A で取得する中小企業も増加しています。

• 地域を超えた展開，隣接業種への参入

現在，地域に根差した経営を行っている企業では，地域を変えて事業を展開していく方法があります。例えば，京都市，大津市で電気工事を展開している会社があるとすれば，名古屋市やその近郊都市にも展開するといった方法です。

また地域内においても，隣接業種等で付加価値を出して展開していく方法が考えられます。例えば，電気関係ならガス事業も，水道事業なら電気事業もといった具合です。今後少子高齢化社会で現在属している地域だけでは成長が鈍化することが見込まれますので，このように他地域や隣接する他業種での展開にチャレンジする方法もあります。

• 今後の成長分野へ進出する

例えば，今までは子育て世帯向けにサービスを展開していた事業者が高齢者向けサービスの展開を開始するというような，少子高齢化社会に見合ったサービスを展開していく方法です。医療・介護の分野への進出企業は当然増えますが，隣接業種であります予防医学等への進出も増加していくことでしょう。

また，学習塾は今まで子供や学生，低年齢層の社会人の資格取得等にサー

186

ビスが偏っていましたが，今後は第2の人生を歩む方々向け，ミドル・シニア向けにサービス展開していくことも1つ考えられます。

既存の事業で市場がシュリンクしていくなかで自社のビジネスの強みを活かしてどのように展開していくか，後継者中心にしっかりと考え，対応していくことが求められます。

② 労働生産人口の減少

労働生産人口の減少も大きな問題です。**図表5－2**をみると現在の労働生産人口は，2015年は7,592万人で2010年の8,103万人と比べると約500万人減少しています。2020年の予測データでは7,341万人と2015年比で約250万人減少します。

労働生産人口が減少していく過程で考えないといけないことがあります。今までと同様のビジネスを行い同様のお客様向けにサービスを展開すると当然売上高は減少していきます。そんななかで，これまでと同額の会社の利益を出すためには，売上高の増加も必要なことですが，会社の生産性を

【図表5－2】 日本の人口推移表

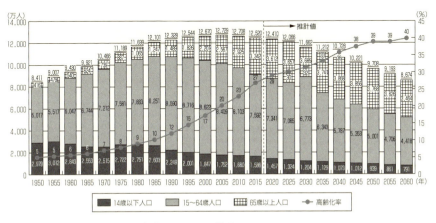

（出所） 総務省HPの人口統計データより抜粋

向上させ，付加価値を高めていくことです。

　生産性を向上させるもう1つの方法は，コストの削減を考えていくことです。国も生産性をあげることを重要視しています。

　労働生産人口が減少するということは，重大なことです。なぜなら日本のGDPの約6割が国内消費であるといわれていますが，その大半が労働生産人口の人々によって消費されているからです。この数値が下がるということは，今後消費額も下がることにつながります。このような状況を適切にとらえて，自社のビジネスの方向性を決定していくことが後継者には求められます。

③　技術革新（AI，IoT，ブロックチェーン，仮想通貨）

　最近，日本経済新聞の記事を見ていると AI，IoT，ブロックチェーンのキーワードがない日はありません。第四次産業革命といわれているデジタル社会がまさに目前に迫っています（**図表5－3**）。

　AIが組み込まれたロボットにより，これまで必要とされていた業務や仕事自体もなくなるといわれています（**図表5－4**）。私はこの内容には疑問を投げかけますが，ある部分ではそうであろうと思います。例えば，金融機関の窓口業務等はロボット等で置き換えられるといわれています。2017年，メガバンク（三菱UFJ銀行，三井住友銀行，みずほ銀行）の従業員約3万人を今後リストラしていくと報じられたニュースには誰もがびっくりされたのではないでしょうか。

　一般的に事務職といわれている職務も AI等で代替可能だといわれています。では，反対に必要な仕事とは何なのかといわれると，「ヒト」に関係する仕事は生き残る，ヒトに関係するサービス，人間の五感に訴えるようなサービスは生き残るといわれています。今後のビジネスの展開を考えるにあたって，人間にしかできないサービスの展開を考えていくことも重要です。また，まさに人工知能等に携わっている会社では今後ビジネスチャ

第5章◆後継者目線の事業承継

ンスが広がっていくことが予想されます。

【図表5－3】 成長産業となりうる業態

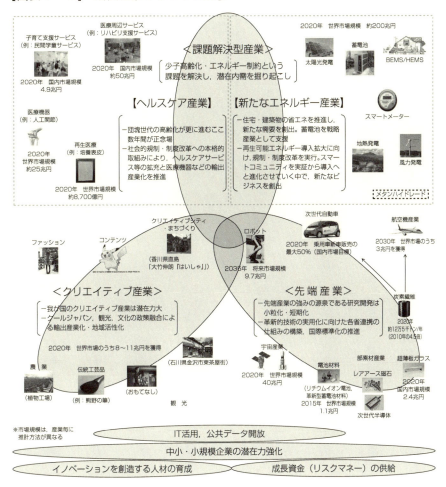

(出所) 経済産業省作成

【図表5－4】 人工知能に置き換えられる職業と置き換えられない職業

 技能や経験の蓄積に依存し，パターン化しやすく定型的で，特定の領域を越えない能力

人工知能やロボット等による代替可能性が高い100種の職業

IC生産オペレーター	こん包工	電子計算機保守員（IT保守員）
一般事務員	サッシ工	電子部品製造工
鋳物工	産業廃棄物収集運搬作業員	電車運転士
医療事務員	紙器製造工	道路パトロール隊員
受付係	自動車組立工	日用品修理ショップ店員
AV・通信機器組立・修理工	自動車塗装工	バイク便配達員
駅務員	出荷・発送係員	発電員
NC研削盤工	じんかい収集作業員	非破壊検査員
NC旋盤工	人事係事務員	ビル施設管理技術者
会計監査係員	新聞配達員	ビル清掃員
加工紙製造工	診療情報管理士	物品購買事務員
貸付係事務員	水産ねり製品製造工	プラスチック製品成形工
学校事務員	スーパー店員	プロセス製版オペレーター
カメラ組立工	生産現場事務員	ボイラーオペレーター
機械木工	製パン工	貿易事務員
寄宿舎・寮・マンション管理人	製粉工	包装作業員
CADオペレーター	製本作業員	保管・管理係員
給食調理人	清涼飲料ルートセールス員	保険事務員
教育・研修事務員	石油精製オペレーター	ホテル客室係
行政事務員（国）	セメント生産オペレーター	マシニングセンター・オペレーター
行政事務員（県市町村）	繊維製品検査工	ミシン縫製工
銀行窓口係	倉庫作業員	めっき工
金属加工・金属製品検査工	惣菜製造工	めん類製造工
金属研磨工	測量士	郵便外務員
金属材料製造検査工	宝くじ販売人	郵便事務員
金属熱処理工	タクシー運転者	有料道路料金収受員
金属プレス工	宅配便配達員	レジ係
クリーニング取次店員	鍛造工	列車清掃員
計器組立工	駐車場管理人	レンタカー営業所員
警備員	通関士	路線バス運転者
経理事務員	通信販売受付事務員	
検収・検品係員	積卸作業員	
検針員	データ入力係	
建設作業員	電気通信技術者	
ゴム製品成形工（タイヤ成形を除く）	電算写植オペレーター	

感性，協調性，創造性，好奇心，問題発見力など，非定型的で，機械を何にどう使うかを決められる能力

人工知能やロボット等による代替可能性が低い100種の職業

アートディレクター	児童厚生員	バーテンダー
アウトドアインストラクター	シナリオライター	俳優
アナウンサー	社会学研究者	はり師・きゅう師
アロマセラピスト	社会教育主事	美容師
犬訓練士	社会福祉施設介護職員	評論家
医療ソーシャルワーカー	社会福祉施設指導員	ファッションデザイナー
インテリアコーディネーター	獣医師	フードコーディネーター
インテリアデザイナー	柔道整復師	舞台演出家
映画カメラマン	ジュエリーデザイナー	舞台美術家
映画監督	小学校教員	フラワーデザイナー
エコノミスト	商業カメラマン	フリーライター
音楽教室講師	小児科医	プロデューサー
学芸員	商品開発部員	ペンション経営者
学校カウンセラー	助産師	保育士
観光バスガイド	心理学研究者	放送記者
教育カウンセラー	人類学者	放送ディレクター
クラシック演奏家	スタイリスト	報道カメラマン
グラフィックデザイナー	スポーツインストラクター	法務教官
ケアマネージャー	スポーツライター	マーケティング・リサーチャー
経営コンサルタント	声楽家	マンガ家
芸能マネージャー	精神科医	ミュージシャン
ゲームクリエーター	ソムリエ	メイクアップアーティスト
外科医	大学・短期大学教員	盲・ろう・養護学校教員
言語聴覚士	中学校教員	幼稚園教員
工業デザイナー	中小企業診断士	理学療法士
広告ディレクター	ツアーコンダクター	料理研究家
国際協力専門家	ディスクジョッキー	旅行会社カウンター係
コピーライター	ディスプレイデザイナー	レコードプロデューサー
作業療法士	デスク	レストラン支配人
作詞家	テレビカメラマン	録音エンジニア
作曲家	テレビタレント	
雑誌編集者	図書編集者	
産業カウンセラー	内科医	
産婦人科医	日本語教師	
歯科医師	ネイル・アーティスト	

(出所) 株式会社野村総合研究所 (2015年12月02日)
(https://www.nri.com/jp/news/2015/151202_1.aspx)

④　シェアリングエコノミー，こと消費

　今までは，一家に一台の車を持つというのは当たり前であったかと思います。しかし，最近はどうでしょうか？　筆者も3年ほど前まで東京23区に住んでおり，車を所有する必要はありませんでした。

　東京では駐車場料金も高い上，公共交通機関が発達しているため車に乗る機会はめったにありません。そういった状況からレンタカービジネスが発展し，レンタカービジネスからカーシェアリングが行われるようになってきました。

　また，空き家を用いた民泊が増加しています。ウーバー（自動車配車サービス）の活用についても議論がなされています。最近は日常品から何でもシェアするビジネスが流行っています。今後，ビジネスを考えていく上で，シェアリングエコノミーについても戦略を考えていく必要があるのではないかと思います。

　また，最近の流行では，キッザニアや旅行に代表されるような体験型のビジネスの人気が高まっています。「こと消費」といわれているものです。そのような消費傾向に対応していくことも，今後の企業戦略として考えていかなければなりません。

　外部環境について考えることは，経営者にとって非常に重要なことです。外部環境に適さないサービスや製品を世の中に出してもお客様に購入していただけません。上記①〜④の4つはまさに今，議論がなされている問題です。これ以外にも海外情勢や政治状況にも敏感でなければなりません。今後，後継者がビジネスを進めていくにあたり，常に世の中の動きを敏感に感じ取りながら会社の経営戦略を考えていくことが重要です。

　本節最後に，読者の皆様に外部環境分析（PEST分析）をしていただきたいと思います。PESTとは，政治的（Political），経済的（Economic），

社会的（Social），技術的（Technological）の頭文字をとったフレームワークを用いた外部環境分析です。自社の業界にたとえてどのような影響があるかやってみましょう。

政 治 的 要 因	
経 済 的 要 因	
社 会 的 要 因	
技 術 的 要 因	

3 強い組織をつくる

　後継者は先代経営者から事業を引き継いだ際に，自社の内部環境（ヒト・モノ・カネ・情報）を分析し（可能な限り他社の分析を行うことを推奨します），先代が築き上げた組織の良いところを伸ばし，改善したほうがよいところを改善していきます。そうして，後継者が社長に就任し，先代経営者が完全引退するまでに後継者中心の組織づくりを進めていきます。そこで，ここでは後継者が強い組織をつくるのに必要なことを，事例を交えて説明いたします。

① 後継者自身が志を高く持ち，研鑽をする

　第1節で後継者個人の振り返りと価値観について説明しました。強い組織をつくるために必要なことは，後継者が志を高く持ち，それに邁進することです。そのためには「謙虚さ」と「素直さ」が重要であると思います。先代経営者に学び，また，他の成功された経営者に学び実践する。加えて，

193

他人のアドバイスにも耳を傾ける度量がないと駄目だと思います。社長が重要な判断を誤った場合，会社の業績も傾き，場合によっては倒産ということにもなりかねません。そのため，しっかりと世の中の動きをつかみ，業界研究をし，他の経営者の良いところを学び，経営者として前進し続けてほしいと思います。

　自分自身が誤った判断をした場合は，お客様にはもちろんのこと，従業員に対しても謝罪して軌道修正する必要があります。会議の場で，自分と異なる意見を提案した出席者に対して頭ごなしに否定するのではなく，その案が良ければ，積極的に採用する。そして，一言，自分が間違っていたと言えるようになっていただきたいと思います。

　経営者の強い思いと行動が会社の未来を創造するといっても過言ではありません。よく，「率先垂範」の気持ちを忘れずに邁進するという姿勢で社長業に取り組む必要があると言われています。後継者にはぜひ，そのような気持ちで経営理念の実現のために先頭に立って臨んでいただきたいと思います。そして，継いだ会社の社長業を天職だと思い，自分の夢＝会社の夢のような気持ちで臨んでほしいと思います。ただし，当然ながら，プライベートも充実しなければそのような気持ちになれないと思います。家族を幸せにすることも重要です。

②　社員の物心両面の幸せを追求するという想いを持つ

　強い組織をつくるために必要なことの2つ目には，従業員の物心両面の幸福を追求することにあると感じています。読者の方の会社で従業員に「働くとはどういうことですか？」と聞いてみて下さい。従業員の方はなんとお答えになるでしょうか。

　「お金を稼ぐため」と答える方もいるのではないでしょうか？　その答えは確かに間違っていないと思います。しかし，働くとはそういうものでしょうか。私は違うと思っています。当グループ，事務所で完璧に実現できて

いるとは言えませんが，会社として従業員に与える幸せとは，働くことによって得られる幸せ，いわゆる働きがいであると思います。

　具体的には，お客様の視点に立ち，働き，喜んでいただき，感動していただく，そして，社会に貢献することに喜びを感じることではないでしょうか。株式会社TKCの創業者飯塚毅氏が述べられた「自利＝利他」とはまさに，自分自身の喜びと利益は，他社（お客様，社会，働く仲間）の利益と喜びとイコールであるという考えです。

　働くことによって，自己実現し楽しみたい。こういった従業員の数が増えるほど，会社は成長・発展し社会から受け入れられるはずです。後継者は，従業員に働きがいを与えていくものだと思います。そういった意味では「心」の幸せが最初にあるべきだと思っています。働く楽しさ，喜びを感じ，結果として給料をいただく。そのことを，会社全体で社会に対して伝えていかなければなりません。

　物心両面の幸福の追求の手段として，人事制度，評価制度も時機を見て後継者を中心に考えていかなければならないと思います。筆者のお客様でも後継者に社長を譲られた創業者は多くいますが，後継社長との面談の場で「人事制度，評価制度を見直したい」と言われることがたまにあります。

　創業時から現場の第一線で業務に励んできた創業者の時代には，人事制度が整っていないケースもあります。そんなときは，後継者が承継してまず，人事制度に目を向け，ぜひ公平な人事制度，評価制度を構築することを勧めます。制度を改める際は，社員の働きがい（お客様に喜ばれ，働いている仲間に喜ばれ，工夫をし続ける）を高め，誇りを持って仕事にチャレンジできるような制度構築をすることが大事です。そして，新制度の下で共に働いている者同士が切磋琢磨できるような組織を築いてほしいです。そのような，従業員の成長が会社の成長につなげられるような組織づくりをしていくことが大事だと思います。新しい評価制度の構築は時間もコストもかかりますが，一度自社の制度を見返してもらいたいと思います。

195

③　先代経営者，従業員とのコミュニケーションをしっかりと持つ

　３つ目は，コミュニケーションです。コミュニケーションの対象は先代経営者，従業員に絞ります。

　まず，創業者はお客様が１件もなかった頃から必死に現在の基盤を築いてこられました。後継者として，まず，創業者に尊敬と感謝をするべきです。創業者の会社に対する思いは，相当なものであろうと思います。会社は家族と同じくらい大切な存在であり，まさに人生そのものであったことでしょう。

　特に中小企業の社長は自社をマイカンパニーと思っていらっしゃる方も多いかと思います。しかし，後継者もマイカンパニーの気分では困ります。後継者が社長として会社を引き継ぐときにはすでにお客様が多数存在し，自分より年齢が上で，経験の深い人生の先輩が多くいます。また，先代経営者の番頭として会社にいなくてはならない存在の方もいます。

　親族内承継で先代が父親である場合に特に見受けられるのは，些細なことで後継者である息子と喧嘩し，口もきかない等従業員の前で口論となってしまうことです。お恥ずかしい話ですが，筆者も時々言いたいことを言ってしまい後悔することがあります。親子である以上，致し方ない部分はありますが，先に述べたとおり，絶対に尊敬の念と感謝の気持ちを忘れないようにと思っています。そういった意味もあって，筆者は，月に一度は親子でお酒を飲むようにし，たまにゴルフにも出かけたりします。

　しかし，親子でほとんどコミュニケーションがないといった会社も多いと思います。われわれが顧問をさせていただいているお客様でも，会長（親）と社長（子）とでほとんど会話がなく，弊所の担当者や私が間に入り両者間の言い分を聞くというようなことがあります。コミュニケーションが不足する理由として，親子の恥ずかしさや遠慮等があると思います。しかし，

第 5 章◆後継者目線の事業承継

会社の方向性の話になるのであれば後継者のほうから歩み寄る必要があります。どうしても 2 人で話をすることが難しい場合は，懇意にしている経営者や公認会計士・税理士，コンサルタント等と 3 人で話し合いをすることをお勧めします。

先代と後継者が話し合いをして決定した会社の方向性を，従業員に伝えるときには後継者がその役目を担わないといけません。会社の方向性といったことも先代としっかりと意見交換する時間をつくってほしいと思います。すべては関わっている人たちを幸せにするためです。

親族外承継の場合は，親族内承継の場合と異なり意見交換しやすいと思いますので，ぜひ週に一回程度はコミュニケーションの場をつくられることをお勧めします。コミュニケーションを取っていくと，先代と後継者の役割をしっかりと分担することができます。その上で，2 人 3 脚で承継期間を過ごし後継社長に権限を委譲し，5 年後以降に引退するという道筋を計画していくことが重要です。引き継ぎ期間に 2 人で経営計画を策定し実行過程をモニタリングして，後継者は先代社長の引退への花道のお膳立てをしてほしいと思います。

従業員とのコミュニケーションはどうでしょうか。後継者は先代経営者のみではなく従業員とのコミュニケーションも積極的に進めていく必要があります。創業者は，裸一貫で事業をスタートし，がむしゃらに会社を経営してきたケースがほとんどです。したがって，創業社長が全権限を握っていたようなケースが多くあり，社内外通して「○○社長の会社」と認識され，いわゆるマイカンパニーのようになってしまいがちです。

しかし，後継者はマイカンパニー（My Company）ではなくアワカンパニー（Our Company）として，働く仲間である従業員と新たな仕組みの構築を図っていく必要があります。社員と一丸となって新しい会社にしていくために，プロジェクトチームをつくって任せる，対話を重ねて後継者の志に共感していってもらうように努力していく必要があります。

197

中には，後継社長が従業員の反発を食らうこともあるかもしれません。しかし，そのようなことを踏まえてもしっかりと対話をして，教えを乞うたり，酒を酌み交わしたりしながら時間をかけて理解をしてもらいましょう。中には退職される古参の従業員もいると思います。しかし，これはある意味後継者の目指す会社像にリノベーションできるチャンスと捉えて前向きに対処していくことが大事です。

④　自分のブレーンとなるべき仲間をつくる

　いくら後継者に能力があったとしても時間的制約，体力的制約はあります。現幹部は先代とともにやってきたメンバーです。このようなメンバー，ブレーンが後継者自身にも必要です。社長は経営の方針を決めるという重大な役割を担います。今後の事業発展を支える右腕となるような人材を見つけていけるかが今後の成長の鍵となります。筆者が考えるブレーンの人数は最低4名です。少なくとも4名は見つけていく努力をしてほしいと思います。いきなり4人見つけるのは困難だと思いますので，まずは1人，探してみてほしいと思います。

　筆者の友人で昨年，社長を引き継いだ後継者仲間がいますが，彼は，7名のブレーンとともに今後の会社の運営を行うと言っていました。昨年の段階では6名見つけたと言っていたのですが，私自身見習わなければならないなと思いました。

　後継者のブレーンを見つけるには，採用活動についても後継者主導で行わなければなりません。社風，社長の考え方と合致するメンバーの採用，優良人材の採用は今後の会社の成長に大きく影響しますので，ぜひ採用活動に積極的に取り組んでいただきたいです。

　人材育成については，教育研修，人材育成に積極的に投資をしてほしいと思います。特に社長が実施するべき研修としましては，会社の社是や存在意義，生き方や正しい考え方を全役職員と共有する，いわゆる人間力向

第5章◆後継者目線の事業承継

上等の研修をやってみてはいかがでしょうか？　筆者の知り合いの税理士法人では「良樹細根」と称する会議を行い，代表税理士が所属する社員・職員に対し，代表の考え方，ビジネスパーソンとして正しい考え方等を伝える場を設けています。そのような研修の場を設けて社長の考え方を伝えていく手段もありますし，朝礼などで伝えていくことも大事だと思います。

⑤　業務効率化，IT化を図る

後継者として取り組むべき課題として，社内の業務効率やIT化を進めるべきだと感じています。創業者の代では，デジタル化にほど遠い手作業での事務作業等が残っている会社は多かったのではないでしょうか。

会計記帳，給料計算，集計作業といった事務業務も同様です。最近ではクラウド上で自動化してくれる等のサービスが出てきています。弊所で関与させていただくことになった新規のお客様には，お客様が納得してくださることを前提にクラウド上で対応可能なシステムの導入を進めています。事務作業を効率化していくことも後継者には求められます。

また，ホームページも同様です。最近ではスマホアプリ等も出てきています。現在，ホームページを見ないお客様，取引先はほとんど皆無になってきています。ひと昔前はホームページをつくってお客様が増えたというような事例もあったようですが，現在では，ホームページは会社のインフラのようなものであることが前提です。

マニュアル策定についても同じことがいえます。今までは口頭で伝えたり前任者の頭の中にしか残っていないということが多くありました。こうした製品を製造する技術，お客様の情報等といった会社のノウハウをどのように後任者に引き継いでいくか。後継者はしっかりと考えないといけません。

以上，ここで取り上げた例はほんの少しではありますが，後継者として経営をされる際は，IT化を推し進めるチャンスであるとも思います。IT

199

化，効率化を進めて将来の収益性を向上させていく取組みにも力を入れてほしいと感じています。ただし，IT化には時間とお金がかかりますので，プロジェクトチーム等を組成し段階的にやっていくことが必要ではないかと思います。

⑥　強い組織をつくるための経営計画を策定する

先代とともに経営計画書を策定し，自分の頭にあるもの，先代の頭にあるものを文書として書き出し，議論し，つくり上げる。そして，つくった後は，それを実行するとともに，定期的に先代経営者と意見を交わす。経営計画の策定については，第5節で詳細を述べますが，経営計画をどのように策定したらよいかわからない場合は，会計事務所やコンサルティング会社等に相談してみることをお勧めします。

4　事業の発展

事業の発展を考えるためには，経営戦略が必要となります。経営戦略とは，一言でいうと，経営理念・ビジョンを達成するために，会社の方向性を決定し，経営資源（ヒト・モノ・カネ・情報・時間等）を配分することにあります。

どうやって自社の強みを生かして他社との違いを明確にしていくか，差別化していくかということが重要となります。後継者は，事業の発展を考えるにあたり既存の事業と新規の事業の両面から考えていかないといけません。事業の発展に重要な戦略の中でも，マーケティング戦略が最重要です。本書ではマーケティング戦略とM&A戦略にテーマを絞り，説明したいと思います。マーケティング戦略というと広告や市場調査等と言ったことだと思われるかもしれませんが，ここで述べるマーケティング戦略とは，お客様の視点に立ち商品やサービスを見直すといったように捉えていただ

200

第5章◆後継者目線の事業承継

ければしっくりくるのではないでしょうか。

既存の事業においては，先代が築いてきたビジネスについて再度お客様の視点で考えて，改善できるところは改善し，必要ないものは撤退するというようなことです。販路を変えて販売する，地域を変えて販売するという方法もありでしょう。そのためには，今まで築いてきた事業についてお客様の視点に立った改善提案が出てきやすい組織体制にしていきます。しかし，くれぐれも先代がやってきたことを否定しないことが肝心です。自社が提供している商品・サービスをお客様の視点に立ち，なぜ購入していただいているのかを分析することが重要です。ある企業では，マーケティング会議を月に一度開催し，すぐに商品・サービスに反映するといったことを実施している会社もあります。

新規事業の開発ということも重要です。新規事業への進出は社長が主導して決めていかなければなりません。外部環境分析やお客様の視点に立ち，自社の強みを活かした新規の商品・サービスを世の中に出していく。このような大局的な決定は社長にしかできません。

しかし，後継者となってすぐにこのようなことを自社で実施して推し進めていくことで失敗することもあります。したがって，このような新規プロジェクトについては，まず，少人数でプロジェクトチームをつくり，実施方法，場所，対象者等を決めて少しずつやっていくことをお勧めします。既存の事業をさらに発展させながら，新規の事業を展開していくことは難しいかもしれませんので，後継者候補となった際に考えていくことが今後の成長の鍵となるでしょう。

M&Aについては第6章で詳しく述べますが，事業の発展を考えていくにあたり，M&A戦略も切り離せません。

例えば，既存の事業を他地域等で展開するとなった場合に，全く人脈も取引先も知らない他の地域でいきなり「自社の製品を買ってください」とプロモーションしても見向きもしてくれないことは多いものです。商慣習

201

の異なる地域で事業を軌道に乗せる場合，数年間は必要となることもありえます。このような際にM&A戦略でパートナーとなってもらえる会社とともに事業を展開していくこともあり得ます。

新規事業においても同様です。新規事業を推進し商品化するには失敗もあることでしょうし，商品化には時間と金銭をかけないと成功しません。しかも成功するとは限りません。このような場合においてもM&A戦略は有効です。

後継者が継いだ後，自社をさらに発展成長するために後継者としてしっかりと事業について考えて行動していくことが求められます。とはいっても1人で考えるよりは，次世代の社員を巻き込んで共に新規のビジネスを考えていく，また，信頼できる公認会計士等の専門家に加わってもらい助言してもらいながら事業を展開していく，ということをお勧めします。

5 後継者教育

次に，事業承継に絡めた次世代経営者の育成にフォーカスして述べたいと思います。現在，日本では営利法人，非営利法人を含め後継者不足が社会的な問題となっています。

しかし，自組織内に次世代の経営者候補等後継者がすでに存在している場合，すでに社長に就任し経営者として立派に業務に励んでいる場合，社長にはなったけれども，現場業務に追われて経営者の業務は先代経営者がやっているケース等，企業によって後継者の置かれている状況はさまざまであると思います。

事業承継をスムーズに行う上では，後継者が創業者，先代の意志を引き継ぐとともに，さらに成長・発展させるという強い志が必要であると筆者は考えています。強くて，正しい志が第2創業，新たなビジネスの創造につながり，世の中を良くする商品，サービスが出てくると思います。

【図表5－5】 日本，米国，中国のGDP推移

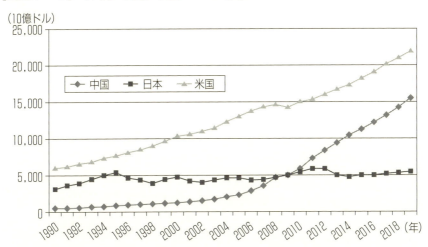

（出所） IMF World Economic Outlook

図表5－5は，日本，米国，中国のGDPの推移表です。

図表5－5をご覧いただいて気づくことはありませんか？ 米国の2017年のGDPは，1990年と比べて約4倍程度に成長しています。また，中国のGDPは同期比で17倍以上になっています。

それに対して，日本のGDPの推移はどうなっていますか？ 1995年あたりから上がり下がりはありますが，5,000億ドルあたりでほぼ横ばいとなっていて27年間成長していません。

また，**図表5－6，5－7**は，株式会社東京商工リサーチに公開されている2016年の経営者の年齢の調査結果です。この結果からわかることは，日本の経営者の平均年齢は年を経ることにより，上昇し続けています。日本の経営者の平均年齢は60歳を超え，2016年では70歳以上の経営者の割合が24％を超えています。経済の活力は若年層の新しい発想により創造していくものであると思いますが，日本の場合は正反対となっています。

現経営者が長年築き上げてきたビジネスを変えることは相当の労力が必

【図表5－6】 経営者の年齢構成

（出所） 東京商工リサーチ調べ

【図表5－7】 社長の年齢分布

（単位：％）

年	30代以下	40代	50代	60代	70代以上
2011	4.51%	14.44%	24.68%	36.98%	19.38%
2012	4.40%	14.85%	23.73%	36.41%	20.61%
2013	4.21%	15.24%	23.12%	35.85%	21.59%
2014	4.03%	15.47%	22.86%	35.06%	22.58%
2015	3.77%	15.48%	22.88%	34.57%	23.30%
2016	3.46%	15.87%	22.56%	33.99%	24.12%

（出所） 東京商工リサーチ調べ

要ですが，今後ますます少子高齢化が進む日本においては，企業がイノベーションを起こすしかないと筆者は思っています。そのためには，中小企業における若手経営者，後継者育成を進め，強くて高い志で経営の手腕を発揮する後継者が求められると思います。後継者自身が世の中の動きに敏感であり，自社の産業の5年先を見据え外部環境に適応した経営を実施していかなければ会社の存続発展成長はありません。若い力で，日本経済や地域経済を支えていこうではありませんか。

第5章◆後継者目線の事業承継

• ワンマン経営からの脱却

創業者は強烈なリーダーシップによる求心力により組織を引っ張ってこられたケースが多いです。いわゆるカリスマ性です。社長が現場，営業先，金融機関等の対応をすべて1人で担い，会社の事業上必要なすべての事柄を決定し，社長の一存で新規事業を推し進めてきたケースです。人柄は涙もろく，人情深い。そのような経営者に魅力を感じる人も多いと思います。

後継者の場合，年齢的にも若く経験もさほど積んでいないことから，すべてのことを後継者が決めることは困難です。また，すべてのことを1人で背負うことはよくありません。後継者が社内のご意見番である専務，常務等の役員やブレーンとともに合議体による経営を行っていくことも1つの方法です。幹部の意見に耳を傾けながら，最終的に後継者が意思決定するという仕組みをつくっていくべきであろうと考えます。

また，社長に就任した直後の経営体制は，先代経営者が採用した従業員が大多数であり自分よりも年齢，経験，能力が高い従業員が多いのが現状だと思います。そのため，先代経営者の経営体制を即座に否定して新たな試みをするのではなく，組織が整ってきた数年経過後に徐々に後継者の理想の形をつくっていくのがよいでしょう。日々少しずつ少しずつ自分色にしていきましょう。そのためにも，まずは，後継者としての「覚悟」が必要となります。

• 直感経営からの脱却

先代経営者は，高度成長期以降，石油ショック，バブル経済，金融危機，リーマンショック等さまざまな経験を実際の経営のなかでされてきました。いわゆる，好景気と不景気を肌感覚でわかる経営者は比較的多くいるのではないでしょうか？

一方，後継者は，バブル崩壊後に就職をし，デフレの不景気の日本経済しか経験していない世代で，価値観も現役経営者と全く異なります。特に

205

後継者世代の日本は将来に対する不安が常にいわれる「不確実性」の時代です。図表5－5で示したとおり，日本経済は，25年以上経済成長していない唯一の国家であり，他の国で経験したことのない事象に襲われています。そのため，直感に頼った経営を続けた場合，運良く成功することはあったとしても，その成功が将来にわたって続くとは到底思われません。

　そのため，外部環境分析等をしっかりと行い，戦略立案し，経営を行うべきです。筆者は，この行うべきことを実践する場として中期経営計画の策定を推奨しています。中期経営計画とは，経営理念に基づいた「ビジョン」を成し遂げるために，現状の姿と達成すべき「ビジョン」のギャップを埋めるべく，解決すべき課題・問題を認識し，それを解決するために経営戦略，実行計画を立案し，文書化し各ステークホルダーに公約する計画書です（**図表5－8**）。

【図表5－8】　経営計画策定イメージ図

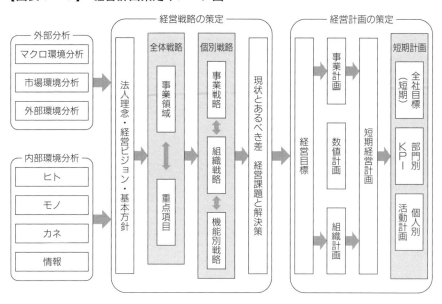

第5章◆後継者目線の事業承継

わかりやすく言い換えると，経営計画とは，社長自身が「自社をどのようにしたいか？　10年後，5年後，3年後にどのような会社であるべきか？」などを考え，法人のあるべき姿（＝ビジョン）を描き，現状とビジョンとのギャップをどのように埋め，あるべき姿に近づけるかの大きな道筋を示す方策を立案し，その方策を実行可能になるまで詳細を詰めて具体化したものです。

なぜ，こうした中期経営計画の策定が必要かというと，会社は，社長が思い描いた計画以上に成長することはないからです。筆者がさまざまなお客様と接しているなかにおいても，将来計画が適切になされている企業のほうが，なされていない企業よりも成長されていると感じています。

• **必要となる後継者教育**

後継者教育は，中小企業庁においても言及されているように，現在の日本全体の問題です。後継者教育をするにあたりいくつか提案をしたいと思います。後継者育成を通じ，後継者が次世代のリーダーになりうる人材か否かを現経営者は判断する必要性があります。経営者に向いていないタイプの方が，現社長の親族だからという理由で後継者になったとき，その法人の未来はどうなるでしょうか？　やはり，リーダーとなるべく人がなるほうがよいに決まっています。そのため，後継者教育の場面等を通じてじっくりと考えることが必要です。

• **社内での教育**

社内での後継者教育の有効な方法は，以下があります。

(1)さまざまな部署で経験を積ませる。人事，労務，財務，営業，現場等さまざまな経験を積み，知識をつけ，経営に役立てる。長期的に会社のことを理解し，さまざまな分野の実務を覚えることで，経営者になった際，スムーズに事が運びます。

207

(2)責任あるポジションに就かせ，ある程度の権限を与えてみる。実際に経営者と番頭では責任の重さが異なります。そのため，早めに意思決定の経験を積んでおくことも重要な後継者教育になります。例えば，施設長を経験させ，事業を取りまとめさせる。他にも事務局長等に就かせるケースもあります。筆者も現在，現代表と異なる地，愛知県一宮市で経営を行っています。

(3)現経営者が直接指導する。ここでの注意点は，社長の親族であった場合，どうしても身内かわいさによって甘えが生じることが多々見受けられることです。経営理念やビジョン，経営のノウハウが伝授できることも直接指導のメリットです。ポイントは，後継者であるからといってひいきしたりしないことです。他の社員より厳しくしていくことも考えるべきです。

• **社外での教育**

社外での後継者教育での有効な方法は，以下があります。

(1)他社で経験を積ませる。同業他社で経験を積ませることが１つの方法です。ただし，留意点としては，自社の経営理念，経営方針と全く異なる会社で経験を積んだ場合，自社に戻ってきて実際にリーダーシップを発揮するとき，後継者がよかれと思ったことが自社の価値観や方針と全然違うといったようなケースもありますので留意が必要です。

(2)外部の後継者塾や経営塾に参加する。商工会議所，中小企業庁，外部コンサルティング会社等が実施している経営塾等に参加し，さまざまな知識を吸収する。

外部の後継者教育としては，以下のテーマで勉強することが良いと筆者は考えています。

• 後継者の心構え，自己の棚卸，自分の夢（自己の棚卸，夢）
• 経営者とは，リーダーとは（リーダー論）

第5章◆後継者目線の事業承継

- 経営理念，志（ビジョン経営）
- 後継者仲間をつくり事例を学ぶ（後継者仲間と切磋琢磨する）
- 経営者が行う経営戦略の基礎（会社を方向づけるための経営戦略の基礎）
- 人事・労務・財務等経営者が押さえないといけない基礎

といったようなことを後継者仲間とともに勉強することが後継者の成長につながり，自社の成長につながるものであると思います。

• 先代経営者と後継者で事業承継計画を策定する

　筆者自身，外部の後継者塾で実際に学びました。株式会社小宮コンサルタンツが開催する後継者塾に入塾し同期6名で切磋琢磨して，良い会社，強い会社にするべく励んでおりました。小宮コンサルタンツで出会った，同期の皆は今でも最高の仲間だと思っており，行かせてくれた先代に感謝しています。

　なお，弊所でもこれまでの事業承継コンサルティングの経験を踏まえ，後継者塾を開催しています。そして今後，総合経営グループ全体でもさらに取り組みたいと思っています。

　図表5－9が，弊所で開催している後継者塾／経営塾のカリキュラム表です。

　弊所の後継者塾は始めたばかりではありますが，後継者が数名同じ会議室に集まり，自社の経営課題や会社の方向性等を議論し実体験していただくとともに，参加者相互間で同じ悩みを持つ仲間としての交流を深めることができると思っています。

• 事業承継計画

　図表5－10は，後継者がどのタイミングで事業を承継するかのスケジュールを作成するための表になります。特に親族内承継の場合は，このような表をもとに公認会計士や税理士等の専門家と相談しながら事業承継

209

【図表 5 － 9】 後継者塾（経営塾）カリキュラム例

	テーマ	内容	準備
第1回	後継者／経営者の心得	• オリエンテーション，自己紹介 • 良い経営とは，良い経営者とは • 事業を継承するとは	自社のプロフィール 事前課題
第2回	中期経営計画の必要性	• 理念，ビジョン，経営戦略 • なぜ経営計画を立てるのか • 外部環境分析，内部環境分析	第1回目の課題 経営理念・社是についての考察
第3回	決算書の読み方	• 決算書の読み方 • 財務分析	自社の財務分析
第4回	労務と税務の基礎知識	• 社会保険の仕組み • 法人税の基礎，事業承継対策	人事評価の考察
第5回	経営戦略はこう立てるマーケティングの基礎	• SWOT 分析 • マーケティングの手法 • 戦略立案	自社の強み，弱み 競合他社の動向 外部環境
第6回	社長の夢をかなえる経営計画	• 経営計画を策定の準備 • 個人的な夢 • 会社の理想に向かって	個人の夢，人生設計 会社の未来像 どんな会社にしたいか
第7回	戦略経営立案（実際に，中期経営計画の策定）	• 中期経営計画（5か年）の策定	

計画書を策定することもお勧めいたします。

　日本経済は，人口減少という世界的に初めて経験する誰も見ぬ世界に突入しています。そのなかで事業承継を引き受け，経営者になる後継者には，すべてのステークホルダーに永続的に喜んでもらえるような会社を実現す

第 5 章◆後継者目線の事業承継

【図表 5 －10】 事業承継計画例

【基本方針】
①中小太郎から，長男学への親族内承継。
②7年目に社長交代。（代表権を学に譲り，太郎は会長へ就任。10年目に完全に引退。）
③10年間のアドバイザーを弁護士Ｄ氏と税理士Ｅ氏に依頼する。

項目		現在	1年目	2年目	3年目	4年目	5年目	6年目	7年目	8年目	9年目	10年目
事業の計画	売上高	8億円	⇒				9億円	⇒				10億円
	経常利益	3千万円	⇒				3千5百万円	⇒				4千万円
会社	定款・株式・その他		相続人に対する売渡請求の導入	Cから金庫株取得	Aから金庫株取得				黄金株の発行			黄金株の取得・消却
現経営者（中小太郎）	年齢	60歳	61歳	62歳	63歳	64歳	65歳	66歳	67歳	68歳	69歳	70歳
	役職	社長	⇒						会長	⇒	相談役	引退
	関係者の理解	家族会議		社内へ計画発表	役員の刷新(注1)		取引先・金融機関に紹介					
	株式・財産の分配		公正証書遺言の作成(注2)						黄金株の取得			黄金株の会社への売却
	持株（%）	80%	75%	70%	65%	60%	55%	50%	20%+黄金株	20%+黄金株	20%+黄金株	20%
		暦年課税制度【贈与】 ⇒							相続時精算課税制度【贈与】 ⇒			
	その他						任意後見契約					
後継者（中小学）	年齢	30歳	31歳	32歳	33歳	34歳	35歳	36歳	37歳	38歳	39歳	40歳
	役職	従業員	取締役 ⇒		常務 ⇒		専務	副社長	社長 ⇒			
	後継者教育 社内	Y工場 ⇒			Z工場 ⇒		本社営業	本社管理	総括責任 ⇒			
	後継者教育 社外			経営革新塾								
	持株（%）	0%	5%	10%	15%	20%	25%	30%	60%	60%	60%	60%
		暦年課税制度【贈与】 ⇒							相続時精算課税制度【贈与】 ⇒			
補足		(注1) Aが退任し，Bが取締役に就任。 (注2) 株式及び預貯金（5千万円）を学に，自宅を花子に，預貯金（5千万円）を梅子に相続させる旨を記載。										

る決意が必要です。ぜひいろいろなことを学び，実践して良い経営を行い，ステークホルダーに喜んでもらえるような経営者になっていただきたいと思います。

6　親族内承継チェックリスト

　本章の最後に，親族内承継で失敗しないために押さえておきたい確認事項をチェックリストにまとめました。読者の方々の実際の事業承継でお役に立ちましたら幸いです。

【図表 5 −11】　会社の現状分析に関するチェックリスト

チェック項目	参照	チェック
1．対象会社の現状分析と環境整備		
1　会社の経営資源の状況		
①　会社の競争力（技術力・商品力・優良顧客の存在・情報収集力・経営ノウハウ等）の状況と将来の見通しを確認したか。		☐
②　経営組織，役員構成等の状況を確認したか。		☐
③　従業員の人数，年齢，能力等の状況を確認したか。		☐
④　主な資産の内容，帳簿価額および時価評価額の状況を確認したか。		☐
⑤　キャッシュ・フローの現状と将来の見通しを確認したか。		☐
⑥　その他（企業風土・従業員の気質等）の状況を確認したか。		☐
2　会社の経営リスクの状況		
①　主な負債の内容，帳簿価額等の状況を確認したか。		☐
②　金融機関からの借入状況と返済能力の状況を確認したか。		☐
③　借入金に対する担保提供および現経営者の個人保証等の状況を確認したか。		☐
④　債務保証・簿外債務の有無を確認したか。		☐
⑤　将来の退職金等の潜在的債務の状況を確認したか。		☐

第5章◆後継者目線の事業承継

		チェック項目	参照	チェック
	⑥	リスクに対応する生命保険や損害保険の加入状況と，適正な保障額であるかどうかを確認したか。		☐
	⑦	その他（役員等からの借入金と返済予定等）の状況を確認したか。		☐
3		会社の株主等の状況		
	①	株主構成の現状と将来の見通しを確認したか。		☐
	②	名義株式の整理を行ったか。		☐
	③	持株会の活用を検討したか。		☐
	④	会社に影響を与える法律等の改正の動きを確認したか。		☐
	⑤	自社株式の再集中化の方法		☐
	i	現経営者が他の株主から自社株を買い取る方法を検討したか。		☐
	ii	現経営者に対してのみ新株を発行する方法を検討したか。		☐
	iii	会社が分散した株主から自社株式を買い取る方法を検討したか。		☐
	iv	取引条項付株式の活用を検討したか。		☐
	v	全部取得条項付種類株式の活用を検討したか。		☐
4		会社の「定款」の状況		
	①	対象会社の定款を入手したか。		☐
	②	絶対的記載事項の内容を確認したか。		☐
	③	相対的記載事項の内容を確認したか。		☐
	④	任意的記載事項の内容を確認したか。		☐
	⑤	株式譲渡制限の規定があるか。		☐
	⑥	相続人に対する売渡請求条項の規定があるか。		☐
	⑦	議決権制限株式の発行を検討したか。		☐
	⑧	拒否権付種類株式（黄金株）の発行を検討したか。		☐
	⑨	株主ごとの異なる扱いをする規定の活用を検討したか。		☐

	チェック項目	参照	チェック
5	会社の「社内規程」の状況		
	① 対象会社の社内規程を入手したか。		☐
	② 社内規程は現在の法律に適合しているか。		☐
	③ 組織に関する社内規程の内容を確認したか。		☐
	④ 役員に関する社内規程の内容を確認したか。		☐
	⑤ 人事・給与等に関する社内規程の内容を確認したか。		☐
	⑥ 経理に関する社内規程の内容を確認したか。		☐
	⑦ 総務に関する社内規程の内容を確認したか。		☐
	⑧ 販売・製造・購買に関する社内規程の内容を確認したか。		☐
	⑨ 基本契約書等の重要書類を入手し，その内容を確認したか。		☐
2．現経営者の現状分析と環境整備			
1	現経営者の事業承継に対する考えの把握		
	① 現経営者に事業承継の重要性の認識と熱意があることを確認したか。		☐
	② 事業承継に対する想い，本人の意向を確認したか。		☐
	③ 現経営者の会社に対する経営理念を確認したか。		☐
2	財産の保有状況，権利関係の状況の確認		
	① 経営者の個人資産を特定し，リストアップしたか。		☐
	② 財産の権利関係の明確化と資料の整備を確認したか。		☐
3	事業用資産の所有形態の検討		
	① 事業用資産の所有形態の状況を確認したか。		☐
	② 現経営者の個人財産と会社資産との区別を明確にしたか。		☐
	③ 事業用不動産等の所有形態の現状と将来の方向性を確認したか。		☐
4	財産評価と相続税額の試算		
	① 現経営者の個人資産を特定し，その評価額を確認したか。		☐

第5章◆後継者目線の事業承継

チェック項目	参照	チェック
②　相続が発生した場合の相続税額の試算を行ったか。		☐
③　試算した相続税額に対する納税資金原資を検討したか。		☐
5　問題点の洗い出しと優先順位付け		
①　**2**の1～4の分析の結果を受けて，事業承継にあたっての問題点の洗い出しを行ったか。		☐
②　抽出された問題点の対策について，優先順位をつけて検討したか。		☐
6　相続発生時に予想される問題点への対応		
①　相続財産を事業用資産と非事業用資産に分類したか。		☐
②　遺言（特に公正証書遺言）の作成を検討したか。		☐
③　後継者以外の相続人の遺留分の試算を行ったか。		☐
④　経営承継法の適用を検討したか。		☐
⑤　その他「争族」の原因となる問題点を把握したか。		☐
3．事業承継に係る関係者の現状分析		
1　現経営者の家族（後継者以外の相続人）		
①　現経営者の家族構成（後継者以外の相続人）や重要な親族の状況を確認したか。		☐
②　現経営者の家族（後継者以外の相続人）の所有財産（特に自社株式），債務の状況を確認したか。		☐
③　各人の事業承継や相続に関しての希望や意向を確認したか。		☐
2　会社の役員・従業員		
①　会社の役員の構成，各役員の年齢，能力，自社株式の保有状況等を確認したか。		☐
②　会社の従業員のロイヤリティ，自社株式の保有状況，従業員持株会の自社株式の保有状況等を確認したか。		☐

	チェック項目	参照	チェック
3	取引先企業		
	① 主な得意先に係る年間売上高，売掛債権残高，当社に対する信用等の状況を確認したか。		☐
	② 主な仕入先に係る年間仕入高，主な外注に対する年間取引高等の状況を確認したか。		☐
4	金融機関		
	① 取引金融機関からの融資額，預金額，担保差入状況，債務保証状況等を確認したか。		☐
5	相談者・補佐役		
	① 事業承継に関してアドバイスをしてくれる相談役の存在の有無を確認したか。		☐
	② 後継者の経営能力や経験の不足を補佐してくれる補佐役の存在の有無を確認したか。		☐
4．経営者保証ガイドラインの事業承継における活用			
	① 経営者保証の契約時および既存保証契約の見直し時において，経営者保証ガイドラインの活用を検討したか。		☐
	② 法人と経営者との関係が，明確に区分・分離されていることを確認したか。		☐
	③ 法人の事業活動に必要な資産について，法人所有としているか。		☐
	④ 法人の事業活動に必要な資産を経営者等が所有している場合に，支払われている賃料は適切か。		☐
	⑤ 法人と経営者との間の資金のやりとりは，社会通念上適切な範囲を超えていないか。		☐
	⑥ 法人と経営者との間で，事業上必要ない貸付または借入が行われていないか。		☐
	⑦ 経営者個人が負担すべき支出が，法人の費用として処理されていないか。		☐
	⑧ 役員報酬は事業規模等を考慮して，社会通念上適切な範囲を超えていないか。		☐

第5章◆後継者目線の事業承継

チェック項目	参照	チェック
⑨ 法人と経営者個人との関係が，明確に区分・分離されていることを確保するための社内管理体制等が整備されているか。		☐
⑩ 取締役会および監査役が設置されるとともに，定期的に取締役会が開催され，適切な牽制機能が発揮されているか。		☐
⑪ 組織全般に対する牽制モニタリング機能発揮のため，取締役会または監査役は親族以外の第三者から選任されているか。		☐
⑫ 経営者の個人的な支出が会社の経費として処理されていないか，外部の専門家のチェックが行われているか。		☐
⑬ 財務状況の正確な把握，適時適切な情報開示により，経営の透明性が確保されているか。		☐
⑭ 外部の専門家が財務諸表について「中小企業の会計に関する指針」または「中小企業の会計に関する基本要領」の適用について確認しているか。		☐
⑮ 財務状況および経営成績の改善を通じた返済能力の向上等を図っているか。		☐

217

【図表 5 −12】 事業価値に関するチェックリスト

チェック項目	参照	チェック
1．事業価値の源泉の把握		
1　事業価値の源泉を把握する必要性		
①　事業価値の源泉を把握する必要性を十分に認識しているか。		☐
2　どのように事業価値の源泉を把握するのか。		
①　事業価値の源泉の各分析手法を活用し，事業価値の源泉を把握できたか。		☐
②　PEST分析等により外部要因分析を行うとともに，SWOT分析等によって自社の強みと弱み，将来におけるビジネスチャンスと脅威を認識したか。		☐
③　自社の強みは業界の成功要因（KFS）と整合しているか。		☐
④　②および③から導き出される業界価値の源泉は，定量的な分析によって裏付けることは可能か。		☐
⑤　借入金に対する担保提供および経営者の個人保証等の状況を確認したか。		☐
⑥　われわれが客観的な分析により示す事業価値の源泉と，経営者が考える事業価値の源泉は一致しているか。		☐
⑦　⑥が一致していない場合には，経営者が納得するまで話し合ったか。		☐
3　事業価値源泉の経営者等の個人能力の依存度		
①　経営者等の特定の個人が経営に関与しない場合を想定してみたか。		☐
②　組織的な運営の前提となる事務分掌は整備されているか。		☐
③　権限委譲した場合の判断基準となる経営理念は確立されており，全社に浸透しているか。		☐
④　経営理念を体現できる人材の育成は行われているか。		☐

第5章◆後継者目線の事業承継

	チェック項目	参照	チェック
4	事業価値の源泉がどれだけ存続できるか。		
	① 現状で企業が存続するために十分なキャッシュ・フローは，確保されているか。		☐
	② 事業価値の源泉の持続性は確認されているか。		
	・製品サービスの市場分析を行ったか。		☐
	・他社が容易に真似することのできない技術・ノウハウ・ビジネスモデルを有しているか。		☐
	・提供する製品やサービスが経営理念によって，裏付けられているか。		☐
	③ 事業価値（獲得される将来キャッシュ・フロー）と清算価値を比較したか。		☐
	④ 経営理念は普遍性を持っているか。		☐
	⑤ 事業承継への計画的な取組みへの意識は高いか。		☐
2.	**事業価値の磨き上げ**		
1	事業価値の磨き上げのポイント		
	① 経営理念は確立され，役員および従業員に浸透しているか。		☐
	② 人材の育成は行われているか。		☐
	③ 事業規模は適正か。		☐
	④ 企業体質の強化が行われていることを確認したか。		☐
	⑤ 経営の効率化が図られていることを確認したか。		☐
	⑥ 資金力の強化が行われていることを確認したか。		☐
	⑦ 個人資産と会社資産との明確な区別が行われていることを確認したか。		☐
	⑧ 各種社内マニュアル・規程類の整備が進められていることを確認したか。		☐

第6章

近年増加しているM&Aの活用法

Contents

1　M&Aの種類
2　事業承継として活用するM&A
3　M&Aの進め方
4　M&Aチェックリスト
5　成長戦略のためのM&A戦略
6　業界再編型のM&A

Summary

・事業承継でM&Aを活用することが増えている。
・M&Aは「お見合い」。成功のために，実行するべきことがある。

親族内や親族外（従業員，取引先，取引金融機関等）に後継者候補がいない場合には，M&Aの実行によりパートナー企業と組んで，買い手企業に経営を任せる方法があります。

　M&Aというと従来は外資系ファンドや大企業による，敵対的な買収でよく見られて，中小零細企業にはなじみがあまりなかったかと思います。しかし，近年は中小零細企業においてもM&Aの件数は増加傾向にあり事業承継の方法の1つに数えられています。

　図表6－1は中小企業のうち，中規模事業者の事業承継の手段についての統計データです。親族外の割合が33.4%と3分の1程度存在しており，その中でM&Aの割合も増えてきています。今後少子高齢化が進むなかで，この先5年，10年と見据えたときに，親族内で後継者を探すことがより一層困難になりうる可能性があります。そのようななか，M&Aにより事業を存続，発展させることが現在の日本においては，ますます重要になります。

　また，M&A実行後，資本投入してくれた企業の資源を有効活用することでシナジー効果を発揮した場合，既存の役職員や取引先にもメリットがあります。事業承継ガイドラインにおいてもM&Aを活用した事業承継の推進，そういった趣旨のことが謳われています。

　しかし，M&Aによる手法で本当によいのか慎重に検討する必要がある上，中小企業においては，経営者個人の資産と会社の資産との区別がはっきりしていない場合もあります。

　本章ではM&Aを活用される場合の成功シナリオについて解説したいと思います。

第6章◆近年増加しているM&Aの活用法

【図表6-1】 中規模事業者の事業承継方法

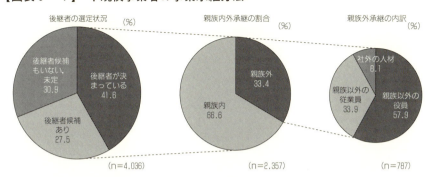

(注) 1.「自分の代で廃業するつもりだ」と回答した者を除いて集計している。
　　 2.後継者または後継者候補について,「その他」と回答した者を除いて集計している。
　　 3.ここでいう親族内とは,後継者または後継者候補について「配偶者」,「子供」,「子供の配偶者」,「孫」,「兄弟姉妹」,「その他親族」と回答した者をいう。
(原出所)　中小企業庁委託「企業経営の継続に関するアンケート調査」(2016年11月,㈱東京商工リサーチ)
(出所)　『2017年版　中小企業白書(事業の承継)』より抜粋

1　M&Aの種類

M&AとはMergers(合併)and Acquisitions(買収)の意味で,その手法はさまざまに存在しています。その代表的な手法について説明します。

① 合　併

合併とは,資産・負債・従業員・設備等,会社を丸ごと買手企業に売却する方法です。合併には,一方の法人格のみ残し他方の法人の権利の全部を存続する法人格に承継させる吸収合併と,新規に法人を設立して新設法人に両社の権利を承継させる新設合併が存在します。

合併のメリットは,以下です。

- 包括承継であるため,個々の財産の移転手続等は不要となる。

223

- 2社間の組織が1つになるため双方の強みやノウハウを補完し合えるような場合はシナジー効果を発揮でき成長が期待できる。
- 合併に際して株式を交付することにより買収資金が不要とすることも可能である。

② 分　割

　分割とは，資産・負債・従業員・設備等会社が保有している権利義務の全部を他の会社に包括的に承継する方法です。承継先が既存の会社である場合は吸収分割，新規に法人を設立し，設立した法人に承継させる場合は新設分割といいます。またさらに，引き継ぐ権利義務の対価として承継会社が交付する財産を分割会社が受け取る（分社型分割）か，分割会社の株主が受け取る（分割型分割）とに分かれます。事業承継を行うにあたって，会社分割を効果的に活用すると，以下のような良い効果が発揮される場合があります。

- 不採算部門や不良資産を会社分割して整理し，残った付加価値を生み出すことにより承継しやすくなる。
- 会社を兄弟姉妹に分割することにより後継者争い等を防ぐことができる上，分割した会社を兄弟の裁量により競うことにより相乗効果が生まれる可能性がある。
- 会社に2事業以上ある場合や販売部門，製造部門，地域等が異なる場合，会社分割をすることにより，会社の意思決定をスピーディーに行うことができる。また，さまざま独立させることにより会社としての未来像を独自に考えることができる。
- 後継者に一部の事業を切り離し実際の経営者としてマネジメントさせることにより将来の経営者としての素質を備わることが可能となる。
- 不動産等相続財産を分割し資産管理会社として保有することによりオーナー家に対して不動産賃貸収入を得ることもできる。

第6章◆近年増加している M&A の活用法

分割することにより，以上のようなさまざまなメリットが存在します。

③ 株式交換

　株式交換とは，株式会社がその発行済株式の全部を他の会社に取得させることをいいます。資産・負債・従業員・会社設備等を引き受ける合併や分割とは異なり，一方の会社が他方の会社の株式を100％取得し，その対価として当該会社の株式やその他の資産を交付する制度であり M&A においても使われます。最大のメリットは，対象会社の買収に対して，手元資金がなくても支配権を獲得できる点であるといわれています。

④ 株式移転

　株式移転とは，既存の会社の株主が，その保有する株式のすべてを新設の会社(持株会社)に取得させる方法です。株式移転は，単独の会社のケースにおいても新設の法人に管理させるために用いたりするケースもあります。また，複数の会社が新設法人に株式を100％取得させる方法もあります。中小企業の M&A では株式交換より株式移転のほうが多く使われています。

　筆者は，大手金融機関等がよく持株会社スキームを提案材料として各オーナーに株式移転の提案をしているケースを見ています。

　株式移転の最大の特徴は，2 社以上が株式移転をするときで，株式交換の場合は，その両社が完全親子会社の関係となるのに対して，株式移転のときは親会社に両社がぶらさがっており，支配関係等が存在しない点です。メリットとして以下が挙げられます。

● 親会社と子会社の経営の役割を明確化できる

　子会社に通常の事業の意思決定を任せ，持株会社は，「ヒト・モノ・カネ」等の資源の配分を行います。また，グループ理念，方針を策定することに

225

より全体最適に向けた取組みを行います。子会社は，通常の事業に対する意思決定を取締役会決議等で行えるため経営の意思決定が早くできます。また，独自の意思決定が可能となるため，子会社の従業員のモチベーションも向上すると思われます。

• **事業承継対策に効果を発揮する**

近年，金融機関の多くが後継者等を中心に事業承継の株式対策を提案していますが，それがこの方法です。持株会社を設立し持株会社が金融機関等から資金調達を実施し，先代経営者より株式を取得するという方法です。この方法は資金を要しますが，株式対策を簡潔にすることができます。また，持株会社を設立することにより，株式の評価額も下げる効果を発揮します（**図表6－2**）。

【図表6－2】 金融機関がよく提案している持株会社スキーム

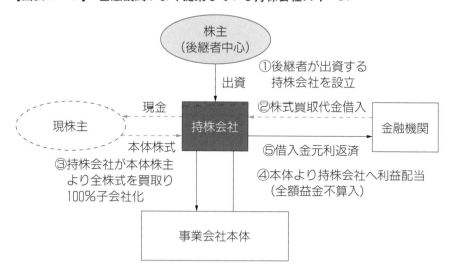

第6章◆近年増加しているM&Aの活用法

⑤ 事業譲渡

事業譲渡とは，会社が活動するために有している資産・負債，組織・設備・ノウハウ，取引先との関係などを含む包括的な概念である「事業」の全部または一部を他の会社に譲渡することをいいます。

事業譲渡の対価は事業を切り離す会社に支払われるため，売手のオーナーが直接資金を受け取ることはできません。そのため，事業譲渡に対する売却利益が生じた場合，売手企業に法人税が課税されることになりますが，株主には課税されません。また，消費税の課税対象にもなります。買手にとっては，簿外債務を引き受けてしまうリスクがないという点でメリットがある手法といえます。

ただし，事業譲渡の手続きは，譲渡対象にする資産・負債，従業員や契約等を選別し，個別に進める必要があるため，同じM&Aの手法である株式譲渡と比べると一般的には煩雑になります。契約が必要なものはすべて再締結が必要であり，事業所の賃貸契約，光熱費や通信費などの契約の名義変更も求められます。

また，不動産の名義変更にあたっては，不動産取得税，登録免許税などのコストがかかります。さらに，許認可が必要な事業の場合は再度許認可を得る必要があり，事業を引き継いだとしてもすぐに事業をスタートできないということも考えられます。

⑥ 株式譲渡

株式譲渡とは，発行済株式をすべて買手に譲渡する方法で，M&Aの中で最も多く採用される方法であり，中小企業のM&Aの80%以上でこの方法が採用されます。最大の特徴は株式の売買だけで手続きが完了するため，手続きが簡単な点にあります。また，中小企業において株式譲渡が使われる理由の1つに中小企業は同族企業で，株主＝経営者であることが大半で

227

あり，後継者に株式も取得してもらい影響力を強くするとともに，先代経営者の影響力を下げる効果もあります。メリットには，以下が挙げられます。

- 売手企業のオーナーは株式を売却するため，多額の現金を手に入れることが可能となり，オーナーの第2の人生に活かせることが可能となる。最近では株式を売却した後，全く今までの事業と異なる新たな事業を設立する場合や，家族サービス等に使われる場合等もある。
- 株式を取得するのみであるため，売手企業は会社としては存続する。法人格，法人名，取引先，従業員，各契約，許認可関係も基本的にはすべて残るため，今までと同様に企業活動を続けることが可能となる。
- 手続きが簡易である。譲渡企業は株主総会，取締役会の決議で譲渡を決定できる。

⑦　新株発行

売手企業が買手企業に新株を発行し，買手企業が売手企業の過半数もしくは特別決議の決議保有分の株式取得を目指す方法です。この手法におけるメリットは株主総会決議により発行可能であることです。

また，ベンチャー企業等資金手当が必要な会社において，種類株式の発行等の方法を用いることも可能です。そのため，スタートアップ企業などは大手企業の出資という手段を用いるケースも近年増加しています。

以上の①～⑦のM&Aの手法について，そのメリット・デメリットをまとめると，**図表6－3**のようになります。

第 6 章◆近年増加している M&A の活用法

【図表 6 - 3】 M&A の手法のメリット・デメリット図

	メリット	デメリット
合併	• 包括承継のため，手続きが簡易 • シナジー効果の即効性がある • 買手は通常対価として株式を発行すれば金銭が不要	• 売手の不必要な資産・負債等も引き受けてしまう • 買手が非上場企業の場合，株式の売却，現金化に時間を要する • 異なる 2 社が一緒になるため軋轢，セクショナリズムが生じやすい
分割	• 業務内容等に応じて分割ができるため今後の事業展開を見据えた方法が可能 • 買手側にシナジー効果の即効性がある • 手続きが簡易 • 必要な資産・負債等のみ引き継ぐことが可能	• 買手が非上場企業の場合，株式の売却，現金化に時間を要する • 異なる 2 社が一緒になるため軋轢，セクショナリズムが生じやすい
株式交換	• 買手は現金不要 • 買手と売手で別法人のため軋轢等は生じにくい	• 買手が非上場企業の場合現金化は困難 • グループ会社としての方針決定をしていく必要性がある
株式移転	• 経営の意思決定の明確化 • 事業承継対策の株式問題を解決可能	• 親会社が子会社管理の機能を果たせない場合はガバナンス上問題である • 事業承継対策として行う場合はシミュレーションをしっかりと行わないと結局意味がなくなる場合がある
事業譲渡	• 買手は欲しい事業を取得可能 • 簿外債務等を引き継ぐリスクは少ない • シナジー効果が発揮できる	• 許認可等が必要な場合引き継げない • 従業員や取引先の離散がありうる • 資産の査定が煩雑である

229

	メリット	デメリット
株式譲渡	• 売手の創業家に株式の売却資金が入る（譲渡益課税で済む） • 手続きが簡易である • 売手と買手は別法人であり株主だけが変わるため，売手にとって影響が他の方法よりも少ない	• 売手企業の不必要資産・夫妻を引き継ぐ必要性がある • 別法人であるため，企業理念，グループの方向性の統一等に時間を要する • シナジー効果が合併・事業譲渡に比べて得にくい • 資産の譲渡となるため，消費税が課税される
株式発行	• 手続きが簡易 • 買手企業の資金をそのまま事業資金に投入加納	• 完全子会社ではなくなる • 売手側は現金を入手できなくなる

それぞれの M&A の手法にはメリット・デメリットはありますが，特徴としては，M&A の種類によって対価を取得する者が異なる点です。合併，株式交換，株式移転，分割型分割，株式譲渡は株主が対価を取得しますが，分社型分割，事業譲渡，株式発行については会社が対価を取得します。

2　事業承継として活用する M&A

図表 6 - 1 のとおり，現在においても中小企業の事業承継の 3 分の 2 は親族内承継です。その結果，中小企業のこれまでの事業承継といえば，20年くらい前までは息子，娘婿等の親族内承継が中心と考えられ，長らく経営者も金融機関も顧問公認会計士・税理士もその考えのもと，事業承継対策＝相続対策，株価対策を重点課題としてきました。

どのように高値となった株価を引き下げるか。どのようにすれば相続財産を低く抑えられるか。制度の範囲内であの手この手と対策をしてきました。しかし，日本の中小企業380万社のうち（2017年版中小企業白書）約 3分の 1 の127万社で後継者が決まっていないといわれています（2017年10月

第6章◆近年増加しているM&Aの活用法

6日付日本経済新聞朝刊記事）。このままでよいのでしょうか。

　廃業していく中小企業の中には，技術力があったり，従業員を数多く雇用していたり，社会に貢献してきた会社も多く存在します。このような企業を廃業へと追いやることは各企業単独の問題としてよいとは筆者は思っていません。本格的に経営に携わっている経営者・コンサルタント・金融機関・商工会議所等の経済団体がもっともっと真剣に対策を考えないといけない時期にきています。

　筆者は，中小企業において後継者がいないケースは概ね以下ではないかと感じています。

(1)後継者となる子供がいない。

(2)子供はいるが，大企業に就職していたり起業していたり自分の職を持っており，後継の意志がない。

(3)後継者となる子供はいるが年齢が若く会社を引き継ぐにはまだまだ時期尚早である。また，番頭や技術のある社員がすでに引退時期に差しかかっている。

(4)経営者として会社を引っ張っていくには後継者の能力が不足している。

(5)斜陽産業であり引き続き会社が成長・発展をするには困難な業種である。

　日本が諸外国のように経済成長をしている時代であれば，後継者としての生き方を選択する子供もいたと思われますが，日本経済は今後少子高齢化がさらに加速し，潜在経済成長力も0％台が続くと思われます。バブル崩壊後1997年以降経済成長を果たしていないなか，会社の舵取りがうまくできるかという不安もあり「事業を継がない」子供が増えています。

231

【図表6-4】 事業承継方法の変化

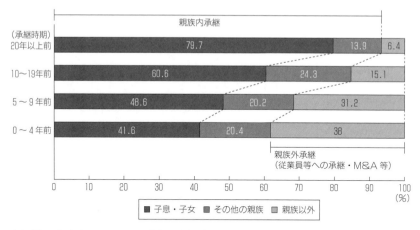

（出所） 東京商工リサーチ「後継者教育に関する実態調査」（2003年）

　図表6-4は，株式会社東京商工リサーチ「後継者教育に関する実態調査」（2003年）のデータですが，約3分の1は親族外での承継となっています。親族外には，M&Aも含まれています。そこから約15年経過していることも考えると，現在では親族外承継の割合が増加し，M&Aの割合も増加していると予想されます。つまり，中小企業の事業承継においてもM&Aという手法が浸透してきていると言えます。

　このような環境のなか，息子に事業を承継するのではなく，会社を売却するM&Aがここ最近は急増しています。事業承継対策としてのM&Aにはメリットが多数存在するのです。以下では，改めて，事業承継で用いられるM&Aのメリットとデメリットを整理します。

メリット
1．会社が存続すること，また発展が見込まれること
　通常，買手企業は売手企業と比較して規模が大きいケースが大きく（上

第6章◆近年増加しているM&Aの活用法

場企業含む），信用力や資金調達力も高い。その結果，より積極的な投資戦略や人材育成投資，大企業の傘下に加わったことでシナジー効果が生まれ，売上の増加や収益性の向上も期待できます。また，新規採用も以前よりうまくいくケースもあります。

2．従業員の雇用の維持

　M&Aを用いて事業を承継することにより，清算しなくて済むため，基本的には従業員の雇用を確保することができます。

3．株式譲渡をすると創業家利潤を得られる

　オーナー経営者の株式を第三者へ譲渡することにより，買手への円滑な事業承継を実現することができます。買手は売手企業の事業の将来の超過収益力（技術力，取引先，知名度等）を評価し，上乗せした価額で買収することが多いです。したがって，オーナー経営者は多額の売却金額を得ることができます。また，個人保証や担保も解除され，後継者問題解決と第2の人生のスタートが切れるという一石二鳥のメリットもあります。

デメリット

　事業承継で用いられるM&Aには上記のメリットがありますが，他方でデメリットもありますので，M&Aを検討する際には慎重に判断する必要があります。

1．創業家の影響がなくなる

　株式譲渡を用いたM&Aのケースの場合は，株主総会，取締役会の決議を経て，買手企業から役員や経営者を派遣するケースがあります。そのため，M&Aを実施した後，オーナー一家が残ったとしても今までのように自身の裁量で意思決定ができなくなり，新たな組織で会社を継続，発展してい

233

くことになります。

2．M&A 実施後も引継ぎ期間を要する

　M&A を実施した後，買手企業からの後継者が陣頭指揮をしていくことになりますが，従業員や取引先等は従前と変わりません。そのため，一定の引継ぎ期間を要するため，先代経営者も経営陣の一員として残るか顧問等の役職で会社に残り，後継者に引継ぎをするとともに顧客へ周知していく必要があります。

3．取引先や従業員の離脱

　M&A を実行した後は，買手企業の経営方針のもと，事業の運営がなされます。そのため，経営方針の急な変更により既存の顧客から取引，契約の解約がなされる場合があり得ます。

　また，買手企業の意向によっては仕入先も変更となる場合もあり，既存のビジネスモデルの変化が起こりお客様に多大な影響がある場合もあります。社内においては，現経営者の想いやカリスマ性に魅かれて働いている人も多くいます。買手企業の経営方針と合わずに従業員のモチベーションが下がったり，場合によっては番頭等中核メンバーとなる従業員が辞めたりすることもあります。そのために，M&A を進めていくにあたっては会社の今後の事業展開や取引先，従業員のことも考えた条件交渉が必要となります。

　このように，事業承継の方法として M&A を考える際には，メリット・デメリットを勘案しながら，顧問税理士・公認会計士等にも相談しながら慎重に進めていく必要があるのです。

第6章◆近年増加しているM&Aの活用法

3 M&Aの進め方

　どの方法のM&Aを選択するかによって異なりますが，本節では中小企業のM&Aに多く用いられる株式譲渡，事業譲渡の方法を前提に述べていきます。

　M&Aの進め方にはファイナンシャル・アドバイザリー（FA）を起用して進める方法と株式会社日本M&Aセンターのような M&A 専門仲介会社にM&Aの「仲介」をしてもらう方法があります。

　FAを選定したM&Aの場合，FAは，売手企業のアドバイザーとして，M&A 全体の業務について助言・サポートをします。会社の状況の把握，買手企業の選定，マッチング，交渉，売却価格に関する助言，契約締結，基本合意，クロージングまで一貫してサポートします。

　それに対して，仲介とは，M&Aの仲介会社やM&Aの専門家，公認会計士，税理士，金融機関，事業引継ぎ支援センター等が仲介を行います。売手側の仲介の場合は，譲渡会社の内容を把握し，どのようなM&A形態で，どのような条件で，どのような先に，どのくらいの譲渡価額により譲渡を希望するのか等のとりまとめや基本合意，最終契約等も執り行います。買手側の仲介の場合は，買手企業の経営戦略，方針に従い，どのような売手企業と組めば自社の戦略に合致するか等の観点から売手企業を探し，見つけた後，契約交渉に移ります。

　通常，買手と売手には譲渡価額や詳細な譲渡契約等において利益相反することもありますが，双方が納得できるように調整する必要性がある事柄も仲介を請け負う者が実施します。したがって，仲介を選択した場合，第三者として客観的に評価できる専門家を選任する必要があります。

　中小企業の場合，売手企業が事業承継においてM&Aを選択し，買手企業を探し出す場合に多く採用されるのは仲介方式です。いずれにせよ，FA

235

を採用するか,仲介を採用するか最善の方法で選択することがM&A成功の最初のワンステップでしょう。

①　M&Aのプロセス

M&Aを進めていくにあたっては,準備プロセス,実行プロセス,実行後のプロセスの3段階があります。**図表6－5**はFA方式と仲介方式の流れを図示したものです。

【図表6－5】　M&Aの進め方
[FA方式]

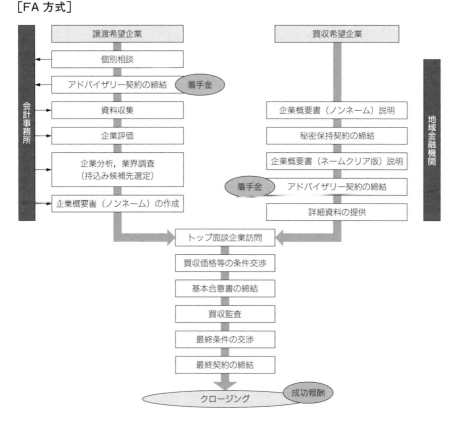

第 6 章 ◆ 近年増加している M&A の活用法

[仲介方式]

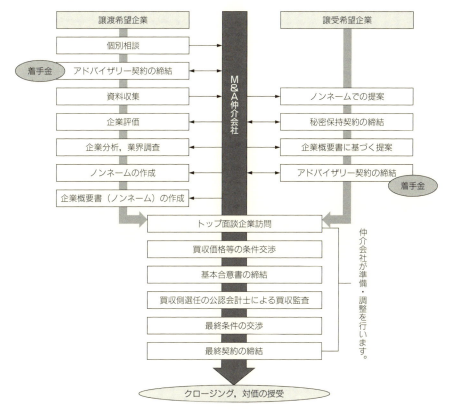

② 準備プロセス

ⅰ 売却の準備

　親族内承継の場合は、相続税評価額を引き下げるような取組みをするため、利益圧縮や純資産価格を引き下げるような取組みを行いますが、M&Aにおいては売買取引になるため、売却価格を引き上げる視点が大事になります。企業価値をいかに上げる取組みをするかが重要です。売却の準備に取りかかる前に以下について準備しておくことが望まれます。

- 事業計画の策定
- 決算書，売上内訳等根拠となる内部資料を策定する
- 事業戦略を明確化する
- 不足資源等を明らかにする
- 自社の強み，弱み等を明らかにする（例えば資格人数やノウハウ等）
- M&A の実行計画の立案
- 会社概要書を策定する
- 買手候補の選定

　こういった書類を備えることで，売却しやすくなる上，自社の企業価値算定時にも大いに役立ちます。

ii　FA 契約の締結

　M&A による事業承継方法が決定し上記売却前の準備を進めるとともに公認会計士・税理士・M&A の専門家，仲介会社との FA 契約の締結をしておく必要性があります。FA 契約締結後は，FA と協力しながら案件の組成から M&A の方向性，事業計画等も併せて見直しておくことが望まれます。

　その間，買手候補先リストを検討しつつシナジー効果等も想定しておく必要があります。なお，通常はアドバイザリー契約を締結する際に手付金が発生することが多いです。

iii　企業評価および企業概要書の作成

　売却価格を決めるにあたり，通常は上記で FA 契約した専門家による企業価値算定を行います。譲渡価額はあくまで双方の合意ですが，その土台となる金額を算定する作業が企業評価です。

　通常，売手の企業評価は買手の企業評価より高くなることが一般的です。売手企業の経営者がそのような事実を知らないケースもあります。

　企業評価の作業と並行して，企業概要書（IM：インフォメーション・メモランダム）の作成を行います。IM とは企業情報の要約書であり，企業概

要，沿革，財務状況，ビジネスモデル，事業上の強み・弱み，事業計画等，対象会社の概要をまとめた資料です。IMには，ノンネームシートもあります。

ノンネームシートとは，企業の大まかな概要を1枚のシートにしたものです。売手企業が特定されないよう，情報は必要最低限です。そのため，通常ノンネームシートを見たのみでは，企業の詳細情報はよくわかりません。買手企業が興味を示し，「秘密保持契約」を締結した後にIMを公開するのが一般的な方法です。

iv　買手企業候補先の検索

売却価格や売却方針を確認した後，買手先の検索を行います。売手企業から提案許可の出た企業に対し，ノンネームの提示を行い，関心を寄せた企業に「秘密保持契約」を締結の上，IMを提出する段階に入ります。

売却先として検討されるケースには以下があり得ますが，同業者によるM&Aの場合，情報漏洩等を懸念して消極的なケースも見られます。また，買手打診先には，事業会社のみならず投資ファンド等も含まれます。M&Aの場合，買手先候補が見つかるか否かが最重要であるともいえます。

M&Aにおいても人気業種等が存在します。買手先企業を見つけやすくするためには，売却の準備をしっかりと実施しておくことが大切です。打診を受けた企業は，IMをもとに買収交渉に入るか検討し，買収交渉を希望される場合は，意向表明を行うことになります。M&Aで考えられる買手企業が描く事業シナジー効果の代表は以下のとおりです。

水平型：規模拡大を狙った同業他社とのM&A

垂直型：小売が卸売，製造が卸売等，川上・川下を意識したM&A

周辺型：隣接業種への進出や新規事業への参入

検討の結果，双方とも感触が良い場合，実行プロセスに進みます。

③ 実行プロセス

ⅰ 交　渉

　複数の候補先から意向表明を受領した場合，基本的には最も有利な候補先1社に絞って独占的な交渉に入ります。2～3社の候補先を残して公募形式する方法もありますが，中小企業の場合は1社に絞った交渉が実務上多いです。

　交渉において最も重要な局面は，トップ面談です。トップ面談とは両者の代表が実際に面談し，書面ではわからなかった経営者の人となりや経営理念を直接確認する場面です。通常は，事前にFAや仲介者と緻密な打ち合わせをし，買手先からの質問事項の一例等を確認しておきます。ビジネスモデル，売先リスト，棚卸資産の不良在庫の有無，回収困難な売上債権の有無，大口取引先との今後の関係継続性，訴訟案件の有無等のほか，トップ面談時に工場見学や店舗計画等の時間を設ける方法も1つです。買手企業が売手企業の内容を把握する手段であるとともに，売手企業側でも同様に，この相手に会社を譲渡してもよいのだろうか？　と考える良い機会になります。M&Aプロセスの中で，経営者同士が顔を合わせるタイミングはこの機会しかないため，面談が数回に及ぶ場合もあります。面談は「お見合い」であるとM&Aの業界内では言われており，面談の結果次第では破談となりうる可能性もあります。

ⅱ　基本合意書（LOI）

　買手先候補から買収の意向が表明された場合，取引の基本的な条件を決めるための交渉をスタートさせます。条件には，買収金額，買収スキーム，買収後の経営方針，買収後の従業員の雇用維持等があります。特に中小企業のM&Aは雇用の維持が重要な要素である場合が多いです。雇用条件については基本合意段階からしっかりと議論をする必要性があります。

　買収金額，買収するスキーム，買収条件，経営方針等双方の合意が取れ

第6章◆近年増加しているM&Aの活用法

た場合，その証として基本合意書（LOI）を締結します。LOIには，取引の主要条件，独占交渉権，法的拘束力の範囲，デューデリジェンス（買収監査）に関する条項等が記載されます。基本合意自体は法的拘束力を持ちませんが，今までの交渉経緯を整理するという意味で双方にとっても意味があります。案件によっては，ここで途中報酬が発生する場合もあります。

iii　買収監査（DD）

　基本合意を経ると，買手企業が最終的にM&Aに納得できるように，売手企業に隠れた瑕疵や法令違反がないかを第三者にチェックしてもらいます。このことを買収監査（DD）といいます。

　通常公認会計士や税理士が行うことが多いですが，監査内容によっては他の専門家，弁護士や社会保険労務士等と一緒にDDを行うこともあります。DDでは通常専門家から売手企業に質問が多くなされることがありますのでDD前には準備をしておく必要があります。

iv　最終契約

　DDの結果を踏まえ，M&A実行に向けた双方の最終的な取引条件の交渉が行われます。通常，DDにより買収価額の引下げが行われるケースが多いです。最終的な条件が決定されると最終契約書が締結されます。

④　実行後のプロセス

i　クロージング

　最終契約締結後，タイミングを考慮し双方の関係者（取引先や従業員）に対してM&Aに関する情報を発表します。そして，統合準備がスタートします。最終段階でFAや仲介者に成功報酬を支払います。

ii　統合後

　統合後，中小企業の場合は，2年程度売手企業の社長が経営陣に残るケースが多いです。M&Aのプロセスは統合までで終了しますが，ここからが大事なプロセスです。統合後，シナジー効果を発揮させるような組織づくり

241

をしていく必要性があるという点はいうまでもないことでしょう。

買収後の経営体制は買収後の経営方針次第で大きく 3 つのパターンがあり，買手企業と売手企業の合意形成で話し合われることになります。

第 1 に，売手企業の代表者，役員，従業員等を買収前後でできる限り変更しない方法です。この方法をとる場合は，売手企業は譲渡前後で株主構成が変わるだけで経営体制やビジネスモデル等も変化はありません。しかし，この場合は，M&A のメリットであるシナジー効果の発揮ができるように組織運営上，気をつけないといけません。

第 2 に，子会社として一定程度の独立性は維持しますが，買手企業が売手企業に役員を過半数派遣し，経営の支配権を得る方法です。この場合は，買手企業が売手企業と同業種やシナジーをさらに発揮したい場合等に採用されます。しかし，買手企業の色を全面に押し出すと，M&A のデメリットにもあるように，従業員のモチベーションの低下や取引先への影響が出ることになります。

第 3 に，数年後に買手企業が売手企業を吸収合併する方法です。これにより，数年間は売手企業の規程，制度は踏襲しますが，数年経過後，買手企業と同様の制度を適用でき，経営統合のスピードを得ることができ，シナジー効果を発揮しやすい状況になります。しかし，吸収合併時に従業員の離職など売手企業側との調整が必要になります。

iii　表明保証，誓約事項

表明保証とは，過去から現在の事実や法律関係についての当事者の表明であり，保証とは現在や将来の事実や法律関係について当事者が責任を持って保証することを意味します。例示として以下のものが挙げられます。

- 取引先との重要な契約が取引実行後も継続されること
- 外部の第三者との間で訴訟等が生じる可能性があること
- 税務署から過年度の決算書について税務否認されるリスクがないこと
- 未払残業代等の問題が生じないこと

第6章◆近年増加している M&A の活用法

- 土壌汚染等の環境問題が顕在化する可能性がないこと等

誓約事項とは，クロージング前後で売手企業，買手企業が行ってよいこと，行ってはいけないこと等を誓約することです。特に売手企業の経営者がクロージング後に同じビジネスをやり始めるといった競業避止義務等を定めるようなケースです。

M&A を実施する場合は，上記のようなさまざまなことに留意して取引の実行を行う必要性があります。

> **少し ウラ話を…**

買収価格と相続税評価額

　株価の評価額には，親族内承継，従業員への承継等で主に株式の贈与をする場合に用いられる，読者の皆様も知っている財産評価通達の規定に基づき算定する方法と，M&A に代表される外部の第三者へ譲渡する場合に用いられる評価額があります。両者の算定方法は，下記ご覧のとおりの違いがあります。M&A の評価額は，会社の利益に着目した DCF 法や，時価純資産＋営業権に着目して算定します。

　その結果，M&A の評価額の方が高く算出されるケースが多くなります。

【図表 6 － 6】 株価評価額

相続時の株価	類似業種批准方式……国税庁が業種ごとに公表する 1 株当たり配当金額，利益金額，純資産価額から株価を算定する方法
	時価純資産価額方式……資産・負債を時価評価し，時価純資産を株主持分として株価を算定する方法
	併用方式……類似業種比準方式と時価純資産価額方式の組み合わせ
	配当還元方式……企業の配当金額を資本還元率で除して株価を算定する方法

M&Aの株価	時価純資産に着目して算定……時価純資産価額＋営業権
	会社の利益に着目して算定……（DCF 法，EBITDA 倍率）
	類似会社の株価に着目して算定……類似する上場会社の株式市場の株価等をもとに算定する。

> 事業承継の株価と M&A の株価の算定方法は違う。
> 企業評価算定は公認会計士・税理士に相談する。

第6章◆近年増加している M&A の活用法

4 M&A チェックリスト

M&A を成功させるために押さえておきたい確認事項をチェックリストとしてまとめました。読者の方で事業承継に M&A を活用することを検討している方，事業承継問題にこれから取り組まれる方は，当チェックリストをぜひ活用いただけたらと思います。

【図表 6 － 7 】 M&A の検討チェックリスト

チェック項目		参照	チェック
1．第三者売却のプロセス			
(1)	親族内承継との違い		
	①　親族内承継とは異なり，第三者売却は事業の有償取引であることを理解しているか。		☐
	②　会社を高く売却するために，事業価値を十分高めておいたか。		☐
(2)	第三者売却の準備		
	①　対象会社の事業活動を定量的に把握できる仕組みはできているか。		☐
	②　今後の事業戦略は明確化されているか。		☐
	③　対象会社の事業価値源泉の所在は明らかになっているか。		☐
	④　事業価値源泉は定量的に分析されているか。		☐
(3)	第三者売却のプロセスの全体像		
	①　買手候補を見つけ出すことを専門家に依頼したか。		☐
	②　取引実行のための実務手続きの遂行を専門家に依頼したか。		☐
	③　複数の専門家をコーディネートするために，公認会計士を活用することができるか。		☐

245

	チェック項目	参照	チェック
(4)	買手候補のリストアップと絞込み		
	① 売手経営者が知っている同業他社を買手候補としてリストアップできたか。		☐
	② 同業他社に提案する場合，業界内での情報漏洩によって対象会社に悪影響を及ぼすことはないか。		☐
	③ 取引金融機関や公認会計士に，買手候補探しを依頼することを検討したか。		☐
(5)	対象会社の情報開示		
	① 情報開示の前に秘密保持契約を締結したか。		☐
	② 買手候補が事業価値を評価するために，必要十分な情報をインフォメーション・メモランダムにまとめたか。		☐
	③ インフォメーション・メモランダムは，わかりやすく，数値の裏付け根拠をもって作成されているか。		☐
	④ 定性的な情報を提供するために，対象会社の経営陣によるプレゼンテーションを実施したか。		☐
	⑤ 買手候補から出されると想定される質問に対して，あらかじめ回答を準備しているか。		☐
	⑥ 事業計画を策定できるような社内体制は構築されているか。		☐
	⑦ 事業計画をつくっていない場合，公認会計士にその立案の支援を依頼したか。		☐
(6)	基本条件の交渉		
	① 買手候補との間で価格を合意できる可能性はあるか。		☐
	② 従業員の継続雇用を取引条件として提示したか。		☐
	③ 買手が必要不可欠と考える事業価値源泉の承継が取引条件となっている場合，それを充足することができるか。		☐
	④ 重要なキーパーソンが退職する可能性はないか。		☐

第6章◆近年増加しているM&Aの活用法

チェック項目	参照	チェック
基本合意の成立		
① 買手候補から出される独占交渉権の要求を拒否することができるか，付与するとした場合，取引価額の上方修正を交換条件として提示したか。		☐
② 基本合意の取引価額は，デュー・デリジェンス後の交渉において引き下げられることを想定しているか。		☐
③ 「絶対に譲れない条件」を明確にし，交渉終了の局面を前提に想定しているか。		☐
④ 買手候補との交渉が決裂しても，次の買手候補を探し始めることができるか。		☐
2．売却価格の決定		
買手にとっての事業価値		
① 取引価格は買い手が実現する事業価値であることを理解しているか。		☐
② 事業価値を最大化するであろう買手候補を見つけることができたか。		☐
③ 買手にとっての企業買収は投資であり，その投資回収が問題となることを理解しているか。		☐
売手が評価する事業価値と買手が評価する事業価値の違い		
① 買手候補に対象会社の将来キャッシュ・フローを予測するための情報を十分に提供したか。		☐
② 事業の将来性を強気で考える買手候補を見つけることができたか。		☐
③ 対象会社とのエナジー効果を生み出す買手候補を見つけることができたか。		☐
事業計画と事業価値		
① 事業計画が過去の実績値の趨勢から乖離していないか。		☐
② 過去の趨勢から乖離する事業計画である場合，その根拠を明らかにしているか。		☐

247

チェック項目	参照	チェック
③ 従業員や生産設備のリストラ計画など，大きな費用発生についても，適切に事業計画に織り込んでいるか。（③）		☐

3．譲渡契約書

譲渡契約書の特徴

① 取引実行（クロージング）の前提条件が何であるか，正しく理解しているか，充足できない前提条件を設けていないか。		☐
② 取引実行の前提条件を最小限とするように交渉を進めたか。		☐
③ 表明保証が売手にとってのリスク要因となることは理解しているか，表明保証の対象が最小限となるように交渉を進めたか。		☐
④ 誓約事項の対象が最小限となるように交渉を進めたか。		☐
⑤ 明らかに事実と異なるものが表明保証の対象となっていないか。		☐
⑥ 明らかに履行不可能なものが誓約事項の対象となっていないか。		☐
⑦ 補償の金額に上限を設けているか，補償を請求できる期限を設けているか。		☐

（1）

4．第三者売却の取引スキーム

基本的な考え方

① 株式譲渡と事業譲渡のいずれが手取り額を大きくするか，税引き後の手取り額を計算したか。		☐
② 売り手だけでなく買手に及ぼす税額の影響を考慮して取引スキームを選択したか。		☐
③ 価格交渉に及ぼす影響を考えた上で取引スキームを選択しているか。		☐
④ 事業譲渡によって計上される資産調節勘定，引き継がれる繰越欠損金が買手にとっての影響することを，価格引上げ交渉の材料としているのか。		☐

（1）

第6章◆近年増加しているM&Aの活用法

		チェック項目	参照	チェック
(1)	⑤	株式譲渡はその対価を株主が受領すること，事業譲渡はその対価を対象会社が受領することを理解しているか。		☐
	株式譲渡			
(2)	①	株式価値の評価方法によって取引価格が変わることを理解しているか。		☐
	②	譲渡制限株式を譲渡する場合，それに必要となる会社法の手続を実行しているか。		☐
	事業譲渡			
(3)	①	事業譲渡に必要となる会社法の手続を実行しているか。		☐
	②	簡易事業譲渡や略式事業譲渡に該当しないかを確認したか。		☐
	③	事業譲渡の後に競業避止義務が伴うことを理解しているか。		☐
	④	消費税の課税事業者の場合，事業譲渡に伴う消費税を計算したか。		☐
	⑤	事業譲渡の場合，売却代金が会社に入ることになるため，その後に個人株主へ分配しようとするならば，所得税が課されることを理解しているか。		☐
	⑥	事業譲渡では，承継しようとする従業員の個別同意が必要となるが，その同意を得ることができたか。		☐
5．買手への事業価値源泉の承継				
	社長の交代			
(1)	①	売手経営者が，取引実行後も一定期間にわたり経営に関する必要はあるか。		☐
	②	売手経営者が取引実行後も関与する場合，その職位や会社との契約形態はどうするのか。		☐
	③	売手経営者が取引実行後も関与する場合，その退職金が税務上損金として認められるか。		☐

249

	チェック項目	参照	チェック
(2)	承継後の経営体制		
	① 承継後の買手の経営への関与度合いが事業価値源泉の存続に影響を与えるため，最適な関与度合いを事前に検討しているか。		☐
	② 対象会社が承継された後，買手の子会社となるか，買手に吸収合併されるべきか。		☐
(3)	買手との経営統合		
	① 買手による事業価値を実現するために，取引実行後の統合作業を早い段階から検討しているか。		☐
	② 企業文化や組織風土を融合させる方法を検討したか，統合前から人材交流と意見交換を行ったか。		☐
	③ 組織統合において従業員の削減は必要となるか，必要となる場合，従業員のモチベーションの低下を防ぐための方策を検討したか。		☐
	④ 重複する業務の統合など，業務プロセスの効率化を検討したか。		☐
	⑤ 情報システムの統合によって日常業務が混乱することがないよう，慎重に検討したか。		☐
	⑥ 経営統合によって事業価値を確実に実現させるため，公認会計士など専門家を活用した全社プロジェクトを実行すべきか。		☐

対象会社に対する状況のチェックリスト

	チェック項目	参照	チェック
1．対象会社の現状分析と環境整備			
(1)	会社の経営資源の状況		
	① 会社の競争力（技術力・商品力・優良顧客の存在・情報収集力・経営ノウハウ等）の状況と将来の見通しを確認したか。		☐
	② 経営組織，役員構成等の状況を確認したか。		☐
	③ 従業員の人数，年齢，能力等の状況を確認したか。		☐
	④ 主な資産の内容，帳簿価額および時価評価額の状況を確認したか。		☐

第 6 章◆近年増加している M&A の活用法

	チェック項目	参照	チェック
(1)	⑤ キャッシュ・フローの現状と将来の見通しを確認したか。		☐
	⑥ その他（企業風土・従業員の気質等）の状況を確認したか。		☐
(2)	会社の経営リスクの状況		
	① 主な負債の内容，帳簿価額等の状況を確認したか。		☐
	② 金融機関からの借入状況と返済能力の状況を確認したか。		☐
	③ 借入金に対する担保提供および現経営者の個人保証等の状況を確認したか。		☐
	④ 債務保証・簿外債務の有無を確認したか。		☐
	⑤ 将来の退職金等の潜在的債務の状況を確認したか。		☐
	⑥ リスクに対応する生命保険や損害保険の加入状況と，適正な保障額であるかどうかを確認したか。		☐
	⑦ その他（役員等からの借入金と返済予定等）の状況を確認したか。		☐
(3)	会社の株主等の状況		
	① 株主構成の現状と将来の見通しを確認したか。		☐
	② 名義株式の整理を行ったか。		☐
	③ 持株会の活用を検討したか。		☐
	④ 会社に影響を与える法律等の改正の動きを確認したか。		☐
	⑤ 自社株式の再集中化の方法		☐
	ⅰ 現経営者が他の株主から自社株を買い取る方法を検討したか。		☐
	ⅱ 現経営者に対してのみ新株を発行する方法を検討したか。		☐
	ⅲ 会社が分散した株主から自社株式を買い取る方法を検討したか。		☐
	ⅳ 取引条項付株式の活用を検討したか。		☐
	ⅴ 全部取得条項付種類株式の活用を検討したか。		☐

251

チェック項目		参照	チェック
(4)	会社の「定款」の状況		
	① 対象会社の定款を入手したか。		☐
	② 絶対的記載事項の内容を確認したか。		☐
	③ 相対的記載事項の内容を確認したか。		☐
	④ 任意的記載事項の内容を確認したか。		☐
	⑤ 株式譲渡制限の規定があるか。		☐
	⑥ 相続人に対する売渡請求条項の規定があるか。		☐
	⑦ 議決権制限株式の発行を検討したか。		☐
	⑧ 拒否権付種類株式（黄金株）の発行を検討したか。		☐
	⑨ 株主ごとの異なる扱いをする規定の活用を検討したか。		☐
(5)	会社の「社内規程」の状況		
	① 対象会社の社内規程を入手したか。		☐
	② 社内規程は現在の法律に適合しているか。		☐
	③ 組織に関する社内規程の内容を確認したか。		☐
	④ 役員に関する社内規程の内容を確認したか。		☐
	⑤ 人事・給与等に関する社内規程の内容を確認したか。		☐
	⑥ 経理に関する社内規程の内容を確認したか。		☐
	⑦ 総務に関する社内規程の内容を確認したか。		☐
	⑧ 販売・製造・購買に関する社内規程の内容を確認したか。		☐
	⑨ 基本契約書等の重要書類を入手し，その内容を確認したか。		☐

5 成長戦略のための M&A 戦略

　ここ数年で M&A をする目的も変わってきました。そもそも，1990年代は大企業による M&A が主流でした。

その後2000年代のライブドア＝フジサンケイグループの買収劇，村上ファンドによる阪神電気鉄道株式会社買収劇は敵対的買収として世間を賑わせました。しかし，非上場企業のM&Aにおいて敵対的買収はあり得ません。中小企業のM&Aは双方の合意によって行われることが大前提であります。

2000年代後半くらいから，日本は本格的な人口減少局面になりM&Aは大企業のみで行われるものではなく，中小企業の事業承継手段として行われるケースが増えてきていました。事業承継としてのM&Aは今後10年程度にかけて増え続けていくと予想されます。

最近は自社の事業の成長戦略，経営計画に沿ってM&Aも戦略の1つとして組み込んで積極的にM&Aを実施している会社もあります。戦略型のM&Aです。

代表的な例は日本電産株式会社です。日本電産は1984年に初めてM&Aを実施して以降約20年の間に40社以上のM&Aを成功させ業績拡大に寄与しています。今後，中小企業のM&Aにおいても同様に，売手も買手も事業をさらに発展，成長させていくための経営戦略としてM&Aを取り入れていく動きが加速していくと思われます。

また，最近筆者がさまざまな経営者とお会いした際には必ず，M&Aの話題も出します。その際に，買いたいという企業の目的の1つに人材確保の問題を挙げられる社長が多いです。「仕事はあるが人手がいないので請け負えない」といった中小企業が最近は増えているのです。自社の経営計画を策定していく上で，今後M&A戦略も1つ加えて考えていくことを推奨します。

買手企業が多額の資金を投入して企業買収を行う理由に，今後の日本の市場において自社単独での成長・発展には限界があるからというのもあります。

そもそも，会社は何のために存在するのか？　という問いに対して，松

253

下電器（現パナソニック株式会社）の創業者，松下幸之助氏は「社会の公器」であると言われています。

長年続いている会社には理由があります。社会に貢献できる製品・商品，技術，サービスが存在しています。そのような技術を買手企業とともにさらに良いものとして世の中に提供していくこと，これが本当の目的ではないでしょうか。現在の事業をもっと世の中へ広げたいという志でM&Aを決めることも大事であろうと思います。

これからの時代，IoT，人工知能，シェアリングエコノミー，ブロックチェーン技術と，想定以上のスピードで時代の流れが変化します。経営者として重要な点は世の中の動きに敏感になり，スピーディーに対応することです。自社の取り巻く環境が時代の変化の真っ只中にいる業界は成長戦

【図表6-8】 M&Aのトレンド

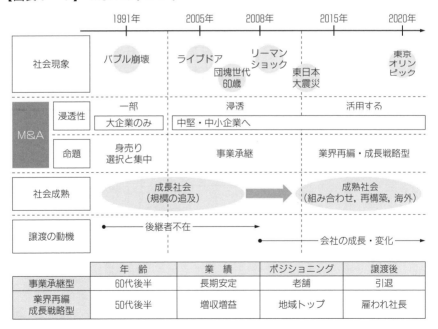

【図表6-9】 戦略的に行うM&A

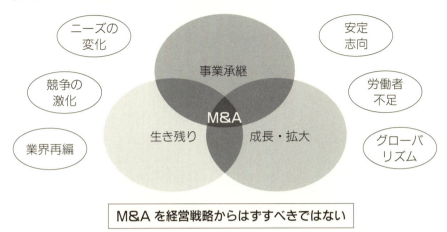

略としてM&Aを取り入れて，第二創業を図っていくべきだと筆者は考えています。

6 業界再編型のM&A

　市場経済が成熟してくると，企業間で競争が激化します。そうなると，価格競争に陥り，成長も鈍化してきます。成長が鈍化すると自社の経営状況の悪化につながりジリ貧な状況になっていきます。

　まさに，日本の現在の経済状況に当てはまるのではないでしょうか？このような状況になると業界で再編が行われます。再編すると，規模の経済により競争を優位に進めることが可能になります。現在，日本においては業界再編が進んでいる業種が現に存在しています。「金融」「商社」「車」「家電」「百貨店」「飲料」「コンビニ」等です。いずれも日本国内では成熟産業にあり，成熟しているなかで業界再編が起こっています。

　また，現在，業界再編中の業種として，以下の業種が挙げられます（日

【図表6-10】 業界再編と市場の成熟度

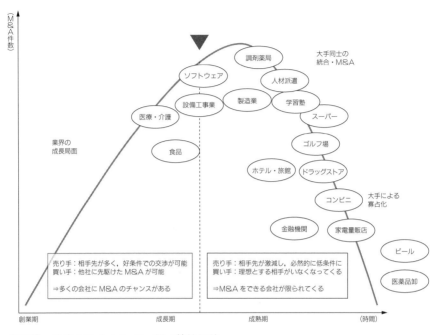

(出所) 日本M&Aセンター調べ弊社加筆

本M&Aセンター調べ)。「調剤薬局」「ITソフトウェア」「病院,介護」「外食産業」「設備工事業」「自動車部品業」「運送業」です。今後業界再編が起こりうる産業としては「信用金庫」「地銀」等が挙げられます。

業界再編が起こる主な理由は,少子高齢化で需要が伸びない,新ビジネスが誕生したことによる変化(アマゾンの出現やiPhoneの出現)への対応です。また,今後はグローバル企業との競争をしていく上で,グローバルで活動をしている企業の再編もますます増えていくと思われます。

中小企業においても自社の関連産業が業界再編の波にあるときは,まさに,対応していく必要性があります。中小企業がとるべき選択肢として,以下のものがあります。

第6章◆近年増加しているM&Aの活用法

- 積極的に買収して業界再編をリードする
- 大手企業に売却して大手の傘下の一員として発展成長する
- 関連企業等とパートナーシップをとりバリューを発揮する

　いったん業界再編が起こると一気に進みます。業界の波を見ながら，経営の意思決定をしていくことが求められます。

　以上，第6章では近年増加しているM&Aを活用した事業承継方法について述べてきました。中小企業のうち127万社は廃業すると言われ，そのうち約半分は黒字企業と言われています。衝撃的な出来事です。現在においても事業承継は親族内承継が中心ではありますが，少子高齢化の影響により，今後ますますM&Aによる承継が増えるでしょう。M&Aによる承継は，すぐには実行できません。良いお相手を見つけなければならないからです。そのためにも，売手，買手両社ともしっかりと戦略立案を行い，会社の状態を良くし，一番良い状態でM&Aを実行することが望ましいです。その結果，両社が組んだことによるシナジー効果が発揮されます。

　M&Aにより，企業を取りまく関係者が幸せになっているという実例を筆者は見ています。実際に，当グループ東海事務所もそうです。M&Aを事業承継の最後の手段として考えるのではなく戦略の一部として考え，親族内承継と同等に考えていただきたいと思います。

　最後に，本書は，平成30年度の税制改正の「事業承継税制」の改正を真正面から捉え，「事業承継で悩む企業に真に役立つ解決方法をお伝えしたい」「中小企業の廃業を救いたい」「中小企業の発展を支えたい」そんな想いで執筆致しました。『事業承継成功のシナリオ』を手に取っていただいた読者の皆様の事業承継が成功することを願いまして末筆にしたいと思います。

巻末資料

Contents

第一種特例認定申請書
（「先代経営者」から後継者への贈与・相続等）

- 贈与の場合
- 相続の場合

第二種特例認定申請書
（「先代経営者以外の株主」から後継者への贈与・相続等）

- 贈与の場合
- 相続の場合

平成30年５月18日中小企業庁公表　特例承継計画記載例

様式第7の3

第一種特例贈与認定中小企業者に係る認定申請書

年　　月　　日

都道府県知事名　殿

郵 便 番 号
会 社 所 在 地
会 　 社 　 名
電 話 番 号
代表者の氏名　　　　　　　　印

　中小企業における経営の承継の円滑化に関する法律第12条第1項の認定（同法施行規則第6条第1項第11号の事由に係るものに限る。）を受けたいので，下記のとおり申請します。

記

1　特例承継計画の確認について

施行規則第17条第1項第1号の確認（施行規則第18条第1項又は第2項の変更の確認をした場合には変更後の確認）に係る確認事項	確認の有無		□有 □無（本申請と併せて提出）
	「有」の場合	確認の年月日及び番号	年　　月　　日（　　　号）
		特例代表者の氏名	
		特例後継者の氏名	

2　贈与者及び第一種特例経営承継受贈者について

贈与の日			年　　月　　日
第一種特例贈与認定申請基準日			年　　月　　日
贈与税申告期限			年　　月　　日
第一種特例贈与認定申請基準事業年度		年　月　日から　　年　月　日まで	
総株主等議決権数	贈与の直前	(a)	個
	贈与の時	(b)	個

巻末資料

	氏名			
贈与者	贈与の時の住所			
	贈与の時の代表者への就任の有無			□有　□無
	贈与の時における過去の法第12条第1項の認定（施行規則第6条第1項第11号又は第13号の事由に係るものに限る。）に係る贈与の有無			□有　□無
	代表者であった時期			年　月　日から　年　月　日
	代表者であって，同族関係者と合わせて申請者の総株主等議決権数の100分の50を超える数を有し，かつ，いずれの同族関係者（第一種特例経営承継受贈者となる者を除く。）が有する議決権数をも下回っていなかった時期(*)			年　月　日から　年　月　日
	(*)の時期における総株主等議決権数			(c)　　　　　　　個
	(*)の時期における同族関係者との保有議決権数の合計及びその割合			(d)＋(e)　　　　個 ((d)＋(e))／(c)　　％
	(*)の時期における保有議決権数及びその割合			(d)　　　　　　　個 (d)／(c)　　　　　％
	(*)の時期における同族関係者	氏名（会社名）	住所（会社所在地）	保有議決権数及びその割合 (e)　　　　　　　個 (e)／(c)　　　　　％
	贈与の直前における同族関係者との保有議決権数の合計及びその割合			(f)＋(g)　　　　個 ((f)＋(g))／(a)　　％
	贈与の直前における保有議決権数及びその割合			(f)　　　　　　　個 (f)／(a)　　　　　％
	贈与の直前における同族関係者	氏名（会社名）	住所（会社所在地）	保有議決権数及びその割合 (g)　　　　　　　個 (g)／(a)　　　　　％
	(*2)から(*3)を控除した残数又は残額			(i)－(j)　　　株（円）
	贈与の直前の発行済株式又は出資（議決権の制限のない株式等に限る。）の総数又は総額(*1)			(h)　　　　　株（円）
	(*1)の3分の2(*2)			(i)＝(h)×2／3　株（円）

261

	贈与の直前において第一種特例経営承継受贈者が有していた株式等の数又は金額(*3)			(j)	株（円）
	贈与の直前において贈与者が有していた株式等（議決権に制限のないものに限る。）の数又は金額				株（円）
	贈与者が贈与をした株式等（議決権の制限のないものに限る。）の数又は金額				株（円）
第一種特例経営承継受贈者	氏名				
	住所				
	贈与の日における年齢				
	贈与の時における贈与者との関係				□直系卑属 □直系卑属以外の親族 □親族外
	贈与の時における代表者への就任の有無				□有 □無
	贈与の日前3年以上にわたる役員への就任の有無				□有 □無
	贈与の時における過去の法第12条第1項の認定（施行規則第6条第1項第7号又は第9号の事由に係るものに限る。）に係る受贈の有無				□有 □無
	贈与の時における同族関係者との保有議決権数の合計及びその割合			(k)+(l)+(m) ((k)+(l)+(m))/(b)	個 %
	保有議決権数及びその割合	贈与の直前	(k) (k)/(a)	個 %	贈与者から贈与により取得した数(*4)
		贈与の時	(k)+(l) ((k)+(l))/(b)	個 %	(l) 個
		(*4)のうち租税特別措置法第70条の7の5第1項の適用を受けようとする株式等に係る議決権の数(*5)			個
		(*5)のうち第一種特例増与認定申請基準日までに譲渡した数			個
	贈与の時における同族関係者	氏名(会社名)	住所(会社所在地)	保有議決権数及びその割合	
				(m) (m)/(b)	個 %

3　贈与者が第一種特例経営承継受贈者へ第一種特例認定贈与株式を法第12条第1項の認定に係る贈与をする前に，当該認定贈与株式を法第12条第1項の認定に係る受贈をし

262

巻末資料

ている場合に記載すべき事項について

本申請に係る株式等の贈与が該当する贈与の類型	□該当無し □第一種特別贈与認定株式再贈与 □第二種特別贈与認定株式再贈与 □第一種特例贈与認定株式再贈与 □第二種特例贈与認定株式再贈与			
	氏名	認定日	左記認定番号	左記認定を受けた株式数
第一種特例贈与認定中小企業者の認定贈与株式を法第12条第1項の認定に係る受贈をした者に，贈与をした者（当該贈与をした者が複数ある場合には，贈与した順にすべてを記載する。）				

（備考）

① 用紙の大きさは，日本工業規格Ａ4とする。

② 記名押印については，署名をする場合，押印を省略することができる。

③ 申請書の写し（別紙1及び別紙2を含む）及び施行規則第7条第6項の規定により読み替えられた同条第2項各号に掲げる書類を添付する。

④ 「施行規則第17条第1項第1号の確認（施行規則第18条第1項又は第2項の変更の確認をした場合には変更後の確認）に係る確認事項」については，当該確認を受けていない場合には，本申請と併せて施行規則第17条第2項各号に掲げる書類を添付する。また，施行規則第18条第1項又は第2項に定める変更をし，当該変更後の確認を受けていない場合には，本申請と併せて同条第5項の規定により読み替えられた前条第2項に掲げる書類を添付する。

⑤ 施行規則第6条第2項の規定により申請者が資産保有型会社又は資産運用型会社に該当しないものとみなされた場合には，その旨を証する書類を添付する。

⑥ 第一種特例贈与認定申請基準事業年度終了の日において申請者に特別子会社がある場合にあっては特別子会社に該当する旨を証する書類，当該特別子会社が資産保有型子会社又は資産運用型子会社に該当しないとき（施行規則第6条第2項の規定によりそれぞれに該当しないものとみなされた場合を含む。）には，その旨を証する書類を添付する。

（記載要領）

① 単位が「％」の欄は小数点第1位までの値を記載する。

② 「贈与者から贈与により取得した数」については，贈与の時以後のいずれかの時において申請者が合併により消滅した場合にあっては当該合併に際して交付された吸収合併存続会社等の株式等（会社法第234条第1項の規定により競売しなければならない株式を除く。）に係る議決権の数，贈与の時以後のいずれかの時において申請者が株式交換等により他の会社の株式交換完全子会社等となった場合にあっては当該株式交換等に際して交付された株式交換完全親会社等の株式等（会社法第234条第1項の規定により競売しなければならない株式を除く。）に係る議決権の数とする。

③ 「認定申請基準事業年度における特定資産等に係る明細表」については，第一種特例贈与認定申請基準事業年度に該当する事業年度が複数ある場合には，その事業年度ごとに同様の表を記載する。「特定資産」又は「運用収入」については，該当するものが複数ある場合には同様の欄を追加して記載する。（施行規則第6条第2項の規定によりそれぞれに該当しないものとみなされた場合には空欄とする。）

④ 「損金不算入となる給与」については，法人税法第34条及び第36条の規定により申請者の各事業年度の所得の金額の計算上損金の額に算入されないこととなる給与（債務の免除による利益その他の経済的な利益を含む。）の額を記載する。（施行規則第6条第2項の規定によりそれぞれに該当しないものとみなされた場合には空欄とする。）

⑤ 「(*3)を発行している場合にはその保有者」については，申請者が会社法第108条第1項第8号に掲げる事項について定めがある種類の株式を発行している場合に記載し，該当する者が複数ある場合には同様の欄を追加して記載する。

⑥ 「総収入金額（営業外収入及び特別利益を除く。）」については，会社計算規則（平成18年法務省令第13号）第88条第1項第4号に掲げる営業外収益及び同項第6号に掲げる特別利益を除いて記載する。

⑦ 「同族関係者」については，該当する者が複数ある場合には同様の欄を追加して記載する。

⑧ 「(*1)の3分の2」については，1株未満又は1円未満の端数がある場合にあっては，その端数を切り上げた数又は金額を記載する。

⑨ 「特別子会社」については，贈与の時以後において申請者に特別子会社がある場合に記載する。特別子会社が複数ある場合には，それぞれにつき記載する。「株主又は社員」が複数ある場合には，同様の欄を追加して記載する。

巻末資料

様式第8の3

第一種特例相続認定中小企業者に係る認定申請書

年　　月　　日

都道府県知事名　　殿

郵　便　番　号
会　社　所　在　地
会　　社　　名
電　話　番　号
代表者の氏名　　　　　　　　印

　中小企業における経営の承継の円滑化に関する法律第12条第1項の認定（同法施行規則第6条第1項第12号の事由に係るものに限る。）を受けたいので，下記のとおり申請します。

記

1　特例承継計画の確認について

施行規則第17条第1項第1号の確認（施行規則第18条第1項又は第2項の変更の確認をした場合には変更後の確認）に係る確認事項	確認の有無		☐有 ☐無（本申請と併せて提出）
	「有」の場合	確認の年月日及び番号	年　月　日（　　号）
		特例代表者の氏名	
		特例後継者の氏名	

2　被相続人及び第一種特例経営承継相続人について

相続の開始の日				年　　月　　日
第一種特例相続認定申請基準日				年　　月　　日
相続税申告期限				年　　月　　日
第一種特例相続認定申請基準事業年度		年　月　日から　年　月　日まで		
総株主等議決権数	相続の開始の直前	(a)		個
	相続の開始の時	(b)		個

265

	氏名			
	最後の住所			
	相続の開始の日の年齢			
	相続の開始の時における過去の法第12条第1項の認定（施行規則第6条第1項第11号又は第13号の事由に係るものに限る。）に係る贈与の有無		□有　□無	
	代表者であった時期		年　月　日から　年　月　日	
	代表者であって，同族関係者と合わせて申請者の総株主等議決権数の100分の50を超える数を有し，かつ，いずれの同族関係者（第一種特例経営承継相続人となる者を除く。）が有する議決権数をも下回っていなかった時期(*)		年　月　日から　年　月　日	
被相続人	(*)の時期における総株主等議決権数		(c)　　　　　　個	
	(*)の時期における同族関係者との保有議決権数		(d)＋(e)　　　　個 ((d)＋(e))／(c)　　％	
	(*)の時期における保有議決権数及びその割合		(d)　　　　　　個 (d)／(c)　　　　％	
	(*)の時期における同族関係者	氏名（会社名）	住所（会社所在地）	保有議決権数及びその割合
				(e)　　　　　　個 (e)／(c)　　　　％
	相続の開始の直前における同族関係者との保有議決権数の合計及びその割合		(f)＋(g)　　　　個 ((f)＋(g))／(a)　　％	
	相続の開始の直前における保有議決権数及びその割合		(f)　　　　　　個 (f)／(a)　　　　％	
	相続の開始の直前における同族関係者	氏名（会社名）	住所（会社所在地）	保有議決権数及びその割合
				(g)　　　　　　個 (g)／(a)　　　　％
第一種特例経営承継相続人	氏名			
	住所			
	相続の開始の直前における被相続人との関係		□直系卑属 □直系卑属以外の親族 □親族外	

266

巻末資料

	相続の開始の日の翌日から5月を経過する日における代表者への就任の有無				□有　□無	
	相続の開始の直前における役員への就任の有無				□有　□無	
	相続の開始の時における過去の法第12条第1項の認定（施行規則第6条第1項第7号又は第9号の事由に係るものに限る。）に係る受贈の有無				□有　□無	
	相続の開始の時における同族関係者との保有議決権数の合計及びその割合			(h)+(i)+(j)　　　　個 ((h)+(i)+(j))/(b)　　%		
保有議決権数及びその割合	相続の開始の直前	(h)　　　　　　個 (h)/(a)　　　　%		被相続人から相続又は遺贈により取得した数(*1)	(i)　個	
	相続の開始の時	(h)+(i)　　　　個 ((h)+(i))/(b)　　%				
	(*1)のうち租税特別措置法第70条の7の6第1項の適用を受けようとする株式等に係る数(*2)				個	
	(*2)のうち第一種特例相続認定申請基準日までに譲渡した数				個	
相続の開始の時における同族関係者	氏名（会社名）		住所（会社所在地）	保有議決権数及びその割合		
				(j)　　　　　　個 (j)/(b)　　　　%		

（備考）
① 用紙の大きさは，日本工業規格A4とする。
② 記名押印については，署名をする場合，押印を省略することができる。
③ 申請書の写し（別紙1及び別紙2を含む）及び施行規則第7条第7項の規定により読み替えられた第7条第3項各号に掲げる書類を添付する。
④ 「施行規則第17条第1項第1号の確認（施行規則第18条第1項又は第2項の変更の確認をした場合には変更後の確認）に係る確認事項」については，当該確認を受けていない場合には，施行規則第17条第2項各号に掲げる書類を添付する。また，施行規則第18条第1項又は第2項に定める変更をし，当該変更後の確認を受けていない場合には，同条第5項の規定により読み替えられた前条第2項に掲げる書類を添付する。
⑤ 施行規則第6条第2項の規定により申請者が資産保有型会社又は資産運用型会社に該当しないものとみなされた場合には，その旨を証する書類を添付する。
⑥ 第一種特例相続認定申請基準事業年度終了の日において申請者に特別子会社がある

場合にあっては特別子会社に該当する旨を証する書類，当該特別子会社が資産保有型子会社又は資産運用型子会社に該当しないとき（施行規則第6条第2項の規定によりそれぞれに該当しないものとみなされた場合を含む。）には，その旨を証する書類を添付する。

（記載要領）
① 単位が「％」の欄は小数点第1位までの値を記載する。
② 「被相続人から相続又は遺贈により取得した数」については，相続の開始の時以後のいずれかの時において申請者が合併により消滅した場合にあっては当該合併に際して交付された吸収合併存続会社等の株式等（会社法第234条第1項の規定により競売しなければならない株式を除く。）に係る議決権の数，相続の開始の時以後のいずれかの時において申請者が株式交換等により他の会社の株式交換完全子会社等となった場合にあっては当該株式交換等に際して交付された株式交換完全親会社等の株式等（会社法第234条第1項の規定により競売しなければならない株式を除く。）に係る議決権の数とする。
③ 「認定申請基準事業年度における特定資産等に係る明細表」については，第一種特例相続認定申請基準事業年度に該当する事業年度が複数ある場合には，その事業年度ごとに同様の表を記載する。「特定資産」又は「運用収入」については，該当するものが複数ある場合には同様の欄を追加して記載する。（施行規則第6条第2項の規定によりそれぞれに該当しないものとみなされた場合には空欄とする。）
④ 「損金不算入となる給与」については，法人税法第34条及び第36条の規定により申請者の各事業年度の所得の金額の計算上損金の額に算入されないこととなる給与（債務の免除による利益その他の経済的な利益を含む。）の額を記載する。（施行規則第6条第2項の規定によりそれぞれに該当しないものとみなされた場合には空欄とする。）
⑤ 「(*3)を発行している場合にはその保有者」については，申請者が会社法第108条第1項第8号に掲げる事項について定めがある種類の株式を発行している場合に記載し，該当する者が複数ある場合には同様の欄を追加して記載する。
⑥ 「総収入金額（営業外収入及び特別利益を除く。）」については，会社計算規則（平成18年法務省令第13号）第88条第1項第4号に掲げる営業外収益及び同項第6号に掲げる特別利益を除いて記載する。
⑦ 「同族関係者」については，該当する者が複数ある場合には同様の欄を追加して記載する。
⑧ 「特別子会社」については，相続の開始の時以後において申請者に特別子会社がある場合に記載する。特別子会社が複数ある場合には，それぞれにつき記載する。「株主又は社員」が複数ある場合には，同様の欄を追加して記載する。
⑨ 申請者が施行規則第6条第9項の規定により読み替えられた第6条第3項に該当す

巻末資料

る場合には，「相続の開始」を「贈与」と読み替えて記載する。ただし，「相続の開始の日の翌日から5月を経過する日における代表者への就任」は「贈与の時における代表者への就任」と，「相続の開始の直前における役員への就任」は「贈与の日前3年以上にわたる役員への就任」と読み替えて記載する。

様式第7の4

第二種特例贈与認定中小企業者に係る認定申請書

年　　月　　日

都道府県知事名　　殿

郵 便 番 号
会 社 所 在 地
会 　 社 　 名
電 話 番 号
代表者の氏名　　　　　　　印

　中小企業における経営の承継の円滑化に関する法律第12条第1項の認定（同法施行規則第6条第1項第13号の事由に係るものに限る。）を受けたいので，下記のとおり申請します。

記

1　第一種特例経営承継贈与又は第一種特例経営承継相続について

本申請に係る認定にあたり必要な施行規則第6条第1項第11号又は第12号の事由に係る第一種特例経営承継贈与又は第一種特例経営承継相続の有無		□有 □無
「有」の場合	当該贈与者（当該被相続人）	
	第一種特例経営承継受贈者 （第一種特例経営承継相続人）	
	□当該贈与の日　□当該相続の開始の日	年　　月　　日
	当該第一種特例経営承継贈与又は第一種特例経営承継相続に係る認定の有効期間（当該認定を受ける前の場合は，その見込み）	年　月　日　～　年　月　日 まで

2　贈与者及び第二種特例経営承継受贈者について

贈与の日	年　　月　　日
第二種特例贈与認定申請基準日	年　　月　　日

270

巻末資料

贈与税申告期限				年　　月　　日	
第二種特例贈与認定申請基準事業年度			年　月　日から　　年　月　日まで		
総株主等議決権数	贈与の直前		(a)		個
	贈与の時		(b)		個
贈与者	氏名				
	贈与の時の住所				
	贈与の時の代表者への就任の有無			□有　□無	
	贈与の時における過去の法第12条第1項の認定（施行規則第6条第1項第11号及び第13号の事由に係るものに限る。）に係る贈与の有無			□有　□無	
	贈与の直前における同族関係者との保有議決権数の合計及びその割合			(c)＋(d)	個
				((c)＋(d))/(a)	％
	贈与の直前における保有議決権数及びその割合			(c)	個
				(c)/(a)	％
	贈与の直前における同族関係者	氏名（会社名）	住所（会社所在地）	保有議決権数及びその割合	
				(d)	個
				(d)/(a)	％
	(*2)から(*3)を控除した残数又は残額			(f)－(g)	株（円）
	贈与の直前の発行済株式又は出資（議決権の制限のない株式等に限る。）の総数又は総額(*1)			(e)	株（円）
	（*1)の3分の2(*2)			(f)＝(e)×2/3	株（円）
	贈与の直前において経営承継受贈者が有していた株式等の数又は金額(*3)			(g)	株（円）
	贈与の直前において贈与者が有していた株式等（議決権に制限のないものに限る。）の数又は金額			株（円）	
	贈与者が贈与をした株式等（議決権の制限のないものに限る。）の数又は金額			株（円）	
第二種特例経営承継受贈者	氏名				
	住所				
	贈与の日における年齢				
	贈与の時における贈与者との関係		□直系卑属 □直系卑属以外の親族 □親族外		

271

	贈与の時における代表者への就任の有無			□有　□無	
	贈与の日前3年以上にわたる役員への就任の有無			□有　□無	
	贈与の時における過去の法第12条第1項の認定（施行規則第6条第1項第7号又は第9号の事由に係るものに限る。）に係る受贈の有無			□有　□無	
	贈与の時における同族関係者との保有議決権数の合計及びその割合			(h)+(i)+(j)　　　　　　個 ((h)+(i)+(j))／(b)　　　％	
	保有議決権数及びその割合	贈与の直前	(h)　　　　　　　　個 (h)／(a)　　　　　　％	贈与者から贈与により取得した数 (*4)	(i)　　　　個
		贈与の時	(h)+(i)　　　　　　個 ((h)+(i))／(b)　　　％		
		(*4)のうち租税特別措置法第70条の7の5第1項の適用を受けようとする株式等に係る議決権の数(*5)			個
		(*5)のうち第二種特例贈与認定申請基準日までに譲渡した数			個
	贈与の時における同族関係者	氏名（会社名）	住所（会社所在地）	保有議決権数及びその割合	
				(m)　　　　　　個 (m)／(b)　　　　％	

3　贈与者が第二種特例経営承継受贈者へ第二種特例認定贈与株式を法第12条第1項の認定に係る贈与をする前に，当該認定贈与株式を法第12条第1項の認定に係る受贈をしている場合に記載すべき事項について

本申請に係る株式等の贈与が該当する贈与の類型	□該当無し □第一種特別贈与認定株式再贈与　　　□第二種特別贈与認定株式再贈与 □第一種特例贈与認定株式再贈与　　　□第二種特例贈与認定株式再贈与			
		氏名	認定日	左記認定番号	左記認定を受けた株式数
第二種特例贈与認定中小企業者の認定贈与株式を法第12条第1項の認定に係る受贈をした者に，贈与をした者。（当該贈与を				

272

した者が複数ある場合には，贈与した順にすべてを記載する。）				

（備考）

① 用紙の大きさは，日本工業規格Ａ４とする。

② 記名押印については，署名をする場合，押印を省略することができる。

③ 申請書（別紙１及び別紙２を含む）の写し及び施行規則第７条第８項の規定により読み替えられた同条第２項各号に掲げる書類を添付する。

④ 施行規則第６条第２項の規定により申請者が資産保有型会社又は資産運用型会社に該当しないものとみなされた場合には，その旨を証する書類を添付する。

⑤ 第二種特例贈与認定申請基準事業年度終了の日において申請者に特別子会社がある場合にあっては特別子会社に該当する旨を証する書類，当該特別子会社が資産保有型子会社又は資産運用型子会社に該当しないとき（施行規則第６条第２項の規定によりそれぞれに該当しないものとみなされた場合を含む。）には，その旨を証する書類を添付する。

（記載要領）

① 単位が「％」の欄は小数点第１位までの値を記載する。

② 「贈与者から贈与により取得した数」については，贈与の時以後のいずれかの時において申請者が合併により消滅した場合にあっては当該合併に際して交付された吸収合併存続会社等の株式等（会社法第234条第１項の規定により競売しなければならない株式を除く。）に係る議決権の数，贈与の時以後のいずれかの時において申請者が株式交換等により他の会社の株式交換完全子会社等となった場合にあっては当該株式交換等に際して交付された株式交換完全親会社等の株式等（会社法第234条第１項の規定により競売しなければならない株式を除く。）に係る議決権の数とする。

③ 「認定申請基準事業年度における特定資産等に係る明細表」については，第二種特例贈与認定申請基準事業年度に該当する事業年度が複数ある場合には，その事業年度ごとに同様の表を記載する。「特定資産」又は「運用収入」については，該当するものが複数ある場合には同様の欄を追加して記載する。（施行規則第６条第２項の規定によりそれぞれに該当しないものとみなされた場合には空欄とする。）

④ 「損金不算入となる給与」については，法人税法第34条及び第36条の規定により申請者の各事業年度の所得の金額の計算上損金の額に算入されないこととなる給与（債務の免除による利益その他の経済的な利益を含む。）の額を記載する。（施行規則第６条第２項の規定によりそれぞれに該当しないものとみなされた場合には空欄とする。）

⑤ 「（*3）を発行している場合にはその保有者」については，申請者が会社法第108条第

1項第8号に掲げる事項について定めがある種類の株式を発行している場合に記載
　　　し，該当する者が複数ある場合には同様の欄を追加して記載する。

⑥　「総収入金額（営業外収入及び特別利益を除く。）」については，会社計算規則（平成
　　　18年法務省令第13号）第88条第1項第4号に掲げる営業外収益及び同項第6号に掲
　　　げる特別利益を除いて記載する。

⑦　「同族関係者」については，該当する者が複数ある場合には同様の欄を追加して記載
　　　する。

⑧　「(*1)の3分の2」については，1株未満又は1円未満の端数がある場合にあって
　　　は，その端数を切り上げた数又は金額を記載する。

⑨　「特別子会社」については，贈与の時以後において申請者に特別子会社がある場合に
　　　記載する。特別子会社が複数ある場合には，それぞれにつき記載する。「株主又は社
　　　員」が複数ある場合には，同様の欄を追加して記載する。

274

巻末資料

様式第8の4

第二種特例相続認定中小企業者に係る認定申請書

年　　月　　日

都道府県知事名　　殿

郵　便　番　号
会　社　所　在　地
会　　社　　名
電　話　番　号
代表者の氏名　　　　　　　　印

　中小企業における経営の承継の円滑化に関する法律第12条第1項の認定（同法施行規則第6条第1項第14号の事由に係るものに限る。）を受けたいので，下記のとおり申請します。

記

1　第一種特例経営承継贈与又は第一種特例経営承継相続について

本申請に係る認定にあたり必要な施行規則第6条第1項第11号又は第12号の事由に係る第一種特例経営承継贈与又は第一種特例経営承継相続の有無		□有 □無
「有」の場合	当該贈与者（当該被相続人）	
	第一種特例経営承継受贈者 （第一種特例経営承継相続人）	
	□当該贈与の日　□当該相続の開始の日	年　　月　　日
	当該第一種特例経営承継贈与又は第一種特例経営承継相続に係る認定の有効期間（当該認定を受ける前の場合は，その見込み）	年　月　日～　年　月　日 まで

2　被相続人及び第二種特例経営承継相続人について

相続の開始の日	年　　月　　日
第二種特例相続認定申請基準日	年　　月　　日

275

相続税申告期限				年　　　月　　　日		
第二種特例相続認定申請基準事業年度				年　月　日から　　　年　月　日まで		
総株主等議決権数	相続の開始の直前			(a)		個
	相続の開始の時			(b)		個
被相続人	氏名					
	最後の住所					
	相続の開始の日の年齢					
	相続の開始の直前における被相続人との関係			□直系卑属 □直系卑属以外の親族 □親族外		
	相続の開始の日の翌日から5月を経過する日における代表者への就任の有無				□有　　□無	
	相続の開始の直前における役員への就任の有無				□有　　□無	
	相続開始の時における過去の法第12条第1項の認定（施行規則第6条第1項第7号又は第9号の事由に係るものに限る。）に係る受贈の有無				□有　　□無	
	相続の開始の時における同族関係者との保有議決権数の合計及びその割合			(c)＋(d)＋(e) ((c)＋(d)＋(e))／(b)		個 ％
	保有議決権数及びその割合	相続の開始の直前	(c) (c)／(a)	個 ％	被相続人から相続又は遺贈により取得した数(*1)	(d)　個
		相続の開始の時	(c)＋(d) ((c)＋(d))／(b)	個 ％		
		(*1)のうち租税特別措置法第70条の7の6第1項の適用を受けようとする株式等に係る数(*2)				個
		(*2)のうち第二種特例相続認定申請基準日までに譲渡した数				個
	相続の開始の時における同族関係者	氏名（会社名）	住所（会社所在地）		保有議決権数及びその割合	
					(e) (e)／(b)	個 ％

（備考）

① 用紙の大きさは，日本工業規格A4とする。

② 記名押印については，署名をする場合，押印を省略することができる。

③ 申請書の写し（別紙1及び別紙2を含む）及び施行規則第7条第9項の規定により

巻末資料

読み替えられた第7条第3項各号に掲げる書類を添付する。

④ 施行規則第6条第2項の規定により申請者が資産保有型会社又は資産運用型会社に該当しないものとみなされた場合には，その旨を証する書類を添付する。

⑤ 第二種特例相続認定申請基準事業年度終了の日において申請者に特別子会社がある場合にあっては特別子会社に該当する旨を証する書類，当該特別子会社が資産保有型子会社又は資産運用型子会社に該当しないとき（施行規則第6条第2項の規定によりそれぞれに該当しないものとみなされた場合を含む。）には，その旨を証する書類を添付する。

（記載要領）

① 単位が「％」の欄は小数点第1位までの値を記載する。

② 「被相続人から相続又は遺贈により取得した数」については，相続の開始の時以後のいずれかの時において申請者が合併により消滅した場合にあっては当該合併に際して交付された吸収合併存続会社等の株式等（会社法第234条第1項の規定により競売しなければならない株式を除く。）に係る議決権の数，相続の開始の時以後のいずれかの時において申請者が株式交換等により他の会社の株式交換完全子会社等となった場合にあっては当該株式交換等に際して交付された株式交換完全親会社等の株式等（会社法第234条第1項の規定により競売しなければならない株式を除く。）に係る議決権の数とする。

③ 「認定申請基準事業年度における特定資産等に係る明細表」については，第二種特例相続認定申請基準事業年度に該当する事業年度が複数ある場合には，その事業年度ごとに同様の表を記載する。「特定資産」又は「運用収入」については，該当するものが複数ある場合には同様の欄を追加して記載する。（施行規則第6条第2項の規定によりそれぞれに該当しないものとみなされた場合には空欄とする。）

④ 「損金不算入となる給与」については，法人税法第34条及び第36条の規定により申請者の各事業年度の所得の金額の計算上損金の額に算入されないこととなる給与（債務の免除による利益その他の経済的な利益を含む。）の額を記載する。（施行規則第6条第2項の規定によりそれぞれに該当しないものとみなされた場合には空欄とする。）

⑤ 「（*3）を発行している場合にはその保有者」については，申請者が会社法第108条第1項第8号に掲げる事項について定めがある種類の株式を発行している場合に記載し，該当する者が複数ある場合には同様の欄を追加して記載する。

⑥ 「総収入金額（営業外収入及び特別利益を除く。）」については，会社計算規則（平成18年法務省令第13号）第88条第1項第4号に掲げる営業外収益及び同項第6号に掲げる特別利益を除いて記載する。

⑦ 「同族関係者」については，該当する者が複数ある場合には同様の欄を追加して記載する。

277

⑧ 「特別子会社」については，相続の開始の時以後において申請者に特別子会社がある場合に記載する。特別子会社が複数ある場合には，それぞれにつき記載する。「株主又は社員」が複数ある場合には，同様の欄を追加して記載する。

⑨ 申請者が施行規則第6条第12項の規定により読み替えられた第6条第3項に該当する場合には，「相続の開始」を「贈与」と読み替えて記載する。ただし，「相続の開始の日の翌日から5月を経過する日における代表者への就任」は「贈与の時における代表者への就任」と，「相続の開始の直前における役員への就任」は「贈与の日前3年以上にわたる役員への就任」と読み替えて記載する。

（別紙１）

認定中小企業者の特定資産等について

主たる事業内容	
資本金の額又は出資の総額	円

認定申請基準事業年度における特定資産等に係る明細表

種別		内容	利用状況	帳簿価額	運用収入
有価証券	特別子会社の株式又は持分（(*2)を除く。）			(1) 円	(12) 円
	資産保有型子会社又は資産運用型子会社に該当する特別子会社の株式又は持分(*2)			(2) 円	(13) 円
	特別子会社の株式又は持分以外のもの			(3) 円	(14) 円
不動産	現に自ら使用しているもの			(4) 円	(15) 円
	現に自ら使用していないもの			(5) 円	(16) 円
ゴルフ場その他の施設の利用に関する権利	事業の用に供することを目的として有するもの			(6) 円	(17) 円
	事業の用に供することを目的としないで有するもの			(7) 円	(18) 円
絵画，彫刻，工芸品その他の有形の文化的所産である動産，貴金属及び宝石	事業の用に供することを目的として有するもの			(8) 円	(19) 円
	事業の用に供することを目的としないで有するもの			(9) 円	(20) 円

現金，預貯金等	現金及び預貯金その他これらに類する資産			(10)　　　　　円	(21)　　　　　円
	経営承継受贈者及び当該経営承継受贈者に係る同族関係者等(施行規則第1条第12項第2項ホに掲げる者をいう。)に対する貸付金及び未収金その他これらに類する資産			(11)　　　　　円	(22)　　　　　円

特定資産の帳簿価額の合計額	(23)＝(2)＋(3)＋(5)＋(7)＋(9)＋(10)＋(11)　　円	特定資産の運用収入の合計額	(25)＝(13)＋(14)＋(16)＋(18)＋(20)＋(21)＋(22)　　円
資産の帳簿価額の総額	(24)　　　　　円	総収入金額	(26)　　　　　円
認定申請基準事業年度終了の日以前の5年間(贈与の日前の期間を除く。)に経営承継受贈者及び当該経営承継受贈者に係る同族関係者に対して支払われた剰余金の配当等及び損金不算入となる給与の金額		剰余金の配当等	(27)　　　　　円
		損金不算入となる給与	(28)　　　　　円
特定資産の帳簿価額等の合計額が資産の帳簿価額等の総額に対する割合	(29)＝((23)＋(27)＋(28))/((24)＋(27)＋(28))　　％	特定資産の運用収入の合計額が総収入金額に占める割合	(30)＝(25)/(26)　　％
会社法第108条第1項第8号に掲げる事項について定めがある種類の株式(*3)の発行の有無		有□　　無□	
(*3)を発行している場合にはその保有者	氏名（会社名）	住所（会社所在地）	
総収入金額（営業外収益及び特別利益を除く。）			円

巻末資料

（別紙２）

認定中小企業者の常時使用する従業員の数及び特別子会社について

1　認定中小企業者が常時使用する従業員の数について

常時使用する従業員の数		贈与の時 (a)＋(b)＋(c)－(d) 　　　　　　　　　　　人
	厚生年金保険の被保険者の数	(a) 　　　　　　　　　　　人
	厚生年金保険の被保険者ではなく健康保険の被保険者である従業員の数	(b) 　　　　　　　　　　　人
	厚生年金保険・健康保険のいずれの被保険者でもない従業員の数	(c) 　　　　　　　　　　　人
	役員（使用人兼務役員を除く。）の数	(d) 　　　　　　　　　　　人

2　贈与の時以後における認定中小企業者の特別子会社について

区分		特定特別子会社に　該当 ／ 非該当	
会社名			
会社所在地			
主たる事業内容			
資本金の額又は出資の総額		円	
総株主等議決権数		(a)　　　　　　　　　個	
株主又は社員	氏名(会社名)	住所（会社所在地）	保有議決権数及びその割合
			(b)　　　　　　　　　個 (b)/(a)　　　　　　　％

281

様式第27

特例承継計画に関する報告書

年　月　日

都道府県知事　殿

郵　便　番　号
会社所在地
会　社　名
電　話　番　号
代表者の氏名　　　　　　　印

中小企業における経営の承継の円滑化に関する法律施行規則第20条第3項の規定により，下記の事項を報告します。

記

1　第一種（第二種）特例贈与認定中小企業者又は第一種（第二種）特例相続認定中小企業者について

報告者の種別	□第一種特例贈与認定中小企業者 □第一種特例相続認定中小企業者	□第二種特例贈与認定中小企業者 □第二種特例相続認定中小企業者
認定年月日及び番号		年　　月　　日（　　　　号）
認定に係る贈与の日（相続の開始の日）		年　　月　　日
認定の有効期限		年　　月　　日
各贈与報告基準日（各相続報告基準日）		月　　日

2　従業員の数について

	贈与の時（相続の開始の時）	100分の80の数
認定に係る贈与の時の常時使用する従業員の数	(a)　　　　　　　　　人	(a)×80/100 ＝(b)　　　　　　人
各贈与報告基準日（各相続報告基準日）における常時使用する従業員の数及び常時使用する従業員の数の5年平均人数	1　回　目（　年　月　日）	(イ)　　　　　　　人
	2　回　目（　年　月　日）	(ロ)　　　　　　　人
	3　回　目（　年　月　日）	(ハ)　　　　　　　人
	4　回　目（　年　月　日）	(ニ)　　　　　　　人
	5　回　目（　年　月　日）	(ホ)　　　　　　　人
	5　年　平　均　人　数	((イ)＋(ロ)＋(ハ)＋(ニ)＋(ホ))/5 ＝(c)　　　　　　人

3　平均雇用人数の5年間平均が贈与の時の従業員の数の8割を下回った理由
　□　①高齢化が進み後を引き継ぐ者を確保できなかった
　□　②採用活動を行ったが，人手不足から採用に至らなかった
　□　③設備投資等，生産性が向上したため人手が不要となった
　□　④経営状況の悪化により，雇用を継続できなくなった
　□　⑤その他
　　　　（具体的に理由を記載：　　　　　　　　　　　　　　　　）
【編注】（備考）及び（記載要領）は省略

巻末資料

様式第21

施行規則第17条第2項の規定による確認申請書
（特例承継計画）

〇〇〇〇年〇月〇日

〇〇県知事　殿

郵 便 番 号　000-0000
会 社 所 在 地　〇〇県〇〇市…
会　　社　　名　経済クリーニング株式会社
電 話 番 号　＊＊＊-＊＊＊-＊＊＊＊
代表者の氏名　経済　一郎　　印
　　　　　　　経済　二郎　　印

　中小企業における経営の承継の円滑化に関する法律施行規則第17条第1項第1号の確認を受けたいので，下記のとおり申請します。

記

1　会社について

主たる事業内容	生活関連サービス業（クリーニング業）
資本金額又は出資の総額	5,000,000円
常時使用する従業員の数	8人

2　特例代表者について

| 特例代表者の氏名 | 経済　太郎 |
| 代表権の有無 | □有　☑無（退任日　平成30年3月1日） |

3　特例後継者について

特例後継者の氏名(1)	経済　一郎
特例後継者の氏名(2)	経済　二郎
特例後継者の氏名(3)	

4　特例代表者が有する株式等を特例後継者が取得するまでの期間における経営の計画について

| 株式を承継する時期（予定） | 平成30年3月1日相続発生 |
| 当該時期までの経営上の課題 | （株式等を特例後継者が取得した後に本申請を行う場合には，記載を省略することができます） |

283

当該課題への対応	（株式等を特例後継者が取得した後に本申請を行う場合には，記載を省略することができます）

5　特例後継者が株式等を承継した後 5 年間の経営計画

実施時期	具体的な実施内容
1 年目	郊外店において，コート・ふとん類に対するサービスを強化し，その内容を記載した看板の設置等，広告活動を行う。
2 年目	新サービスであるクリーニング後，最大半年間(又は一年間)の預かりサービス開始に向けた倉庫等の手配をする。
3 年目	クリーニング後，最大半年間（又は一年間）の預かりサービス開始。 (預かり期間は，競合他店舗の状況を見て判断。) 駅前店の改装工事後に向けた新サービスを検討。
4 年目	駅前店の改装工事。 リニューアルオープン時に向けた新サービスの開始。
5 年目	オリンピック後における市場（特に土地）の状況を踏まえながら，新事業展開（コインランドリー事業）又は新店舗展開による売り上げ向上を目指す。

（備考）
① 用紙の大きさは，日本工業規格 A 4 とする。
② 記名押印については，署名をする場合，押印を省略することができる。
③ 申請書の写し（別紙を含む）及び施行規則第17条第 3 項各号に掲げる書類を添付する。
④ 別紙については，中小企業等経営強化法に規定する認定経営革新等支援機関が記載する。

（記載要領）
① 「2　特例代表者」については，本申請を行う時における申請者の代表者（代表者であった者を含む。）を記載する。
② 「3　特例後継者」については，該当するものが一人又は二人の場合，後継者の氏名(2)の欄又は(3)の欄は空欄とする。
③ 「4　特例代表者が有する株式等を特例後継者が取得するまでの期間における経営の計画」については，株式等を特例後継者が取得した後に本申請を行う場合には，記載を省略することができる。

巻末資料

（別紙）

認定経営革新等支援機関による所見等

1　認定経営革新等支援機関の名称等

認定経営革新等支援機関の名称	○○　○○税理士事務所　印
（機関が法人の場合）代表者の氏名	○○　○○
住所又は所在地	○○県○○市…

2　指導・助言を行った年月日
　　　　　平成30年5月3日

3　認定経営革新等支援機関による指導・助言の内容

売上の7割を占める駅前店の改装工事に向け，郊外店の売上増加施策が必要。競合他店が行っている預かりサービスを行うことにより，負の差別化の解消を図るように指導。

駅前店においても，改装工事後に新サービスが導入できないか引き続き検討。
サービス内容によっては，改装工事自体の内容にも影響を与えるため，2年以内に結論を出すように助言。

また，改装工事に向けた資金計画について，今からメインバンクである○○銀行にも相談するようにしている。

なお，土地が高いために株価が高く，一郎・二郎以外の推定相続人に対する遺留分侵害の恐れもあるため「遺留分に関する民法の特例」を紹介。

様式第21

施行規則第17条第2項の規定による確認申請書
（特例承継計画）

〇〇〇〇年〇月〇日

〇〇県知事　殿

郵　便　番　号　000-0000
会 社 所 在 地　〇〇県〇〇市…
会　　社　　名　中小鋳造株式会社
電　話　番　号　＊＊＊-＊＊＊-＊＊＊＊
代表者の氏名　中小　一郎　　印

　中小企業における経営の承継の円滑化に関する法律施行規則第17条第1項第1号の確認
を受けたいので，下記のとおり申請します。

記

1　会社について

主たる事業内容	銑鉄鋳物製造業
資本金額又は出資の総額	50,000,000円
常時使用する従業員の数	75人

2　特例代表者について

特例代表者の氏名	中小　太郎
代表権の有無	□有　☑無（退任日　平成29年3月1日）

3　特例後継者について

特例後継者の氏名(1)	中小　一郎
特例後継者の氏名(2)	
特例後継者の氏名(3)	

巻末資料

4　特例代表者が有する株式等を特例後継者が取得するまでの期間における経営の計画について

株式を承継する時期（予定）	平成30年10月
当該時期までの経営上の課題	➤　工作機械向けパーツを中心に需要は好調だが，原材料の値上がりが続き，売上高営業利益率が低下している。 ➤　また，人手不足問題は大きな課題であり，例年行っている高卒採用も応募が減ってきている。発注量に対して生産が追いつかなくなっており，従業員が残業をして対応している。今年からベトナム人研修生の受け入れを開始したが，まだ十分な戦力とはなっていない。
当該課題への対応	➤　原材料値上がりに伴い，発注元との価格交渉を継続的に行っていく。合わせて，平成30年中に予定している設備の入れ替えによって，生産効率を上げコストダウンを図っていく。 ➤　人材確保のため地元高校での説明会への参加回数を増やし，リクルート活動を積極的に行う。またベトナム人研修生のスキルアップのために，教育体制を見直すとともに，5Sの徹底を改めて行う。

5　特例後継者が株式等を承継した後5年間の経営計画

実施時期	具体的な実施内容
1年目	● 設計部門を増強するとともに，導入を予定している新型CADを活用し，複雑な形状の製品開発を行えるようにすることで，製品提案力を強化し単価の向上を図る。 ● 海外の安価な製品との競争を避けるため，BtoBの工業用品だけではなく，鋳物を活用したオリジナルブランド商品の開発（BtoC）に着手する。 ● 生産力強化のため，新工場建設計画を策定。用地選定を開始する。
2年目	● 新工場用の用地を決定，取引先，金融機関との調整を行う。 ● 電気炉の入れ替えを行い，製造コストの低下を図る。 ● オリジナルブランド開発について一定の結論を出し，商品販売を開始する。
3年目	● 新工場建設着工を目指す。 ● 3年目を迎える技能実習生の受け入れについて総括を行い，人材採用の方向性について議論を行う。

287

4年目	● 新工場運転開始を目指すとともに，人員配置を見直す。増員のための採用方法については要検討。 ● 少数株主からの株式の買い取りを達成する。
5年目	● 新工場稼働による効果と今後の方向性についてレビューを行う。

（備考）
① 用紙の大きさは，日本工業規格A4とする。
② 記名押印については，署名をする場合，押印を省略することができる。
③ 申請書の写し（別紙を含む）及び施行規則第17条第2項各号に掲げる書類を添付する。
④ 別紙については，中小企業等経営強化法に規定する認定経営革新等支援機関が記載する。

（記載要領）
① 「2　特例代表者」については，本申請を行う時における申請者の代表者（代表者であった者を含む。）を記載する。
② 「3　特例後継者」については，該当するものが一人又は二人の場合，後継者の氏名(2)の欄又は(3)の欄は空欄とする。
③ 「4　特例代表者が有する株式等を特例後継者が取得するまでの期間における経営の計画」については，株式等を特例後継者が取得した後に本申請を行う場合には，記載を省略することができる。

（別紙）

認定経営革新等支援機関による所見等

1 認定経営革新等支援機関の名称等

認定経営革新等支援機関の名称	○○商工会議所　印
（機関が法人の場合）代表者の氏名	中小企業相談所長 △△　△△
住所又は所在地	○○県○○市○－○

2 指導・助言を行った年月日
　　　平成30年 6 月 4 日

3 認定経営革新等支援機関による指導・助言の内容

大半の株式は先代経営者である会長が保有しているが，一部現経営者の母，伯父家族に分散しているため，贈与のみならず買い取りも行って，安定した経営権を確立することが必要。

原材料の値上げは収益力に影響を与えているため，業務フローの改善によりコストダウンを行うとともに，商品の納入先と価格交渉を継続的に行っていくことが必要。原材料価格の推移をまとめ，値上げが必要であることを説得力を持って要求する必要がある。

新工場建設については，取引先の増産に対応する必要があるか見極める必要あり。最終商品の需要を確認するとともに，投資計画の策定の支援を行っていく。

なお，税務面については顧問税理士と対応を相談しながら取り組みを進めていくことを確認した。

おわりに

　平成30年度税制改正によって，事業承継対策は新時代を迎えることになります。これからは，複雑なスキームによる追徴課税リスクや，自己株式の贈与税・相続税に関する税負担を気にせずに，少子高齢化によるニーズの変化，労働生産人口の減少，技術革新（AI，IoT，ブロックチェーン）等の大きな経営環境の変化への対応に専念できる環境がそろったと思います。そして，58ページでも述べましたが，納税猶予制度を使い，株式を取得した後継者は，果断な意思決定で生き残りをかけて，「選択と集中」のみならず，イノベーションを生み出すための仕掛け，システムを構築していく必要があります。

　大きな環境変化のときこそ，事業も事業承継スキームも社会から認められ続けるモノである必要があります。また，それらはその時代にマッチした「善いもの」「美しいもの」である必要があると思います。「善いもの」「美しいもの」は，環境変化が激しくても残り続けるからです。これらの変わらない軸を持って環境変化に対応する必要があります。

　技術革新が進み，分析的・論理的な経営判断を多くの企業ができるようになったあと，経営判断における差別化の中心は「真善美」といった価値観になると思います。変化や脅威に対応・対抗するために，時には社風を変える必要がありますが，中には変えてはいけないものもあります。変えるべきものと変えてはいけないものを明確にすれば，価値観や社風が変革の武器になります（この点については共同執筆者の長谷川真也氏が178ページ以下で想いを述べています）。

　税務に関しては租税回避行為と言われないような，社会に認められるスキームである必要があります。

291

特に注意が必要なのが，法律の整備が追いついていないスキームです。どうしても経済的メリットに重きを置いて判断すると，結果として後で課税当局に否認され，淘汰されるスキームを選択してしまっている可能性があるからです。今回の税制改正で制限された一般社団・財団法人スキームがその一例だと思います（39ページをご参照下さい）。

すでに社会的な存在であるオーナーやオーナー企業はそういったスキームをチョイスすべきではありません。価値観を社会から疑われ，生き残るための軸を失ってしまうかもしれないからです。

専門家の，変わらない軸を持った価値判断や，ガバナンス，事業承継スキームを価値観にもとづいてデザインする能力は，AIにとって代わられることはないと思います。われわれはオーナーやオーナー企業へ，そういったデザイン，価値判断を伝えることができる専門家でありたいと思います。それを伝えるためのパーツとしての知識は，あくまで最低限必要ですが，大事なのはオーナーに言葉が届き，価値判断を理解していただける，信頼していただける存在として，オーナーの側にいる伴走者や同乗者であることだと思っています。

これは，一見難しいことのようにも思えますが，たくさんの人を見てきたオーナーにとっては，専門家が誰のために，どれぐらいの深さで発言，行動しているかを見抜くことはたやすいと思います。自分の心の中が見抜かれていることを前提にすると，目指すべき場所，登る山は簡単に決まってくると思います。「高い山は自分の足で登れ」といいますが，美しい価値観に根差した高いモチベーションが，個人の価値を高め，社会を善くしていくのだと思います。

最後になりましたが，私にたくさんの気づきと成長の機会を与えてくださったオーナー経営者の皆様に，本書の編集にあたってご尽力いただいた中央経済社の秋山宗一編集長と牲川健志氏に，実質的に共同執筆者といえ

るくらいに，執筆活動を支えてくれた税理士法人総合経営の藤本慎司氏と
藤井聖子氏に感謝の意を表します。

総合経営グループ　平安監査法人 CEO

西川吉典

参考文献

- 長谷川佐喜男監修，西川吉典著(2011)『公益法人移行成功のシナリオ−1000の認定認可事例と課題解決例』(中央経済社)
- 髭正博・成田一正著（2012）『Q&A 事業承継・自社株対策の実践と手法（全面改訂版）』(日本法令)
- 滋賀県総務部総務課「一般社団・財団法人の設立及び公益社団・財団法人の認定・運営の手引き」(2012)
- 石割由紀人著(2014)『ベンチャー企業を上場成功に導く資本政策立案マニュアル（第2版)』(中央経済社)
- 牧口晴一・齋藤孝一著(2015)『事業承継に活かす従業員持株会の法務・税務(第3版)』(中央経済社)
- 森井昭仁著（2015）『非上場会社の事業承継における安定株主活用の法務・税務−導入から解消まで』(税務経理協会)
- 牟田太陽著（2015）『「後継者」という生き方』(プレジデント社)
- 渡部恒郎著(2015)『業界再編時代の M&A 戦略−No.1 コンサルタントが導く「勝者の選択」』(幻冬舎)
- 長谷川佐喜男・西川吉典著（2016）『地域金融機関と会計人の連携−中堅・中小企業の創業・成長・事業承継・再生支援バイブル』(きんざい)
- 牟田太陽著(2016)『幾代もの繁栄を築く後継社長の実務と戦略』(PHP 研究所)
- 松木謙一郎監修（2016）『失敗しない事業承継』(日本経済新聞出版社)
- 木俣貴光編著（2016）『持株会社・グループ組織再編・M&A を活用した事業承継スキーム−後継者・税務・株式評価から考える』(中央経済社)
- 名南コンサルティングネットワーク著(2016)『中堅・中小企業経営者のための「事業承継対策」の立て方・進め方』(日本実業出版社)
- 日本公認会計士協会東京会編著(2016)『中小企業のための事業承継ハンドブック−事業承継スキームと関連法規・税制，各種評価方法』(清文社)
- 牧口晴一・齋藤孝一著（2017）『事業承継に活かす納税猶予・免除の実務』(中央経済社)
- 今仲清著（2017）『Q&A 事業承継税制　徹底活用マニュアル(三訂版)』(ぎょうせい)

- 松岡章夫・山岡美樹著（2017）『図解　事業承継税制（平成29年版）』（大蔵財務協会）
- 税理士法人おおたか編（2017）『顧客をミスリードしない自社株承継の実務』（税務経理協会）
- （2017）「Forbes JAPAN」No. 37（プレジデント社）
- 牛島信著（2017）『少数株主』（幻冬舎）
- 日本公認会計士協会編（2017）『事業承継支援マニュアル（改訂版）』（日本公認会計士協会出版局）
- 藤間秋男著（2017）『中小企業のための成功する事業承継－譲る者・継ぐ者・関わる者の心得88』（PHP研究所）
- 小宮一慶著（2017）『経営者の教科書－成功するリーダーになるための考え方と行動』（ダイヤモンド社）
- 渡部恒郎著（2017）『業界メガ再編で変わる10年後の日本－中堅・中小企業M&Aが再編の主役だ』（東洋経済新報社）
- （2018）『会社四季報』『会社四季報未上場会社版』（東洋経済新報社）
- 大前研一著（2018）『デジタル・ディスラプション時代の生き残り方』（プレジデント社）
- 落合陽一著（2018）『日本再興戦略』（幻冬舎）

【著者紹介】執筆分担

西川　吉典（にしかわ　よしのり）
公認会計士・税理士
第1～4章執筆

昭和47年　京都生まれ
平成 7 年　同志社大学工学部機械工学科卒業
平成 7 年　機械メーカーに入社
平成16年　公認会計士試験 2 次試験合格
　　　　　中央青山監査法人（現 PwC 京都監査法人）京都事務所入所
平成21年　西川吉典公認会計士事務所設立
平成22年　総合経営株式会社　取締役就任
平成28年　平安監査法人　CEO　代表社員就任　現在に至る

（役職など）
京都府府民生活部　会計検査員（平成21年度・22年度）
滋賀県特定非営利活動法人指定委員会委員
営利法人・公益法人・学校法人等の役員を多数歴任
日本公認会計士　経営研究調査会　再生支援専門部会員
日本公認会計士協会公会計協議会社会保障部会会員

（著書）
『公益法人移行成功のシナリオ－1000の認定認可事例と課題解決例』（中央経済社）
『地域金融機関と会計人の連携－中堅・中小企業の創業・成長・事業承継・再生支援バイブル』（きんざい）
『「社会福祉充実計画」の作成ガイド－計画を成功に導く事業経営のポイント』（中央経済社）

（セミナー）
PCA 会計主催「知っておきたい！公益法人の立入検査対策とあるべきガバナンス」
近畿税理士会主催「業務に役立つ中小企業再生の基礎知識」
日本公認会計士協会主催「公益法人への移行を成功させるためのポイント」
滋賀県県民活動生活課主催「NPO 法人会計の会計基準」
滋賀銀行・南都銀行・京都信用保証協会主催「オーナー経営者のための事業承継と資産承継」
「中堅・中小企業のコーポレートガバナンス」（平成28年 4 月～ 5 月（京都市, 名古屋市））
「オーナー経営者のための『事業承継・資産承継』～株式評価・事業承継スキーム・納税猶予制度～」（平成28年10月（京都市））　など多数。

長谷川　真也（はせがわ　しんや）
公認会計士・税理士
第5〜6章執筆

昭和59年　京都生まれ
平成20年　関西学院大学商学部卒業
平成20年　監査法人トーマツ（現 有限責任監査法人トーマツ）東京事務所入所
平成24年　公認会計士登録
平成27年　同所退社
平成27年　税理士法人総合経営入所
　　　　　長谷川公認会計士事務所開設
　　　　　税理士法人総合経営一宮事務所　所長就任
平成28年　TGS株式会社設立　代表取締役社長就任
平成28年　平安監査法人代表社員就任　現在に至る

（役職など）
日本公認会計士協会公会計協議会社会保障部会会員
日本公認会計士協会東海会経営業務委員会会員
日本公認会計士協会東海会税務業務委員会会員

（著書）
『「社会福祉充実計画」の作成ガイド－計画を成功に導く事業経営のポイント』（中央経済社）

（セミナー）
「マイナンバー制度の概要〜制度のポイント解説〜」（平成27年（名古屋市，京都市，奈良市など））
「社会福祉法人の会計と実践的監査対応」（平成28年2月（京都市，名古屋市））
「先行き不透明な時代のM&A戦略」（平成28年4〜5月（京都市，名古屋市））
「最新情報に基づく「知っておくべきガバナンスと定款作成のポイント」」（平成28年9月（名古屋市））
事業承継セミナー「後継者の立場からの心構え〜学びからの実践〜」（平成28年10月（京都市）
「社会福祉法新政省令を中心とした新制度の解説」（平成28年11月（名古屋市））
「事業承継成功のシナリオ」（平成30年2月（名古屋市））

長谷川　佐喜男（はせがわ　さきお）

公認会計士・税理士
監修

昭和26年　京都生まれ
昭和50年　関西学院大学商学部卒業
昭和54年　昭和監査法人（現新日本有限責任監査法人）大阪事務所入所
昭和59年　長谷川公認会計士事務所設立
平成25年　公認会計士功労により黄綬褒章受賞
平成28年　平安監査法人設立　社員就任　現在に至る
現　　在　税理士法人総合経営・総合経営株式会社・新公益支援コンサルタンツ株式会
　　　　　社・財産コンサルタンツ株式会社・株式会社M&Aパートナーズ・事業承継
　　　　　コンサルタンツ株式会社　各代表を務める。

（役職など）
元日本公認会計士協会　本部理事（平成16年〜22年）
元日本公認会計士協会京滋会会長（平成19年〜平成22年）
元日本FP協会　CFP®認定試験委員（相続・事業承継）
現日本M&A協会副理事長（会員700名）
現京都学園大学非常勤講師（事業承継論担当）

（著書）
『株式鑑定評価マニュアルの解説』（商事法務）
『ベンチャー企業等創業支援マニュアル』（日本公認会計士協会編）
『オーナー経営者のためのM&Aガイドブック』（中央経済社）
『ITベンチャー成功のシナリオ』（中央経済社）
『よくわかる経営シリーズ―相続・事業承継・組織再編等』（非売品）
『地域金融機関と会計人の連携―中堅・中小企業の創業・成長・事業承継・再生支援バ
イブル』（きんざい）

（セミナー）
● 京都銀行支店長研修
● 滋賀銀行土曜日職員研修
● 南部銀行役職者全体研修
● 関西アーバン銀行FP研修
● 出版記念セミナー『地域金融機関と会計人の連携』（平成28年5月（京都市，名古屋
　市）） など多数。

【執筆協力】

総合経営グループ

　昭和59年創業，母体は公認会計士事務所・税理士法人。中堅中小企業への経営指導を皮切りに相続・贈与，資産運用・不動産有効活用，M&A，非営利法人運営指導，労務管理等の各種コンサルティング会社を設立。
URL：http://www.sogokeiei.co.jp/

経営者の悩みに寄り添い解決する専門家集団

```
              ┌─────────────┐
              │  税  務     │
              │  相  続     │
              └─────────────┘
  ┌──────────┐  ┌──────────┐  ┌──────────┐
  │未来戦略会計Ⓡ│  │ 総合経営  │  │ 事業承継 │
  │ 経営計画  │  │ グループ  │  │ M&A    │
  └──────────┘  └──────────┘  └──────────┘
              ┌─────────────┐
              │  監  査     │
              │  内部統制   │
              └─────────────┘
```

（所在地等）
【本部・京都事務所】
〒604-0847　京都市中京区烏丸通二条下ル秋野々町529番地　ヒロセビル9階
【東海事務所】
〒491-0858　愛知県一宮市栄四丁目1番5号　エースリービル3階
【滋賀事務所】
〒520-0802　滋賀県大津市馬場二丁目6番13号　T.H.51ビル2階

■総合経営グループができること

2018年4月1日 ←――――――→ 2023年3月31日

5年以内に事業承継計画提出　提出

- 相続財産の現状把握，分析
- 遺言書の作成
- 固定合意，除外合意の準備
- 相続税の納税資金，節税対策の検討
- 会社事業・財務デューデリジェンス
- 会社の株価算定，株価対策の検討
- 納税猶予制度の適用可否の判定，適用するための対策
- 納税猶予制度，自社株買，後継者株式取得のメリット・デメリットの検討
- 公益法人，持株会を利用した場合とのメリット・デメリットの検討
- 名義株主の整理
- 事業承継スキーム全体のデザインを検討，実行支援
- 特例承継計画，中期経営計画の作成支援
- 組織再編・持株会社化・連結納税導入の支援（デザイン検討，プロジェクト管理他）

承継計画

- 納税猶予制度の申請者の作成支援
- 贈与税申告書，議事録・契約書等の作成支援

少数株主から後継者へ集約

5年間の経営承継期間内に申告期限が到来

後継者へ贈与

- 納税猶予制度の年次報告書の作成支援（都道府県へ提出）
- 納税猶予制度の継続届出書の作成支援（税務署へ提出）

2018年1月1日 ←――――――→ 2027年12月31日

10年間の時限立法

●商工会議所，金融機関と連携して随時無料個別相談会開催
　電話　：075-256-1200
　FAX　：075-256-1231
　メール：info@sogokeiei.co.jp

平安監査法人

設立以来，社会福祉法人・医療法人に対する法定監査や営利法人等に対する会社法監査・任意監査を，特に中堅・中小企業法人向けにより近い存在としてサービスを提供しています。

その他，管理会計・経営計画・内部統制等のコーポレートガバナンス構築，IPO 支援・M&A アドバイザリーなど各種アドバイザリー業務も行っています。

新公益支援コンサルタンツ株式会社

公益法人制度改革後，200法人以上に対してコンサルティング業務を行ってきました。現在も，公益認定支援はもちろん，定期報告書作成支援・機関運営支援・内部統制改善指導などを行っています。

また，事業承継と社会貢献の両面からの公益法人設立や，公益法人へのみなし譲渡所得税非課税制度を利用した寄附等の相続対策も税理士法人総合経営とともに行っております。

事業承継成功のシナリオ
平成30年度税制改正後の納税猶予制度の「入口」と「出口」

2018年7月5日　第1版第1刷発行
2018年8月10日　第1版第2刷発行

監修者　長 谷 川 　 佐 喜 男
著　者　西 　 川 　 吉 　 典
　　　　長 谷 川 　 真 　 也
発行者　山 　 本 　 　 　 継
発行所　㈱中 央 経 済 社
発売元　㈱中央経済グループ
　　　　パ ブ リ ッ シ ン グ

〒101-0051　東京都千代田区神田神保町1-31-2
電話　03（3293）3371（編集代表）
　　　03（3293）3381（営業代表）
http://www.chuokeizai.co.jp/
印刷／昭和情報プロセス㈱
製本／誠 　 製 　 本 　 ㈱

© 2018
Printed in Japan

＊頁の「欠落」や「順序違い」などがありましたらお取り替えいた
しますので発売元までご送付ください。（送料小社負担）
ISBN978-4-502-26901-1　C3034

JCOPY〈出版者著作権管理機構委託出版物〉本書を無断で複写複製（コピー）することは，
著作権法上の例外を除き，禁じられています。本書をコピーされる場合は事前に出版者
著作権管理機構（JCOPY）の許諾を受けてください。
JCOPY〈http://www.jcopy.or.jp　eメール：info@jcopy.or.jp　電話：03-3513-6969〉